本书系国家社科基金项目“大数据时代查办腐败案件侦查模式研究”（17BFX180）的最终成果
本书受湖南大学法学院学术著作出版专项经费资助

大数据时代
查办腐败案件侦查模式研究

Research on Investigation Mode of Corruption Cases
in Big Data Era

郭哲　著

法律出版社
LAW PRESS · CHINA
北京

图书在版编目(CIP)数据

大数据时代查办腐败案件侦查模式研究／郭哲著
. -- 北京：法律出版社，2024
ISBN 978-7-5197-8774-5

Ⅰ. ①大… Ⅱ. ①郭… Ⅲ. ①贪污贿赂罪－刑事侦查－研究－中国 Ⅳ. ①D924.392.5

中国国家版本馆 CIP 数据核字（2024）第 026150 号

大数据时代查办腐败案件侦查模式研究
DASHUJU SHIDAI CHABAN FUBAI ANJIAN ZHENCHA MOSHI YANJIU

郭 哲 著

策划编辑 李 军
责任编辑 李 军
装帧设计 李 瞻

出版发行 法律出版社
编辑统筹 法律应用出版分社
责任校对 李慧艳 李景美
责任印制 刘晓伟
经 销 新华书店

开本 710 毫米×1000 毫米 1/16
印张 21.25 **字数** 350 千
版本 2024 年 6 月第 1 版
印次 2024 年 6 月第 1 次印刷
印刷 北京虎彩文化传播有限公司

地址：北京市丰台区莲花池西里 7 号(100073)
网址：www.lawpress.com.cn
投稿邮箱：info@lawpress.com.cn
举报盗版邮箱：jbwq@lawpress.com.cn
销售电话：010-83938349
客服电话：010-83938350
咨询电话：010-63939796

书号：ISBN 978-7-5197-8774-5
定价：98.00 元

凡购买本社图书，如有印装错误，我社负责退换。电话：010-83938349

序

大数据反腐作为全面推进腐败治理体系改革的新“利器”，已逐步运用到腐败治理的各个阶段。反腐部门有效的汇聚来自不同领域和途径的数据资源，建立更高效的数据库，为查办腐败案件起到决策辅助与方向指引作用。同时，运用大数据技术的实时化和智能化、有效处理海量数据的优势及大数据技术具有精准、全面进行定量分析的功能，精准查找腐败线索，把握腐败发生规律，实现反腐败理论与反腐技术手段的高度契合。郭哲教授的《大数据时代查办腐败案件侦查模式研究》一书，从“大数据时代腐败案件侦查模式”的本质特征、相关数据库建构及运用、中西方大数据反腐机制比较、数据分析破解案件困境、运用大数据查办腐败案件中的法律问题及化解等方面进行系统的理论研究。从方法论上提出借助高新技术手段和设备完成对现有取证技术的创新性拓展；从宏观到微观、从实体到程序、从工作机制到队伍建设、从国内到国际对大数据时代腐败案件侦查模式进行了体系化建构。就我所知，这是我国法学界跨学科研究“大数据反腐”的首部专著。

该著作具有重要学术价值。该著作厘清了大数据分析与腐败犯罪案件侦查的认识论基础，阐述数据挖掘中出现的数据仓库检索规则、关联规则、合法规则之间的关系；构建侦办腐败案件数据库模型；建构大数据时代查办腐败案件侦查思维系统工程。具有较强的主体性和原创性。提出了大数据背景下查办腐败案件侦查思维理路，突破了传统的“以供求证”侦查模式所遵循的“特定的嫌疑事实—犯罪嫌疑人—法律依据或证据”的认识路径，形成了一种新的系统思维模式，即“数据的收集和预判—犯罪初查—立案—数据的收集和研判—终结”。这一新的侦查思维系统中与案件相关的数据成为破案的关键。基于大数据查办腐败案件，数据是关键，三种子数据库是必需的：一是基础数据库。侦查机关进行初查，需要搜集大量的基础信息。如果利用互联网技术把这些信息建设为若干基础数据库，实现以高新技术手段点击就能快速调取目标信息，从而节省初查中不必要的侦查资源浪费。二是即时数据库。即时数据库中的数据是在职务犯罪案件发生后，经过调查，收集得来的实际数据。三是业务数据库。包括线索数据库、涉案动态库、典型职务犯罪案件数据库。以上数据库的构建必须遵循检索规则、关联规则、符合法律规则、及时入库规则和专人负责规则。

与传统的小数据思维相比，大数据第一个思维转变就是在研究分析过程中大数据关注所有数据而不是小数据时代依靠少量的数据样本。大数据遵循“样本 = 总体”的全数据思维。第二个思维转变就是从过去依赖小数据的精确性，转变到“允许不精确”“接受混杂”。在混杂的数据世界里，小数据思维往往会因为“精确”思维的指导而错过重要的信息，而大数据因为强调数据规模的完整性和混杂性，有助于进一步接近事实真相。第三个思维转变是“关系”思维的转变。在大数据时代，数据量非常庞大，计算能力有了非常大的提高，新的分析工具和思路提供了新的视野，大数据相关分析更准确、更快速、更有效，且不易受偏见影响，相关关系思维的转变能帮助我们更好地侦破案件。在大数据时代，侦查过程就是数据储存、提取和分析过程，数据贯穿于侦查的各个环节，“让数据说话”成为侦查的基本思维。这种“由证到供”的主动侦查模式，具有查办案件准确、快捷、高效、证据固定、挖掘更多信息等优势，已成为查办腐败案件侦查思维模式的必然趋势。国外在大数据查办腐败案件的机制与技术上的创新性实践值得我国借鉴：一是采取多种途径提升政府的大数据反腐能力；二是提升数据质量，扩大数据覆盖范围；三是增加数据透明度，发挥公众监督效应，在全社会形成反腐败的共识，形成反腐倡廉合力。大数据查办腐败侦查模式，从信息源、信息处理过程、相关性分析和预测等方面根本转变了信息流的结构，充分利用了大数据技术的优点，是对传统反腐模式的突破和革新。

该著作具有重要应用价值。运用大数据查办腐败案件仍面临诸多困境。只有在正确理论指导下走出这些困境，才能充分发挥大数据反腐应有的潜力和价值。由于我国社会经济发展不均衡，大数据运用普及程度存在差异，使得不同地区、不同部门在信息技术的应用上存在差异。部门之间在数据的建立上存在“数字鸿沟”，造成反腐数据碎片化，使反腐信息领域出现信息孤岛，数据的流动性与可获取性较差。如果不建立严格的数据管理体系，一旦这些信息被泄露或者被窃取，国家安全将受到严重威胁。大数据的采集过程与个人隐私权相互交织、密不可分，由于使用不当和黑客攻击，隐私很容易受到侵犯。与大数据的飞速发展形成鲜明对比的是，我国对于规范大数据使用权及保护公民隐私权方面的立法还相对滞后。由于我国法律尚无关于存储介质与待证事实之间相关性的标准，导致公民几乎无法证明自己的个人信息遭到侵害，获得救济的可能性微乎其微。出于侦查保密原则的需要，一般侦查机关不会公开侦查算法，因此大数据反腐侦查的全面实施不得不面对“算法黑箱”的弊端，即大数据反腐侦查法律程序不透明所带来的侦查结果可靠性问题。大数据查办腐败案件对侦查人员的综合素养提出了更高要求，目前我国兼具法律知识和计算机技术两方面素养的电子数据取证人才相对稀缺。

面对以上困境可以借助高新技术手段和设备完成对现有取证技术的创新性拓展，诸如引进国外先进的电子取证分析软件、深入研究分布式取证系统、重点关注国内外手机取证工具的研发。随着取证技术被广泛地运用于腐败案件查处的各阶段，在云计算环境下，反腐败侦查机关应及时更新互联网侦查取证技术并不断改进反侦查取证技术，加强侦查情报收集系统建设与完善侦查情报检索系统并重。

要想实现大数据的合法化使用，就必须通过法律途径限制其使用范围，保证大数据反腐工作始终在合法的框架内开展。在实体法方面，有必要对大数据证据采集的内容和标准、数据使用原则等问题进行立法规制，实现数据共享与个人隐私保护双赢。在程序法方面，应当对大数据背景下网络侦查的概念、侦查程序、取证方式和标准等内容进行规制和界定。侦查机关不得滥用侦查权收集和使用与案件无关的个人信息，为了保护涉案人员的隐私权，防止其个人信息泄露，必须在立法层面与之同步，明晰使用主体及其权力范围，并对不当使用行为进行追责。在大数据查办腐败案件侦查模式体系塑型中需要从工作机制到队伍建设，从国内到国际进行体系化建构。随着数字时代的来临和职务犯罪案件日趋智能化、隐蔽化、复杂化的背景下，信息技术和大数据分析手段有助于纪检监察机关发现线索、固定证据，纪检监察部门在查处腐败案件工作应该注重数据引导，利用大数据提升查处腐败侦查与控制能力。

该著作在研究方法上具有重要创新。本书作者打破学科壁垒，进行交叉研究，试图形成总体理论范式和研究合力。大数据时代查办腐败案件作为实务性很强的法律实践行为，涉及刑法学、刑事诉讼法学、刑事侦查学等方面的问题，加上大数据背景，与软件工程、统计学、管理学等学科都有密切的联系。对海量相关数据的分析、归纳，建构数学模型，将统计分析方法运用到实证分析中。本书选取自党的十八大以来 5 年时间(2012 年 12 月至 2017 年 7 月)法院审理的 84 个中管干部职务犯罪案例作为研究对象，通过中国裁判文书网和北大法宝网站，检索了从 2015 年至 2020 年的 8892 份案例，筛选后整理共计 300 份案例作为数据库的样本基础。通过对样本数据库中的各维度及维度下各指标数据的统计，对近年来的腐败查处力度、效度进行分析，研究我国腐败查处过程的基本特点与规律。大数据时代主要依靠海量的数据搜集和精确的数据分析增强查处腐败案件的科学性。从传统依靠经验、直觉或抽样的研究范式向“让数据说话、用数据评价、依数据相关性决策和行动”的大数据研究范式转变。通过构建大数据查办腐败案件数据库的基础上，进行大数据查办腐败案件侦查思维体系构建。在数据主导、全景式侦查及预测式侦查理念下，对涉腐数据进行数据收集、数据挖掘、数据预测、数据认知后进行数据建模分析，构建以“人”为中心的大数据查办腐败案件新模式。在实践操作方面，作者创造性地提出可以在系统中对被讯问对象的“微表情”数据进行分析。当犯罪嫌疑人进入审讯室接受讯问时，审讯室内的高清、高运转监控设备会从各个方位捕捉犯罪嫌疑人的细微动作、身体姿态、微表情等数据，依据一定的算法规则，将个体的各项特征转变为可视化的数据显示在大屏幕上，进而揭示犯罪嫌疑人真实的内心状态，击破心理防线。突出特色在于推进“运用大数据反腐”的系统化研究而非碎片化讨论，以大数据为主线，串联起整个大数据调查的框架，探讨大数据技术对职务犯罪调查理念、模式、方法等方面带来的一系列影响与变革，构成一幅完整的大数据调查图景。

当然，任何开创性研究都是有局限甚至缺陷的。譬如，在交叉研究中有关算法的技术分析不够深入。再如，对于腐败案件侦查中的数据分析工具 SPSS Analytic Catalyst 和 IBM SPSS Modeler 两个软件中不同的数学算法，以及 PYTHON 等软件从数理领域模型衍生出的数据算法研究也有待深化。要求一个法律专业的学者来攻克这些技术难题，也许有点苛求，但是对有关大数据查办腐败案件中涉及的法律问题及化解作出进一步细化和实证分析，以探寻中国法律治理的特色之道，这可能是可行的，当然也是长远的。我们期待郭哲教授和其他志同道合者进一步探索大数据时代腐败案件侦查模式的变革和创新，推出更多、更优的研究成果。

2024 年 3 月 19 日

目录

图表目录

第一章 绪 论

随着大数据时代的到来，查处腐败侦查工作及思维也在发生着变革。从世界范围来看，各国都在不同程度地建立供侦查犯罪之需的犯罪信息数据库，诸如欧盟正在积极建设名为“欧洲犯罪记录”（ECR）的犯罪数据库或类似的侦查、起诉数据库，大多数欧洲国家至少建有一个以上表明履职廉洁的必要信息索引数据库（NDIS）等，这些大数据在侦查中的使用，不同程度上促使查处腐败侦查模式发生变革。[①] 2017 年 12 月 8 日，习近平总书记在主持中共中央政治局就实施国家大数据战略第二次集体学习时强调：“大数据发展日新月异，我们应该审时度势、精心谋划、超前布局、力争主动。”之后，党的十九大报告又明确提出建设创新型国家要大力推进“数字中国”“智慧社会”建设，该战略举措是基于社会的数字化进程作出的国家制度安排，谁掌握了数据，谁就掌握了主动权。党的二十大报告更是强调：“腐败是危害党的生命力和战斗力的最大毒瘤，反腐败是最彻底的自我

---

① 参见胡志风：《大数据在职务犯罪侦查模式转型中的应用》，载《国家检察官学院学报》2016 年第 7 期，第 144 页。

革命。”“以零容忍态度反腐惩恶。”[①]随着数字时代的来临，在职务犯罪案件日趋智能化、隐蔽化、复杂化的背景下，信息技术和大数据分析手段有助于纪检监察机关发现线索、固定证据，纪检监察部门在查处腐败案件工作时应该注重数据引导，利用大数据提升查处腐败侦查与控制能力。

一、选题背景及意义

现阶段，政府职能正在进行治理能力与治理体系现代化的转型，腐败的形式也更加多样化。预防、发现、纠正、惩治腐败一体化推进需要新科技革命的助力，相较于传统效率低下的反腐败方式，科技反腐败应运而生。[②] 习近平总书记在党的十九大报告中8次提到了互联网的相关内容，强调要贯彻新发展理念，建设现代化经济体系，推动互联网、大数据、人工智能和实体经济的深度融合，要坚定不移全面从严治党，不断提高党的执政能力和领导水平，善于运用互联网技术和信息化手段开展工作。[③] 党的二十大报告再释反腐强音："只要存在腐败问题产生的土壤和条件，反腐败斗争就一刻不能停，必须永远吹冲锋号。"[④]运用法治思维和法治方式惩治腐败，是依法治国在反腐败工作中的具体体现。大数据作为一种新型的具有超强渗透力和影响力的资源，理应成为法治反腐的重要手段。积极探索大数据视野下的侦查模式创新，是新形势下依法办案、严格把好公正司法的第一道关口。在腐败案件侦办过程中，目前对证据的找寻，已经从传统"物质痕迹"为重心的阶段逐步转移到以"信息痕迹"为重心的

---

① 习近平：《高举中国特色社会主义伟大旗帜　为全面建设社会主义现代化国家而团结奋斗——在中国共产党第二十次全国代表大会上的报告》，人民出版社2022年版，第68页。

② 参见田雨佳：《我国科技反腐败问题研究》，云南师范大学2016年硕士学位论文，第10页。

③ 参见《习近平作十九大报告八次提到互联网》，载人民网2017年10月18日，http://media.people.com.cn/n1/2017/1018/c120837-29594814.html。

④ 习近平：《高举中国特色社会主义伟大旗帜　为全面建设社会主义现代化国家而团结奋斗——在中国共产党第二十次全国代表大会上的报告》，人民出版社2022年版，第68页。

阶段，从海量的数据中，寻找到与案件有关的数据关联与线索，构建数据模型，帮助进行数据甄别与判定，从而在较短的时间内迅速定位到嫌疑人的基本情况与行动轨迹，同时将其社会关联信息及线索完全反映并描述出来。[①] 反腐新常态下唯有应用大数据查处腐败案件方能大大提高反腐质效。党的十八大以来，党中央全面加强党的领导和党的建设，从治标到治本，全面从严治党，形成了不敢腐、不能腐、不想腐，即"三不腐"，整体推进反腐制度建构，并形成诸多触动人心的反腐浪潮，当前对腐败"零容忍"已经成为制度的新形态。党的二十大报告指出，要坚定不移全面从严治党。全面建设社会主义现代化国家。全面推进中华民族伟大复兴，关键在党。要坚决打赢反腐败斗争攻坚战持久战。坚持不敢腐、不能腐、不想腐一体推进，同时发力，同向发力，综合发力。[②] 基于提升查处腐败侦查能力与效力和基于预防腐败而产生的大数据的合理、合法运用能力，为进一步强化不敢腐的震慑，扎牢不能腐的笼子，增强不想腐的自觉，推动全面从严治党向纵深发展提供助推器。

工业和信息化部印发的《"十四五"大数据产业发展规划》，对作为新兴产业之一的数据行业进行定义与阐述，并提出发挥大数据特性优势，加快数据"大体量"汇聚，强化数据"多样性"处理，推动数据"时效性"流动，加快数据"高质量"治理。目前反贪、反渎和预防等相关职能已经从检察机关整体转隶到监察机关，具备条件的地区的监察机关已经开始将大数据应用于涉腐犯罪领域的侦查模式的新探索。反腐败必须与时俱进，在关注和接纳前人已有经验的基础上，融合先进的数字技术，借助社会政治、经济和文化发展的最新成果，创新、改进涉腐案件侦查破案的方法、手段和措施，提高查办腐败案件的效率。大数据时代查办腐败案件侦查思维模式的转换是增强腐败案件查处工作内在张力和提升其核心能力的必

---

① 参见郭哲：《大数据时代查办职务犯罪侦查模式认识论》，载《政法论丛》2019 年第 3 期，第 42 页。

② 参见习近平：《高举中国特色社会主义伟大旗帜　为全面建设社会主义现代化国家而团结奋斗——在中国共产党第二十次全国代表大会上的报告》，人民出版社 2022 年版，第 68 页。

经之路。

新时代全面从严治党从制定和落实中央八项规定开局破题，10 年查处违反中央八项规定精神问题 76.1 万件，党纪政务处分 68.3 万人。现阶段反腐败的任务主要是往纵深发力。科技赋能已经成为时代标识，也为反腐败斗争提供了高效率解决手段与机制。反腐败斗争同样必须与时俱进把握科技前进方向，并将之作为反腐倡廉建设的关键要素之一。基于以上大时代背景，本书的理论意义主要体现在以下几个方面。

1. 转变查处腐败案件的研究范式。大数据时代极大地改变了传统侦查的运作方式，海量的数据搜集和精确的数据分析可以增强查处腐败案件的科学性。从传统依靠经验、直觉或抽样的研究范式向“让数据说话、用数据评价、依数据相关性决策和行动”的大数据研究范式转变。①

2. 转变查处腐败案件的传统理念。传统查处腐败案件的理念以经验为主，使物理意义的证据构成证据链，进行因果关系的分析；在大数据时代，侦查主体主要是对数据的全面性、集合性的相关性关系进行分析，需要确立数据主导的侦查理念、全景式侦查理念和预测性侦查理念。

3. 研究查处腐败案件侦查模式运行机制的转型。新的犯罪侦破机制通过数据收集、数据挖掘、数据认知、数据预测 4 个阶段达到侦查破案的目的。基于大数据技术查办腐败案件的思维框架可以简化成三部分：腐败相关数据的收集处理、腐败相关数据的分析和大数据在预防腐败中的运用。

4. 为审查起诉提供重要证据。借助大数据，侦查人员能够通过客观存在的各种数据载体挖掘犯罪证据。传统的物理空间的证据容易灭失，而在大数据时代，数据痕迹在虚拟空间却可以通过技术手段进行数据恢复，通过建立三维空间立体模型，侦查人员甚至能够再现犯罪现场并判断犯罪嫌疑人是否为真正的犯罪分子。同时，对大数据技术的有

---

① 参见刘佳奇：《论大数据时代法律实效研究范式之变革》，载《湖北社会科学》2015 年第 7 期，第 143 页。

效利用能够极大地提高侦查人员的工作效率，为他们提供大量数据，并通过相关程序进行处理和转化，形成合法合规的起诉证据。因此，运用大数据进行侦查，能掌握犯罪侦查的主动性，有助于及时查明事实，提高破案效率。

本书的实践意义如下。

1. 为查处腐败案件提供新的智力支持。大数据通过算法能够最大限度地将原本分散的杂乱无章的犯罪痕迹和物证等信息集中起来，利用算法进行精准定位并抓取关联且有效数据，从而极大地提高侦查资源利用与整合效率，并促进当前侦查信息数据化与动态化关联，使掌握的证据之间互相补充、互相印证、互相支撑。

2. 开拓查处腐败案件新途径。在信息化、网络化的现代社会，腐败犯罪日益智能化、恶性化、复杂化和国际化。通过大数据侦查模式的研究，一切涉腐和与腐败相关的主体、行为、事件都将以数字化形式进行记录，通过数据挖掘技术进行筛选后得到有效信息，实现由传统的侦查模式向数字化、精密化、科学化、智能化转变。贪腐案件具有显著的特点，首先，贪腐案件的犯罪主体往往具有明显的区分度，多数教育程度高且拥有一定的社会地位，生活与工作经历丰富，同时比较熟识法律法规的内容与程序，并对相关政策有一定了解，因此想要直接从他们那里找到突破口具有较大难度。其次，多数贪腐案件都较为隐蔽且不存在明显的作案现场，也导致相关实物证据缺乏，在证据类型方面，有书证、电子证据等，笔录证据并不多见，更为稀少的是现场勘验证据。同时该类案件证据还有一些特殊点，那就是不稳定性和可变性，导致最终的证据认定环节有一定变数。基于涉腐案件的这些特殊之处，加之其案情普遍较为复杂、牵连较广，使得在该类案件的侦破过程中，对具有较高水平的侦查信息情报依赖度较高。[①] 由此可见，大数据信息资料可为涉

---

① 参见孙安权：《大数据背景下贪污贿赂犯罪侦查情报体系的建设构想》，载《南海法学》2018 年第 1 期，第 74 页。

腐案件侦查活动提供线索和证据,引导侦查人员发现犯罪线索,对犯罪证据进行收集,为整个腐败案件的查处打开突破口,提供行之有效的方法和途径。

3.为提高查办腐败案件的侦查效率创造条件。在查办腐败案件的侦查活动中,纪检监察人员需要承担多方面职能,既要负责对案件线索的排查及确定具体的追踪方向,又需要承担相关嫌疑人的审讯工作,并进行证据落实,此外还可能需要肩负追逃和追赃等不同职能,这些都与腐败案件情报信息休戚相关。纪检监察人员只有掌握较多具有真实性、完整性及关联性的信息资料,才能根据详尽的事实依据做出正确的侦查决策。现阶段部分地区的监察委在案件侦办过程中面临重重困难,人手不足但又不断有新增案件需要处理,因此具有较高的技术诉求。亟须对大量侦查情报信息进行汇总,并利用大数据技术进行比对和关联,并以合规合法手段进行证据固定,快速推进案件侦办进程。

4.提高侦查机关打击与预防腐败活动的能力。如果从犯罪经济学的视角进行观察,对于犯罪发生可从三个角度进行把握:首先是机会成本,其次是犯罪利益,最后是法律惩罚成本等。针对犯罪产生的经济学三要素,在大数据面前每个人都是透明人,某种程度上提高了其犯罪成本,增加其犯罪风险,使其能够“知风险而止”。同时,从经济成本与权力成本的角度出发,通过大数据助力侦查,将优化侦查措施的构成与投入,降低侦查成本,进而取得较高的侦查收益。可见,大数据侦查措施的实施既可降低犯罪收益,又可提高侦查效益,从而保证新时期侦查工作的顺利推进。

二、国内外研究动态

(一)大数据应用的研究现状

21世纪初,大数据开始逐渐被各界关注,英国《自然》杂志最早进行该方面技术与学术内容的刊发，并以“大数据：拍字节时代的科学”作为专题发表了一系列具有学术深度与社会意义的文章，从而让大数据正式进入理论探讨与科学规划的视野。英国学者维克托·迈尔－舍恩伯格最早进行大数据哲学层面的反思批判，他认为，大数据的核心是“预测”，并且认为基于此能够获得三个方向的变化，其一是数据分析规模更大；其二不再追求数据精度；其三不再追求因果关联。[①] 他认为大数据的关键是从因果关系思维向相关关系思维的变革。舍恩伯格在其《删除》一书中指出，数字技术赋予了人们前所未有的权利，但无节制地使用也会产生不可估量的后果。因此，需要理性判断在大数据时代背景下，大数据在具体实践中的“作为”与“不作为”，以使社会福利得到最大化。2012 年 5 月英国政府注资 10 万英镑，建立 ODI（The Open Data Institute），即全世界第一个开放式数据研究所，[②]这一非营利机构的主要业务方向是通过各种手段及技术获取公开数据中包含的商业价值，从而为该国公共与学术机构进行该领域探索与创新提供良性空间。

此外，大数据技术研发领域也成果颇丰，拉贾拉姆（Rajaram）与阿南德（Anand）等人研发并对外公开了大量数据算法及基于 Web 的数据机制与工具，并将之总结于《大数据：互联网大规模数据挖掘与分布式处理》中；西尔伯沙茨（Siberschatz）也着重探讨了数据库管理方面的研究重点与概念讨论，并将之融入《数据库系统概念》这篇论著中，在其中对数据模型、数据库设计、数据存储结构、数据存取技术等大数据管理功能进行了系统分析。

对大数据商业化应用进行研究的主要有：迪米特里·梅克斯（Dimitri Maex）与保罗·B. 布朗（Paul B. Brown），强调目前数据涵盖了人们所有的活动与行为，社会无时不刻不在产出天量规模的数据，数据挖掘能够高

---

① 参见［英］维克托·迈尔－舍恩伯格、肯尼思·库克耶：《大数据时代：生活、工作与思维的大变革》，盛杨燕、周涛译，浙江人民出版社 2013 年版，第 77 页。

② 参见《英国政府十万英镑建立世界首个开放数据研究所》，载新华网 2012 年 5 月 24 日，https://finance.qq.com/a/20120524/003687.htm。

效地预测客户行为，其研究成果发布于《大数据营销：定位客户》这篇论著中；哈佛大学的蔓瑞·森认为，商业经营、行政管理、学术活动等方面的快速数据化过程均由大数据掀起的大变革深刻推动；耶鲁大学教授伊恩·艾瑞斯（Ian Ayres）在《大数据思维与决策》这篇论著中着重探讨了当前大数据条件下，对思维形态、商业模式、宏观政策等方面的深远影响。[①] 里昂（Roin）提出，数据就是国王的大数据认识论理念。沃纳格尔斯（Wernergels）认为大数据实质上可视作一个高度协同的流水线。

在政府政策层面，2012 年美国发布了一份探讨本国大数据发展的文件，即《大数据研究和发展计划》，提出要把美国建设成世界上首个真正意义上的大数据国家，将该领域产业从原来的普通商业活动进行了重要性提升，将之列入国家意志与战略的重要构成。[②] 2012 年《电子政务开放数据战略案》公布，这意味着日本政府也开始进行重要的大数据发展探索，并践行数据公开政策。政府利用信息公开方式确保日本国民能够方便地获取政府行政信息，在发生紧急情况时可以以最快的速度在网络上实现政府行政信息全部公开并可以被需要的部门和机构重复使用，以便进一步推进“开放型政府”的建设进程。2013 年又发布《创建最尖端 IT 国家宣言》，强调要让日本建成为一个一流的信息技术社会。[③] 韩国学者柳永湘也基于国家立场对大数据进行研究，他认为，大数据是定型与非定型、内部与外部信息数据实时社会化的大集合，具有复杂性、多样化、规模化、速度递增等特点。上述研究主要集中对大数据的特点、功用及对各行各业的挑战进行了深入的阐述。

国内学者涂子沛较早开始研究大数据与自由、开放、隐私保护和伦理

---

① 参见［美］伊恩·艾瑞斯：《大数据思维与决策》，宫相真译，人民邮电出版社 2014 年版，第 89 页。

② 参见美国政府《大数据研究和发展计划》全文，载搜狐网 2017 年 2 月 3 日，https://www.sohu.com/a/125413348_468714。

③ 参见杨惠娟：《国内外政府部门推动大数据发展的经验及启示》，载《信息系统工程》2015 年第 4 期，第 97 页。

危机等政治哲学与伦理道德问题。钱志新、刘昆、杨旭等学者认为,通过对数据处理及深挖能够得到知识与价值的创造与创新。赵伟、赵国栋等则在论述中强调大数据时代的发展将为人们带来全新的思维模式。黄欣荣认为,大数据革命给传统科学认识论、方法论提出了新挑战,带来了新机遇。国内研究主要从引荐国外的研究成果扩展到信息公开与共享、大数据带来的反思、智慧政府等角度进行探讨。具体而言,国内大数据研究有两个方向,一是基于技术层面的探讨,二是基于应用层面的探索。前者主要涉及云计算、数据可视化等等领域与方向,后者研究则集中于“互联网+”、电子商务与政府、“智慧+”等领域与方向。这些新技术与新研究将持续为国内发展与改进提供驱动引擎。

其一,在大数据与认知、思维和决策方式的变革上,顾肃等人认为,大数据的发展促进了人类认知思维方式的变革,主要表现为追求全样本、接纳混乱性和多样性、追求相关关系的特征。大数据选择的不是随机样本,而是全体数据,从整体上把握对象,重点不再是精确性,而是混杂性和多样性。大数据促进了从因果思维向相关性思维的转变,不再立足于寻求比较简单的因果关系,而是把握复杂的相关性。大数据也正在促进社会各方决策和治理的革新。利用大数据分析技术,可以让各领域各层面治理获得更高效能,提早发现问题并进行及时纠偏。①

其二,有效提高数据可视化技术与应用水平。任磊等在其论著中进行过讨论,通过人机交互实现更具可行性和技术效能的可视化分析,将人、机的各自强项进行有机融合是当前阶段大数据分析的核心发展方向之一。所谓大数据可视分析,主要是指借助计算机程序自动及智能分析能力,对人的可视化数据发掘与认知能力提供强大的延伸辅助,进而提高数据洞察力。②

① 参见顾肃:《大数据与认知、思维和决策方式的变革》,载《厦门大学学报(哲学社会科学版)》2021 年第 2 期,第 34~43 页。

② 参见任磊、杜一、马帅、张小龙、戴国忠:《大数据可视分析综述》,载《软件学报》2014 年第 9 期,第 1901~1936 页。

其三,大数据安全方面。冯登国等人在研究中强调当前大数据处理与应用过程具有较多风险因素,同时目前普遍存在的高频次的隐私泄露已经成为一个较受关注的社会现象,虚假数据情况也不容忽视,对大数据分析造成干扰,导致其结果偏差或无效。基于此,他们认为需要强化数据保护相关的技术研发,以保障数据安全和用户隐私。

法学界学者大致都集中于隐私权、个人信息权以及财产权三个方面,尤其是隐私权和个人信息权更是研究之重点。张新宝教授认为,现阶段个人信息的最大利用方与拥有方为国家机构,因此需要将国家也纳入利益相关方范畴进行综合考量,进行个人隐私立法并强化保障,同时对个人一般信息的利用要进行区分,尤其是商业利用与基于公共及国家利益的利用,实现个人、商用方和国家之间的一种信息权平衡。[①] 胡铭等的研究与行政法的基本原则进行融合,提出按照合法性原则和比例原则完善大数据侦查的法律规制。[②] 同时在其《大数据时代侦查权的扩张与规制》一文中提道:"大数据时代的侦查权扩张存在现实合理性,但也带来了法律制度上的规制困境和公民权利保护的难题。应纳入刑事诉讼法的现有体系,按照强制性程度分类进行规制。"[③]劳东燕则认为合理的法律保护框架应考虑加强对收集与使用数据方面的合规问题以及明确个人数据和信息保护的主要责任。[④]

实践层面,上海市城市数字化转型工作领导小组办公室发布的《2021年上海市城市数字化转型重点工作安排》提出打造 11 个老百姓最关心、最直接、最受用的标杆应用,实现"一网通办"网办比例不低于 70% ,实现

---

① 参见张新宝:《从隐私到个人信息:利益再衡量的理论与制度安排》,载《中国法学》2015 年第 3 期,第 38 ~59 页。

② 参见胡铭、龚中航:《大数据侦查的基本定位与法律规制》,载《浙江社会科学》2019 年第 12 期,第 12 ~20 页。

③ 胡铭、张传玺:《大数据时代侦查权的扩张与规制》,载《法学论坛》2021 年第 3 期,第 5 页。

④ 参见劳东燕:《潜在风险与法律保护框架的构建》,载《检察日报》2020 年 10 月 12 日,第 4 版。

5G SA 全面商用，高端绿色 IDC 机架数量超 20 万架，重点支持 100 个基础研究和应用研究项目，重点打造 20 家具有国际影响力的新生代互联网领军企业等，推动城市数字化转型工作全面起步。[①]《上海市推进商业数字化转型实施方案（2021—2023 年）》中确定的总体目标之一就是数字技术的广泛应用："数字技术全面融入商业发展，建设一批数字技术研发与转化的功能型平台，推动支付系统、数字地图、生活场景等领域的数据互通和业务协同，公共数据资源加快开放共享，数字治理能力稳步提升。"《广东省发展软件与信息服务战略性支柱产业集群行动计划（2021—2025 年）》中将目标定为"到 2025 年，全省软件业务收入达到 2 万亿元，保持全国领先地位，创新能力和综合实力取得显著提升，基本建立起自主可控的信息技术产业体系，打造具有国际竞争力的软件与信息服务产业发展高地。创新能力持续提升。基础软件、工业软件等部分关键核心技术基本实现自主可控，大数据、人工智能等领域内新兴软件实现突破，关键领域创新能力基本达到国际先进水平。产业规模迅速壮大。培育一批具有国际竞争力的大型软件企业和软件名牌产品，发展云计算、大数据、人工智能等新技术新业态。到 2025 年，培育 4 个千亿级软件企业，过亿级软件企业占比 30% 以上"。从数据来看，"十三五"期间，仅对大数据产业规模发展较快的贵州省进行分析，该省在软件与信息技术服务业方面环比增幅实现 19. 3%，该省电子信息制造业产值环比增幅实现 19. 6%，该省电信业务营收环比增幅实现 6. 8%。由于国家将大量资源与项目投向该省，使其省内大数据电子信息产业规模与日俱增并逐渐出现了早期产业的集聚效应。[②] 贵州省目前已经构建了一个关于大数据与信息产业的宏伟蓝图，要打造千亿级的产业集群，覆盖该领域全产业链，并能够在国际市场占有一席之地。目前正重点培育如智能终端产业集群等多个产业集群。

---

① 参见《2021 年上海市城市数字化转型重点工作安排》，载潇湘晨报网 2021 年 3 月 26 日，https://baijiahao. baidu. com/s? id = 1695298139218036380。

② 《贵州加快建设全国大数据电子信息产业集聚区》，载《贵州日报》2021 年 6 月 15 日，第 1 版。

(二)大数据与反腐败的研究现状

国外学者认为互联网大数据平台能够促进民众参与廉洁政治生态建设,促使官民互动。科尔斯特塔德(Kolstad)认为,大数据政务公开这一机制的构建与完善将显著抑制官员腐败问题的发生,有助于政治生态趋向健康。施罗特·沙玛(Schroth Sharma)强调从实际进行观察,大量腐败活动都是首先在互联网平台被曝光的,因此科技是反腐的有效工具。[①]鲍特·T. 德克尔(Baul T. Decker)则公开表示大数据对于未来发展走向具有颠覆性意义,提出它将创造出数据民主化局面,并能够为研究者提供更广泛的资源与机会,让政府建设向着良性的方向发展。大数据时代,推动政府数字化转型成为提升政府治理能力的必然选择,这也为政府决策科学化、民主化提供了新机遇。[②] 2012 年,朱利亚·博内利(Giulia Bonelli)等人发表了一篇论文,主要集中探讨在犯罪与腐败调查领域中使用大数据的积极影响,涉及欧盟地区的《犯罪与腐败观察——大数据背后的大问题》项目,其中阐述了利用大数据理论来面对挑战并运用新的方法分析与理解犯罪与腐败的新现象。[③] 托马斯·J. 格拉德尔(Thomas J. Gradel)等人多年跟踪伊利诺伊州反腐败进展与案件情况,并发布了 7 篇相关调查报告,从多个层面对该州腐败现象进行深层探讨,包括消除腐败、警局犯罪等。马丁·希尔伯特(Martin Hilbert)在其论著中探讨了政府数据公开水平、人均收入这两个要素与腐败感知指数之间的相关性,分析了大数据的发展在区域发展中的前提条件、机遇与挑战,文中给出了人均国民总收入、政府数据公开程度与腐败感知指数之间的相关关系。伊拉斯·鲁宾斯

---

① 转引自 Paul C. Zikopoulos, Chris Eatio, Dirk deroos, Thomas Deutsch and Geoge lapis, *Big Data: Analytics for Enterprise Class Hadoop and Streaming Data*, McGiaw, 11, 2011。

② 参见黄甄铭:《大数据视阈下政府决策机制模型建构》,载《行政与法》2020 年第 8 期,第 85 页。

③ Giulia Bonelli, Mario Paolucci, Rosaria Conte, *Crime and Corruption Observatory: Big Questions behind Big Data*, ER—CIM—NEWS, 89: 36 - 37(2012).

坦(Iras Rubinstein)通过数据分析,披露了美国政府选举中政治捐赠的信息,并分析了这些政治捐赠与腐败的关系,认为应当开放政治捐赠信息才能更好地预防腐败。①

在运用大数据反腐败的实践中,目前世界上很多国家都已经开始重视网络反腐,将网络举报作为一个关键的反腐信息来源。伯托特(Bertot)等在经过大范围的数据调研后发现,目前腐败举报电子渠道已经覆盖了世界的绝大多数国家,这一数字超过91%。另外在网络公权力监督等的有效利用中,也有接近29%的国家使用。由于网络反腐具有即时性、便利性和低廉性的特点,随着电子政务在全球范围内的普及,现在几乎所有国家都在政府或专门网站上建立了举报通道。以印度为例,印度建立了"我行贿了"网站,该网站并非政府主导下建立的,而是公益组织建立的一个对公民行贿行为或活动的基于自主自愿记录原则而构建的数据集,以便从侧面让政府能够掌握其机构内部及人员当前可能存在的行受贿情况。

国外研究者首先特别关注对网络反腐法律保障的欠缺、大数据技术和人才的缺乏、大数据对隐私的侵害、信息共享和搜集困难等问题的研究。印度学者罗素(Russell)认为,网络反腐没有得到法律的支撑导致很多国家的互联网反腐没有得到有效的执行,一定程度降低了电子政务反腐的信任度,也一定程度抑制了民众参与的积极性。其次,重视大数据及相关领域的人才。英美等国为了给各个行业利用大数据输送人才,纷纷在高校设立大数据专业,并通过政、企、校间的高度协同分工和亲密联盟机制,实现大数据输送及相关人才的专门化培养。最后,大数据对民众隐私权侵犯的问题。美国的《大数据报告》强调大数据在改变美国人生活与工作方式的同时,强调官方对大数据的利用,需要以存在触犯公共利益

① See Iras Rubinstein, *Voter Privacy Age of Big Data*, Wiscos in Law Review, 2014.

的事实为前提,否则应该优先保护公民的隐私权。[①] 马丁·希尔伯特并不赞同当前主流的大数据价值无限论,反而认为其是有边界的,如信息孤岛等现象也已经催生了显著的大数据不平衡发展业态,因此只能将大数据作为辅助性和参考性的工具。[②]

我国在党的十八大以后,腐败与反腐败问题的大数据研究逐渐走向深入。研究主要在公共管理与政治学层面将反腐败与大数据联系起来,利用大数据探寻腐败发生的规律及治理的对策的研究较为丰富。如李后强、李贤彬就在其论著中强调,大数据获取的一个关键方向就是抑制现金流量。从实践来看,货币数据化能够显著提高货币流向跟踪的精确性,从而起到约束公权力腐败效果。[③] 廖晓明、魏永平则认为预测方面的效果与作用是大数据的关键价值,通过对腐败相关数据各种类型的处理与分析,能够总结出腐败发生的条件、规律等要素。冯燕红在其论著中针对官员腐败问题与现象,从经济学视角出发,构建了一个博弈论信号传递模型并对该问题展开探讨,认为在完美贝叶斯均衡条件下,提高反腐力度、财产公示及高薪养廉等变量,在该模型框架下呈现更高的反腐效果。张亚明等分析了大数据网络反腐的现实匹配、大数据网络反腐面临的多重挑战及路径选择。杜治洲、常金萍则从实际情况出发,认为当前在反腐领域已经广泛应用相关大数据技术,这给中国反腐事业带来了新模式与新契机,他们同时也提出国内大数据应用还有一段很长的路要走,潜在风险较高,需要对此提高警觉。[④] 程莹则主要立足于当前高校反腐工作,认为适用大数据技术,将能够显著改善高校反腐的惩治效果。大数据还能够协

---

① 参见美国白宫发布的 2014 年大数据白皮书(中英文版),https://bbs.pinggu.org/jg/shuju_dashuju_3072651_1.html。

② See Martin Hilbert, *Big Data for Development: From Information to Knowledge Societies*, SSRN, 2013.

③ 李后强、李贤彬:《大数据时代腐败防治机制创新研究》,载《社会科学研究》2015 年第 1 期,第 31 页。

④ 参见杜治洲、常金萍:《大数据时代中国反腐败面临的机遇和挑战》,载《北京航空航天大学学报(社会科学版)》2015 年第 4 期,第 21 ~ 27 页。

助高校建立腐败犯罪预防机制。①

国内学者主要从实证分析和社会学角度进行大数据与反腐败联系的研究有：公婷等通过大范围、大量涉腐案件的分析，整理并获得了源于《检察日报》的2802个有效案例，总结了国内涉腐案件一般性特征及国内腐败总体发展趋向与现状情况，提出“数据人”对策。他们提出要提高大数据的利用效率，发挥决策的辅助作用，探索用数据来描述检察工作，用高科技大幅提升反腐成效。② 谢金林的主要研究对象为网络反腐问题及当前阶段的发展态势，样本案件发生在2004～2013年，一共整理并获得646个有效案例。潘楚雄对大数据背景下海关廉政治理能力的现代化进行了实证分析，提出海关能力建设的方向主要是数据生成方向、数据扩展与数据发生、节点控制方面等。鸿章将研究重点围绕佛山市纪检委工作现状展开，阐述了大数据利用情况及相应的职务犯罪分析系统构建情况等，认为大数据能够为“四风”工作提供强大支持和决策辅助；同时探索了云监管农村干部路径；并用大数据手段为地方政府投资工程提供科学而合理的廉洁分析与评估方案，基于数据库构建了完善的廉情预警体系，在政府工程廉政领域构建了一道坚实的防控城墙。③

现阶段，大数据被广泛应用于各领域各行业的风险防控上，利用数据分析与预测功能，构建有效风险预警机制并据此制定相应的风控预案，这不仅在政府机构中使用，也在几乎所有跨国集团中被深度应用。刘筱勤强调从国内外腐败防控的实践来看，财产监控的严密程度将直接影响到当前政府的廉洁指数，因此需要构建涵盖财产公示、核查在内的公职人员财产监控制度。④ 廖晓明、魏永平、罗文剑认为，财产能够被量化为数据，

---

① 参见程莹：《惩治与预防：大数据时代的高校腐败犯罪》，载《社会科学论坛》2015年第10期，第235～240页。

② 参见公婷、吴木銮：《我国2000—2009年腐败案例研究报告——基于2800余个报道案例的分析》，载《社会学研究》2012年第4期，第204～246页。

③ 参见鸿章：《广东的“大数据”时代》，载《广东党风》2014年第5期，第37页。

④ 参见刘筱勤：《大数据与廉政制度创新》，载《中国行政管理》2015年第12期，第113～117页。

廉洁政治生态建设的重点在于权力规制和政府官员财产的公开，基于廉洁政治的需要，广泛进行数据收集与整合，构建廉洁生态大数据平台，同时配套相应的预警体系。① 张毅菁认为从现状来看，大数据的发展及应用已经全面改变及优化了政府信息公开机制与程度。但是也需要看到“数据民主”目前还没有从立法层面提供支持，因此，未来需要完善相关法律法规。② 赵淑梅将大数据的理念和方法应用于党的建设，认为利用大数据能够全面掌握当前阶段党员干部的思想教育情况，同时可以对其思想动态进行跟踪，并对各地各部门党内制度运行状态进行全面衡量，能够尽早抓住腐败端倪，从腐败初期就进行有效遏制。③ 李后强、李贤彬认为需要构建大数据腐败防治与免疫机制，并始终保持机制的动态更新与持续创新。④ 黄宝荣认为，当前阶段廉政建设的一个重要方向就是大数据建设，相应数据库系统的完善将为廉实力评估提供可靠的信息来源。在反腐倡廉工作中深入融入大数据技术，并综合进行定量定性两方面研究，未来该领域重点在于廉洁实力评估机制的建构与完善及反腐大数据技术的持续优化与创新。⑤

（三）大数据与侦查模式的研究现状

以知网为检索平台，用“大数据侦查”为主题进行检索工作，共计获得 123 篇相关论文，结合这些论文的发表时间可知，国内关于大数据侦查的研究成果呈现逐年丰富的发展态势。北大法宝对 41 家法学核心期刊

---

① 参见廖晓明、魏永平、罗文剑：《基于大数据的腐败预防：方法、框架与挑战》，第 10 届中国管理学 2015 年年会论文。

② 参见张毅菁：《大数据时代的政府信息公开：机遇、挑战与对策》，载豆丁网 2019 年 1 月 10 日，https://www.docin.com/p-2166306751.html。

③ 参见赵淑梅：《“大数据”与提高党的建设科学化水平》，载《江西社会科学》2014 年第 6 期，第 11～15 页。

④ 参见李后强、李贤彬：《大数据时代腐败防治机制创新研究》，载《社会科学研究》2015 年第 1 期，第 14 页。

⑤ 参见黄宝荣：《大数据背景下的廉实力评价》，载《紫光阁》2015 年第 2 期，第 66 页。

2021 年度学术热点进行分析，发现学术热点集中在“数据治理”“算法”“数字经济”的内容上。国外将大数据与侦查模式的研究重点放在技术研究上。

国外学界对大数据在侦查过程中算法概念的讨论主要从不同的观察角度：一方是仅仅作为技术的算法，主要考虑大数据分析算法和系统的效率；另一方则主要从算法以及运算逻辑影响侦查制度的作用角度分析算法。从学科角度来看，大数据算法主要是建立在对统计学理论的应用上，总体来看涉及三个交叉领域，包括数学与统计学理论、计算机科学、具体行业或领域知识等。① 英国学者约翰·格拉海姆、杰瑞·莱特克里菲等认为，大数据时代通过海量数据分析可以创新警务，可以通过情报主导警务来预防腐败犯罪。利用大数据算法并根据经验及样本提供的赋权，能够快速获得信息反馈，并为案件侦办人员提供侦查方向的指引。相比于人脑作出的随意与无序决定，可以极大地提高决定作出的正确性。

在对算法与侦查思维的研究中，艾伯特·拉斯洛·巴拉巴西、埃里克·西格尔等将研究对象限制为腐败案件中的谎言机制与思维动向，并针对这一论题构建了相关的大数据预测模型。哥伯克舍克·菲利普（Geburczyk Phillip）研究了在行政决策自动化的背景下考察欧盟《通用数据保护条例》（GDPR）与选择正当程序要求的关系，发现 GDPR 提供关于自动化数据处理的决策保障与传统行政正当程序要素重叠，导致国家的行政程序与 GDPR 之间的关系不明确。② 麦斯威尔·杰克（Maxwell Jack）和汤姆林森·乔（Tomlinson Joe）指出，随着英国公共机构越来越多地使用算法和大数据进行决策，很难明确某个具体的算法是否带有歧视性，政府必须采取积极措施识别和应对算法歧视的风险，将潜

① 参见吕晓玲、宋捷主编：《大数据挖掘与统计机器学习》，中国人民大学出版社 2016 年版，第 87 页。

② Cobbe Jennifer and Singh Jatinder, *Reviewable Automated Decision-Making*, Computer Law & Security Review: The International Journal of Technology Law and Practice, 2020(39).

在的对公民歧视性算法的举证责任置于政府。[①] 斯蒂芬·E. 图尔敏(Stephen E. Toulmin)认为侦查演绎推理的结论虽然具有或然性,但是这种或然性的结论为侦查员提供了比必然性结论更大的空间。海登格尔的"理解前结构"理论认为,在侦查思维中,需要对"理解前结构"这一概念加深认识,其是侦查主体本身固有的经验或其他要素积累而形成的一种思维或其他侦办过程中会有所涉及的思维框架,会对侦查思维的正确性形成重要的影响,甚至关系案件的破获。德国的安德烈·亚斯采用结构方程模型研究了腐败与影子经济之间的关系;意大利学者朱利亚·博内利指出,算法具有预先特性,可以有效规避侦办过程中人为偏见等因素的干扰。[②]

大数据在犯罪预防中的一个重要体现就是犯罪地图的制作。从实践来看,在大数据赋能下,侦办人员能够对涉案人员的信息进行一些事先推测及刻画;同时,还能对犯罪活动路线进行提前预设,并能够收集并整理案例与逮捕数据等信息,将之标注在电子地图上并构成相关数据的知识图谱,从而将这些复杂且凌乱的数据转化为更具直观性的视觉空间格式。[③] 在国际追赃追逃的过程中,大数据能够建立犯罪活动活跃图谱,并较为准确地定位嫌疑人的活动区域,通过对历史犯罪数据热点地图的分析,能够对犯罪行为进行有效的提前预估和推测,包括发生时间、次数及活动区域等内容,从而进行针对性警力部署,起到一定的震慑与打击作用。[④] 新一轮科技革命正在进行,区别于以往几次的科技革命,技术不再是单纯的工具,反而开始衍生出智能性和自主性,形成人机

---

① Maxwell Jack and Tomlinson Joe, *Proving algorithmic discrimination in government decision-making*, Oxford University Commonwealth Law Journal 20, 2: 352 - 360(2020).

② 转引自[美]内森·伊格尔、凯特·格林:《现实挖掘》,吕荟等译,中信出版集团2016年版,第110页。

③ 参见冯娇:《大数据与犯罪侦查:机遇、挑战及应对》,载《兰州学刊》2019年第5期,第115页。

④ See Laura Myers, Allen Parrish and Alexis Williams, *Big Data and the Fourth Amendment: Reducing Overreliance on the Objectivity of Predictive Policing*, 8 Fed. Cts. L. Rev. 231, 2015.

关系的新形态,逐渐形成人机协同的司法治理新格局。①

国内学者从大数据时代侦查模式转型角度进行研究的有:何家弘认为,大数据时代对职务犯罪侦查的专业化要求更高,方法上要从犯罪侦查学到物证技术学和证据调查学转换。张俊岳在实践工作认识到,目前侦查工作与大数据深度融合,超规模数据成为案件侦办过程中的有效制胜工具,将推动侦查模式的不断完善。② 刘品新、李学军、白建军等专门深入研究了网络时代侦查模式的转型,认为大数据可以助推法律监督、法学研究,从数据分析中可以找到罪因、罪行与刑罚的关系。程宏、张锋学、彭文龙、李珍珍等对大数据技术的普遍关注集中于大数据的特点、大数据时代对推进侦查技术进步的意义以及大数据侦查相较于传统侦查模式的优势等宏观层面。③ 解正山以欧盟及美国法为样本,分析了个人对算法决策的解释权利如何实现对"算法权力"滥用的适度制约。④韩旭至提出在使用自动化决策系统时要坚持将比例原则作为"最小必要"检验标准。⑤

---

① 参见李训虎:《刑事司法人工智能的包容性规制》,载《中国社会科学》2021 年第 2 期,第 61 ~62 页。

② 参见张俊岳:《"大数据"背景下侦查工作的变革》,载《北京警察学院学报》2014 年第 4 期,第 48 ~50 页。

③ 程宏在《大数据背景下反贪侦查模式的转型》一文中认为:"在大数据背景下,人类活动都会以数据形式留下痕迹。对大数据进行分析,有助于挖掘职务犯罪的关联信息,打击职务犯罪。但利用大数据反腐必须整合数据资源、强化数据的联系、优化技术运用平台,从而实现智慧化反贪。"张峰学在《论大数据侦查的变革》一文中指出:"在大数据时代,通过互联网和物联网等媒介,侦查机关可以获得比传统侦查方式更高的破案率。"彭文龙、李珍珍二位学者在《从网络反腐到大数据反腐:基于信息流建构的反腐模式创新》一文提道:"大数据反腐模式以大数据技术为核心,在信息源、信息处置流程、相关性分析与预测等方面实现了信息流建构的根本性变革,是对以互联网技术为基础的网络反腐模式的创新与超越。"参见程宏:《大数据背景下反贪侦查模式的转型》,载《中国检察官》2015 年第 3 期;张锋学:《论大数据侦查的变革》,载《社会科学家》2019 年第 7 期,第 124 ~128 页;彭文龙、李珍珍:《从网络反腐到大数据反腐:基于信息流建构的反腐模式创新》,载《廉政文化研究》2017 年第 5 期,第 17 ~23 页。

④ 参见解正山:《算法决策规制——以算法"解释权"为中心》,载《现代法学》2020 年第 1 期,第 179 ~193 页。

⑤ 参见韩旭至:《个人信息保护中告知同意的困境与出路——兼论〈个人信息保护法(草案)〉相关条款》,载《经贸法律评论》2021 年第 1 期,第 47 ~59 页。

国内学者从大数据侦查思维方法上进行研究的有：李延铸认为侦查思维的逻辑程序是基于犯罪事实、收集证据、逻辑辨析、犯罪原型的顺序进行的，大量引入国内外最新研究成果可以加快对侦查思维活动规律的深入研究。陈波、程宏、欧阳爱辉等认为，在大数据背景下，人类活动都会以数据形式留下痕迹，对大数据进行分析，有助于挖掘职务犯罪的关联信息。应当整合数据资源，构建以人为中心的数据挖掘技术，优化技术平台实现智慧化反贪。在此基础上，李学军专门对人脸识别系统进行了深入研究。

陈卫东、陈瑞华等对强化检察机关职务犯罪侦查权、完善职务犯罪侦查制度等问题进行了研究。江涌认为，现代科学技术广泛应用于侦查是未来时代发展之必然，同时也要认识到，在侦查学及案件侦办过程中的大数据应用需要与人权保护与权力制衡等联系起来考虑，确保这几项内容保持大致平衡，并将其提高到与公共服务、治理建设等同等地位。[①] 同时要对侦办工作中过度利用科技力量可能引发的负面后果保持警惕。大数据应用必须始终建立在人权与隐私保障等前提下，并与权力抑制保持密切关联，对这些关联与影响进行制度性约束与限制。

对于大数据收集的合法性问题，刘铭指出，对于大数据技术在行政执法和刑事侦查领域的应用，我国目前的法律规定都是自行授权，且在授权可收集数据的类别和可使用范围方面尚存争议。[②] 程雷认为，搜查、调取与技术侦查这三项法定的侦查行为可能与大数据侦查产生关联，但从法律属性上来看，大数据侦查并非前述的任何一种，这一立法现状使得目前大数据技术应用还无法摆脱无序状态。[③] 王燃强调，当前存在案件侦办对数据开放性诉求与目前数据相关行业对数据执谨慎性态度之间的矛

---

① 参见江涌：《侦查学研究的哲理性反思》，载《中国人民公安大学学报（社会科学版）》2013 年第 6 期，第 83 ~ 90 页。

② 参见刘铭：《大数据反恐应用中的法律问题分析》，载《河北法学》2015 年第 2 期，第 86 ~ 90页。

③ 参见程雷：《大数据侦查的法律控制》，载《中国社会科学》2018 年第 11 期，第 156 ~ 207 页。

盾。由于相关法律规定的缺失,侦查机关的数据共享与合理利用也面临瓶颈。[①] 在电子取证制度方面,裴炜指出,数据体量大、碎片化、非结构化的特征使得侦查人员很难对存储介质内的数据的相关性作出事前预判。[②] 吴桐认为,当前我国刑事诉讼对电子数据搜查、扣押的相关规定仍仅停留在以保障电子数据真实性、可靠性为核心的技术操作层面,并未形成以保障电子数据持有人权利为核心的程序规则。[③] 姜磊指出,倘若不作区分地扣押电子数据原始存储介质,则有过度取证之嫌,易造成对公民合法权益的侵害。[④]

大数据在侦查活动中的运用变得越来越普及与成熟,不仅可以提高侦查活动的效率,还能为其提供有效线索,迅速打击犯罪。但大数据证据在侦查环节的运用仍然面临着一定的风险与困境。学者徐荣梅、严若冰、万先、岑冬玲等针对大数据得出的结论能否令人信服,可否直接将其作为证据使用,大数据证据的真实性、合法性是否会在侦查过程中受到影响,是否会与刑事诉讼的法律规定产生冲突等一系列问题进行了探讨。徐荣梅认为,大数据反腐面临着采集的相关数据信息失真,可信度低,极易侵犯个人隐私,数据壁垒的存在将会导致“数据孤岛”现象等现实困境。[⑤] 严若冰认为大数据证据的定义和种类在司法实践和学术研究中仍存有较大分歧。就证据形态来说,现阶段学术观点纷纭,有鉴定意见说、独立类型说等;相应地,实践中有鉴定意见、电子数据、书证、证人证言,甚至是

---

① 参见王燃:《大数据时代侦查模式的变革及其法律问题研究》,载《法制与社会发展》2018 年第 5 期,第 110 ~ 129 页。

② 参见裴炜:《数据侦查的程序法规制——基于侦查行为相关性的考察》,载《法律科学(西北政法大学学报)》2019 年第 6 期,第 43 ~ 54 页;裴炜:《论刑事电子取证中的载体扣押》,载《中国刑事法杂志》2020 年第 4 期,第 12 页。

③ 参见吴桐:《电子数据搜查、扣押的行为相关性研究》,载《中国人民公安大学学报(社会科学版)》2021 年第 5 期,第 64 页。

④ 参见姜磊:《大数据背景下职务犯罪电子证据取证问题研究》,载《内蒙古农业大学学报(社会科学版)》2021 年第 6 期,第 87 页。

⑤ 参见徐荣梅:《大数据反腐的现实困境和路径选择》,载《理论月刊》2017 年第 8 期,第 171 ~ 175 页。

"侦破经过""情况说明"等表现形式。[①] 针对大数据的真实性,万先强调当前存在侦办人员在获取证据过程中使用盗版软件或工具的现象,导致数据的可靠性不足。另外,数据采集外包或委托形式也存在在资质要求上全国规定不一致的情况。

国内学者对运用大数据进行职务犯罪侦查的具体措施研究的有:高大中、刘荣认为职务犯罪侦查部门应当化被动为主动,探索和使用"信息引导侦查"职务犯罪侦查模式,转变全新侦查模式进一步提高查办职务犯罪的能力。[②] 张俊、胡东林等在论著中指出,查办腐败机关要积极主动与社会上各类企业事业单位建立数据与信息协作关系,构建专用侦查数据,实现动态查询,并能够利用各类技术工具与方法完成关联等类型分析,从案件类型出发,设计并创新初查策略。付艳茹、马强、丁祖高、刘川等对职务犯罪侦查大数据库内容与构建规则,大数据时代反贪侦查工作的调整与应对进行了较为深入的阐述;徐良峰探讨了信息时代侦查方式方法改变的必然性,并就其中改变方向与转型战略等展开详细讨论。董静文探讨了微信作为社交媒介主体在当前各类型案件侦破中的积极影响,能够迅速获取嫌疑人的各类信息并完成摸底排查等工作。[③] 范思力指出,当前职务犯罪预防与阻断领域中,需要加强大数据技术的应用,以提高该项工作的科学性和效率性。[④] 马燕军指出,当前公安机关信息化建设亟须解决的难题是通过大数据构建一套行之有效的公共监督信息化体系,并助力各类型信息或数据监管平台建设。[⑤] 李后强、李贤彬构建了基于国内实际的大数据腐败

---

① 参见严若冰:《以定义为中心的大数据证据独立种类研究》,载《山东警察学院学报》2020 年第 5 期,第 80 ~ 91 页。

② 参见高大中、刘荣:《"信息引导侦查"——职务犯罪侦查模式初探》,载《黑龙江省政法管理干部学院学报》2010 年第 10 期,第 97 ~ 100 页。

③ 参见董静文:《微信在侦查工作中的应用》,载《山西省政法管理干部学院学报》2015 年第 1 期,第 117 ~ 119 页。

④ 参见范思力:《大数据时代背景下职务犯罪预防工作发展探讨》,载《贵阳市委党校学报》2014 年第 6 期,第 50 ~ 53 页。

⑤ 参见马燕军:《大数据下的公安监督信息化》,载《警察技术》2015 年第 1 期,第 16 ~ 18 页。

防治机制创新体系，他们基于多种大数据反腐败模型的研究，提出了约束权力的大数据笼子设计方案。[①] 在计量反腐学上，目前有部分学者提出通过大数据分析技术，以计量学模型为基础，对腐败进行量化分析。

实践层面，我国香港特区廉政公署集中了一大批专业人员，诸如电脑专家、土木工程师、会计师等，通过电脑技术分析腐败案情、掌握腐败证据，使腐败官员得到应有的惩罚。2016 年，中央政法委邀请马云讲课的目的更是利用阿里大数据能力预测预警，防患于未然，指导决策，以实现社会治理手段和效果的巨大提升。

在从严治党以及大数据时代的新形势下，国内各地方政府开始转向借助大数据技术加强廉政监督与反腐败工作治理，寻求通过大数据实现查处腐败案件模式的转变之道。国内学者们纷纷围绕有关纪委监委监督部门如何运用大数据或数据开放遏制腐败、查处腐败等问题进行了研究，讨论大数据遏制腐败的功能、原理以及基于大数据的廉政风险识别、防控，结合数据挖掘理论对惩治腐败、预防腐败、查处腐败进行系统分析等。如杜治洲等在其文章中提到何为“大数据反腐”并揭秘了大数据反腐的具体运作和操作原理等。[②] 2015 年，“天网行动”开启，杨钰恬等学者阐述了大数据在对外追逃追赃实践中的运用。[③] 除了在“境外追逃”中大数据技术得以运用外，国内各地也陆续开始了对大数据技术在反腐应用中的探索。2015 年 1 月贵州省启动“数据铁笼”计划。[④] 随后，湖南省麻阳县联合技术方首创“互联网 + 监督”大数据平台。[⑤] 2016

---

① 参见李后强、李贤彬：《大数据时代腐败防治机制创新研究》，载《社会科学研究》2015 年第 1 期，第 29 ~36 页。

② 参见杜治洲、闻涛：《为反腐插上科技翅膀》，载《检察风云》2017 年第 19 期，第 4 ~5 页。

③ 参见杨钰恬、鲍梦若、尹文婷、陆颖婷、庄国波：《大数据时代反腐败研究——以我国的“天网行动”为例》，载《领导科学》2016 年第 26 期，第 53 ~55 页。

④ 参见谭海波、蒙登干、王英伟：《基于大数据应用的地方政府权力监督创新——以贵阳市“数据铁笼”为例》，载《中国行政管理》2019 年第 5 期，第 67 ~71 页。

⑤ 参见陶富林、王敏：《大数据时代基层反腐的治理路径研究——以“互联网 + 监督”为例》，载《河南科技学院学报》2020 年第 3 期，第 1 ~6 页。

年 12 月湖南省常德市澧县在借鉴麻阳县平台技术后,也打造了一个名为“澧州智慧监督云”的大数据反腐平台。①

从以上学术梳理与研究动态中可以看出,学界针对大数据与反腐败的相关研究已取得较多成果,为本书的研究奠定了良好的基础。但仍存在不足,学术界虽然已经注意到大数据用于侦查案件的优势及必要性,但大多停留在价值探讨层面,对于实际涉腐案件中大数据应用形态与模式的成果较少。有进一步研究的必要。

1. 研究成果的整合性不足。当前对大数据条件下的侦查问题探讨成果在理论和实践上均有所收获,但其中涉及大数据的内容普遍更为关注大数据本身及其应用,如大数据特点与应用管理等研究方向,或就大数据在决策、预警等方面的作用与影响等展开分析,将大数据与涉腐案件侦办联系起来研究的成果不多。对大数据条件下的侦查措施提升与技术应用的全面讨论并不多,关于大数据背景下的侦查领域变化与发展的专著也仅有寥寥几本。② 在刑案侦办方面,也在积极探索大数据应用,但大多侧重于从侦查学的原理出发,主要通过推理和论证对一般犯罪侦查的思维过程进行探究。但是从涉腐案件这一特殊侦查类型出发,对其中适用大数据分析建模的侦查模式研究较少,且系统性和机制性不足,有深入研究的必要。

2. 研究成果之间的融合度不高。各研究成果往往由自身研究对象引申到所研究的问题,而不同的学科体系对于不同的研究对象,其研究方法大相径庭。导致同一研究对象在不同的学科体系中,运用不同的研究方法,研究得出的结论也有很大差异,研究成果之间难以进行相互的转化和提升。

---

① 参见谭畅、李馥含、桂天舒:《揭秘大数据反腐》,载《东西南北》2019 年第 15 期,第 16 ~ 19 页。

② 有关大数据侦查专著见王燃:《大数据侦查》,清华大学出版社 2017 年版;李双其等:《大数据侦查实践》,知识产权出版社 2019 年版;宋寒松主编:《大数据与职务犯罪侦查》,中国检察出版社 2017 年版;郑毅:《证析——大数据与基于证据的决策》,华夏出版社 2012 年版。

3. 研究内容缺乏创新性。针对大数据反腐的研究对象停留在运用大数据层面、政府管理创新层面的比较多，侧重于从法律层面研究大数据查办腐败案件中的法律困境及综合法治治理模式的比较少。针对现有研究的不足，通过历史考察和实证分析的方法，反思传统的查办腐败案件侦查模式的不足，构建大数据背景下查办腐败案件侦查模式的系统工程，突破大数据时代查办腐败案件侦查逻辑方法论，将在一体化推进不敢腐、不能腐、不想腐的腐败治理的理论和实践中发挥重大作用。

三、本书的研究对象、研究内容、研究方法与创新点

（一）研究对象

本书的研究对象是在大数据背景下，采用大数据处理方案，在数据接入、整合、存储、检索和分析等方面进行查处腐败案件侦查模式的创新性尝试。在涉腐案件侦办过程中，侦办模式从传统的“物质痕迹”搜寻及获取这一侦办机制与方法，逐渐转变为数据条件下的“信息痕迹”搜寻及获取。对通过“互联网”等不同信息技术获取的不同来源、不同形式的各种数据，进行识别、处理或分析等操作，将结果以可视化模式进行呈现。利用大数据分析，通过超大规模的案件数据，构建合理的算法模型，对案件数据进行整理与分析，短时间内将各类数据情况进行清晰且分层展示，如涉案人员的基本信息、关联线索、人际网络等，在涉腐案件侦破过程中通过数据挖掘，从海量信息中搜索并获取有价值的有效数据，实现侦查资源的有效整合与侦查信息的动态勾连，大力提升办案效率与效果。①

（二）研究内容

本书总体思路是在大数据背景下，通过历史考察和实证分析的方法，

---

① 参见郭哲：《大数据时代查办职务犯罪侦查模式认识论》，载《政法论丛》2019 年第 3 期，第 42 页。

反思传统的查办腐败案件侦查模式的不足，采用数据挖掘技术，从海量信息中抓取有效且有价值的信息，实现侦查资源的有效整合与侦查信息的动态勾连，从而建构起大数据时代查办腐败案件侦查思维新模式，开辟涉腐案件侦办新路径。首先厘清大数据分析与腐败案件侦查的认识论基础，阐述大数据时代查办腐败案件的哲学基础、痕迹学依据、系统论渊源及数学基础；其次进行腐败案件侦查的实证研究，主要通过纪委、监委、检察院等实务部门在涉腐案件侦办过程中对大数据应用的典型案例，揭示传统涉腐案件侦办机制与模式的不足与困境，论证利用大数据查处腐败案件的必要性和可能性，在此基础上构建大数据背景下查办腐败案件侦查模式的系统工程；最后进行大数据时代查办腐败案件侦查的技术方法突破，借鉴域外大数据反腐立法与实践，针对突破腐败案件的难点进行策略研究，以期为新常态下一体推进不敢腐、不能腐、不想腐体制机制建设提供有力的方法论。

（三）具体研究方法

1. 跨学科研究方法。大数据时代查办腐败案件是一个实务性很强的法律实践行为，涉及刑法学、刑事诉讼法学、刑事侦查学等方面的问题，加上大数据背景，与软件工程、统计学、管理学等学科都有密切的联系。

2. 系统分析方法。大数据背景下的侦查模式以信息主导的侦查模式和大数据驱动的侦查模式为主，两者在发展阶段、数据类型、信息抓取与判断分析方法上都存在突出差异，由这些差异逐渐导致侦办思维、模式和机制等层面的根本性变革。因而需要采用系统分析方法对各个部分之间的内在关联和外在逻辑进行全面的系统分析。

3. 实证分析方法。通过典型案例的分析将腐败犯罪侦查中的难点问题进行综合概括，提炼出案件突破的策略，对海量相关数据的分析、归纳，进行计量学分析，建构数据模型。

4. 比较分析方法。对英国的国家犯罪情报局、德国的公务员特别岗位评估制度、俄罗斯的综合电子数据库、丹麦的个人所得税与财产税征收体系、美国的联邦调查局情报中心库、加拿大的现代财务监控分析技术和现代技术图像识别技术、日本的特别搜查部、韩国的高级公职者犯罪调查处、新加坡的反贪污调查局、印度的中央调查局及中国香港特区的廉政公署在大数据查办腐败案件的机制与技术上的创新性进行比较,总结值得我国借鉴的经验。

5. 历史考察方法。新中国成立后,反腐败模式经历了从运动反腐到权力反腐到制度反腐再到"法治 + 大数据"反腐模式。以时间为纵轴,以新中国成立到改革开放前、改革开放到党的十八大、党的十八大以来为时间段,梳理各个阶段我国查处腐败案件的模式,探索科技时代下,传统反腐模式到大数据反腐模式的转变历程。

(四)创新点

1. 学术思想的特色和创新。本书主要厘清了大数据分析与腐败犯罪案件侦查的认识论基础;阐述数据挖掘中出现的数据仓库检索规则、关联规则,合法规则之间的关系;构建侦办腐败案件的数据库模型;建构大数据时代查办腐败案件侦查思维系统工程。具有较强的主体性和原创性。

2. 学术视野的特色和创新。大数据时代主要依靠海量的数据搜集和精确的数据分析增强查处腐败案件的科学性。从传统依靠经验、直觉或抽样的研究范式向"让数据说话、用数据评价、依数据相关性决策和行动"的大数据研究范式转变。在构建大数据查办腐败案件数据库的基础上,进行大数据查办腐败案件侦查思维体系的构建。在数据主导、全景式侦查及预测式侦查理念下,对涉腐数据进行数据收集、数据挖掘、数据预测、数据认知后进行数据建模分析,构建以"人"为中心的大数据查办腐败案件的新模式。

3. 研究方法的特色和创新。本书打破学科壁垒,进行交叉研究,试图形成总体理论范式和研究合力。同时,对海量相关数据的分析、归纳,建构数学模型,将计量分析方法运用到实证分析中。本书选取自党的十八大以来5年(2012年12月至2017年7月)法院审理的84个中管干部职务犯罪案例作为研究对象,通过中国裁判文书网和北大法宝网站,检索了2015～2020年的8892份案例,筛选后整理共计300份案例作为数据库的样本基础。通过对样本数据库中的各维度及维度下各指标数据的统计,对近年来的腐败查处力度效度进行分析,研究我国腐败查处过程的基本特点与规律。

第二章　大数据时代查办腐败案件侦查模式的理论支撑

一、大数据时代查办腐败案件的相关概念界定

（一）大数据概念与侦查中的大数据

对于如何精确定义大数据，各方观点纷纭。其中研究机构 Gartner 持如下观点，它认为大数据实质上就是一种信息资产，但是该类资产具有规模巨量、高倍增长率且多源异构的特点，想要从中获取决策力、发现力与优化力需要建立一种新型的处理模式。麦肯锡全球研究所认为，大数据是一种数据集合，其巨量规模导致对其的处理方法都已经远远超出传统数据处理机制与工具的应对能力，具有 4 个特征，即高速流转、异构性、价值密度低及规模巨量。大数据不是简单的指一般意义上的数据量的大小和多少。① 大数据被形象地概括为 4 "V"的特征：Volume、Variety、Velocity、Value，即数量惊人，持续快速增长的庞杂数据量可达到 PB、或 ZB 的级

① 例如，银行、保险、证券等专业系统的数据信息库中的数据量规模庞大，但因为有具体明确的格式，且都在主管部门内部的绝对掌控之中，故不能称为大数据。

别;类型繁杂且在不断增加新种类,有音视频、关联数据、电子文本等种类;速度超快,各类数据信息的迅猛增长且采集、录入、存储、传递、分析、应用的速度快,具有极强的时效性;价值极高,大数据中蕴藏着各类数据信息,每个数据在某个角度或意义上都具有极高的价值。也有学说尝试用"3S"或"3I"形容和表述大数据的特征,即 Size、Speed 与 Structure,大小、速度与结构;Indefinited、Intimidating 与 Immediate,无限、巨大与即时。由此可见,大数据最基本的特征反映在两个方面,一个是海量规模,另一个是战略价值。基于此视角可对大数据进行如下定义,那就是相关领域中存在且在持续增加的海量资料,无法用当前存在的技术与工具在合理时间内进行收集、挖掘、整理、运用,并最终成为能够提供决策依据的更具目标性和整合性的积极性质的资讯。大数据必须采用分布式架构,对海量数据依托云计算的分布式处理、分布式数据库和云存储、虚拟化技术进行分布式数据挖掘。

目前,大数据正成为一种普及性概念逐渐为人们接受并日益对社会生产生活产生深刻影响。其战略意义并非仅指向其海量的信息,而在于对这些数据信息进行有效的提炼与专业的处理。因此,大数据研发的目的在于将该项技术应用到社会生产生活的所有领域,并破解当前数据处理的难点,让数据价值得到真正展现。因此,大数据时代的挑战面向的并非数据处理和甄别并提取其中有价值信息,更需要关注数据技术的研发与应用。

大数据让我们以一种前所未有的方式,通过对海量数据进行分析,获得有巨大价值的产品和服务,或深刻的洞见,最终形成变革之力。[①] 互联网数据中心的数据资料显示,目前全球数据规模的发展速度已经达到每两年翻倍。截至 2020 年,总数据规模已经突破了 35ZB。数据技术目前已经深入刑侦领域,侦查人员通过各种感应装置与智能装备及终端能够获取海量数据,把大数据技术运用到侦查活动中,通过数据的分析、比对、

① 参见[英]维克托·迈尔-舍恩伯格、肯尼思·库克耶:《大数据时代:生活、工作与思维的大变革》,盛杨燕、周涛译,浙江人民出版社 2013 年版,第 8 页。

处理获取丰富的侦查资源。我国在监察体制的改革中，将原检察院侦办贪污、贿赂案件的反贪反渎两个职能部门整体转隶到监察委，并且在立法层面对此进行了规制，《监察法》详细列举了对当前职务犯罪的各项职能授权，包括监督和调查两个方向。对于纪检监察机关来说，在使用"信息"这个名词时，指的是与公权力存在关联性的所有能够合理合法获取的数据。由此可见，"信息"具有更大的覆盖范围，并非仅指与案件存在直接相关性的一些数据资料，还涵盖了政府部门能够获取的所有基础数据或资料。信息技术的发展，也让相关技术与手段被职务犯罪嫌疑人利用，使该类犯罪行为越来越难以采用常规或传统侦查手段找到证据与线索，其智能化、隐蔽化等特征突出。从统计数据来看，仅在2019年，职务犯罪中就有16名原省部级官员被查处，其中涉嫌职务犯罪的人数更多，全年累计达到了24,234人，环比增幅达到50.6%，已经对其中的18,585人提出起诉，同比上升89.6%。新时期职务犯罪出现犯罪手段和地点更隐蔽，缺乏关键证人以及犯罪现场的勘验笔录等新变化，采用传统的调查方式收集职务犯罪的证据，已经不能适应职务犯罪的新变化，面对这种变化，需要采用新的科技手段保障职务犯罪案件的顺利侦破。现代侦查中，数据采集及数据分析技术的发展，为反腐败机构获取海量数据信息提供了极大的便利，使侦查人员分析处理信息与情报数据向智能化方向发展。职务犯罪的初查工作与大数据之间紧密相连，利用法律赋予的初查手段对各类信息情报进行查询、串联、比对等，均须依赖于大数据及其分析技术来实现。可以预见，大数据及相关的信息挖掘、智能分析技术是未来侦查工作的发展方向。①

（二）大数据时代查办腐败案件的侦查模式

"模式"一词，最早出自宋张邦基著《魏书·源子恭传》："故尚书令、

---

① 参见张俊：《大数据时代职务犯罪初查工作转型探索》，载《辽宁警察学院学报》2016年第2期，第35页。

任城王臣澄按故司空臣冲所造明堂样,并连表诏答、两京模式,奏求营起。"意即某种事物的标准形式,具有程式化、公式化的特点,使人可以遵循的一种标准样式。从法学角度思考,英国法哲学家赫伯特·哈特曾经着重强调,没有任何法律或法学词汇,其意涵与范围是永恒不变的,需要基于使用语境进行分辨与识别,确定其具体意义。① 张文显教授在其论著中指出,所谓法的模式,实质上就是对法的现象进行的一种抽象化的反映形态,是人们在解释法的过程中所提出的一种概念。② 侦查模式是从动态的角度考察侦查程序的设计特点以及运行样态,目前,对侦查模式的划分,基于不同观点与立场会有不同划分依据并得到不同分类。从诉讼程序中法律法规对侦、辩两方的地位与关系界定来看,可以分成对抗类型和职权类型两种;③从侦、辩、审三方关系的法学视角进行分类,能够分成司法类型和行政类型;从侦查程序效果,并综合考虑侦查行为的特征进行分类,能够分成以实体正义为目标的类型和兼顾程序与实体两方面正义的类型。④ 此外,从侦查认识过程进行分类,有"由供到证"的类型,或者反过来有"由证到供"的类型。⑤ 依据侦查技术手段进行划分,有传统型和信息主导型。⑥ 从以上的分类可知,从侦查模式中能获得诸多信息,在宏观上能够充分反映当前国家刑事诉讼制度的特点,并集中体现了

---

① 参见张文显:《部门法哲学引论——属性和方法》,载《吉林大学社会科学学报》2006 年第 5 期,第 6 页。

② 参见张文显:《二十世纪西方法哲学思潮研究》,法律出版社 1996 年版,第 369 页。

③ 对抗式职务犯罪侦查模式的特征在于程序的对抗性,即强化犯罪嫌疑人一方的诉讼地位和诉讼能力,强调职务犯罪侦查机关与犯罪嫌疑人双方地位的平等性和对抗性,凸显对犯罪嫌疑人权利的保障和维护,这种侦查模式在当事人主义诉讼制度下表现得较为明显。职权式职务犯罪侦查模式与对抗式侦查模式相比,其突出特点就是程序运作的单向性与职权性。参见万毅:《程序正义的重心:底限正义视野下的侦查程序》,中国检察出版社 2006 年版,第 59 ~ 61 页。

④ 参见杨婷:《论大数据时代我国刑事侦查模式的转型》,载《法商研究》2018 年第 2 期,第 26 页。

⑤ 亦有人将职务犯罪侦查模式分为"以供求证"和"以证促供"两种类型。参见韩东成:《职务犯罪侦查模式的转型》,载《上海政法学院学报(法治论丛)》2014 年第 3 期,第 82 ~ 88 页。

⑥ 参见何军:《大数据与侦查模式变革研究》,载《中国人民公安大学学报(社会科学版)》2015 年第 1 期,第 72 页。

当前国家的诉讼理念。同时，结合侦查模式定位，能洞察到当前国家对侦查权力制约的机制建设与规范要求，同时也能反映当前国家对嫌疑人的人权保障水平。从诉讼结构的角度讲，腐败案件的侦查模式一般涉及侦查权的配置问题。根据上述侦查模式的分类，有学者以既有的刑事诉讼模式理论为基础，将腐败案件的侦查模式定义为：在查办腐败案件的侦查程序进行中，侦查机关、犯罪嫌疑人、辩护人等参与主体之间所具有的，基于当前法律法规框架下的法律地位及彼此关联，及其反映在程序中的行为样态表现。① 监察委目前已经承担了主要的腐败案件侦办工作。本书就是基于传统的侦查定义及概念并结合现阶段文献成果，对"大数据查办腐败侦查模式"进行多视角、多元化的界定，并主要从广义与狭义两个层面界定：广义层面的大数据查办腐败模式，涵盖了大数据调查理念、方法与机制等，并构成一个逻辑严密的体系。其中，以大数据作为主要侦查技术与手段的支撑，并将整个查办过程串联在统一的大数据框架下，从而对当前大数据技术查办腐败案件在理念、方法、机制等方面带来了一系列现代化转型。狭义层面的大数据查办腐败模式，主要侧重于大数据技术应用，指的是纪委、监察、检察机关必要时，对职务犯罪采取的以大数据技术及工具作为核心的一系列侦办与调查活动。

信息化带来了诸多便利，新时期职务犯罪的犯罪危害和犯罪手法也随着大数据时代的到来发生了变化，智能性、隐蔽性、复杂性日益凸显。由于职务犯罪的被调查人主要是国家公职人员，他们的反侦查能力较强，具有丰富的生活阅历，熟悉一些国家政策和法律，有较高的文化水平，犯罪手段和地点更隐蔽，具有一定的反数据跟踪能力，通常有多部手机或手机卡或网卡，借用他人身份或通过熟人进行办理，而不用自己的身份信息。只在受贿时使用专门的互联网工具，这些工具在其他时间都处于关

① 参见胡志风：《大数据在职务犯罪侦查模式转型中的应用》，载《国家检察官学院学报》2016 年第 4 期，第 157 页。

闭状态。这些手段都加大了调查取证的难度,导致证据查获率下降。可见,大数据时代查办腐败案件如果依旧采用传统调查侦办模式,将严重影响证据收集,严重滞后于当前职务犯罪新发展形态与新证据变化,因此需要加大科技投入以确保该类型案件能够成功侦破。大数据时代为改善职务犯罪的侦查环境、拓展职务犯罪的侦查时空、变革职务犯罪的侦查模式创造了良好的契机。在大数据背景下,查办腐败案件的办案理念和办案方式要从传统的坐等举报、移送等办案方式,向着在依靠举报、移送的同时,将工作重点放在搜集涉案信息、线索,排查挖掘信息线索、对涉案信息、线索进行研判,侦查破案的方向转变。

传统职务犯罪的侦查机制和流程都较为固定,通常都是"由供到证",目前在新科技赋能下已经形成了"由证到供"的新形态与新机制。信息化条件下的犯罪侦查,也必须改变原来主要通过审讯或口供获取到相关证据的模式,转化成办案人员、技术专家及其他相关协同人员,以涉案信息为主线,构建一种以数据利用和信息技术等为基础的"由证到供"的新案件侦办形态。利用大数据技术搜寻证据,首先,广泛搜集相关大数据信息并构建数据分析模型或进行及时跟踪与监控,主要针对涉案人员的个人信息包括银行账户、车辆与固定资产等各项财产信息等进行数据与资料汇总,构建一张庞大的数据网。从模型出发对其中异常波动与信号进行识别与分析,找到可疑信息或资产,进行后续跟踪侦查,为证据收集提供预先安排。其次,随着网络的不断发展和应用,利用大数据调查筛选互联网上的敏感数据,因为部分贪污贿赂等职务犯罪案件是由群众利用网络进行举报的,将其进行对比分析,从而提前介入相关事件,让调查从被动反馈走向主动探寻。最后,利用大数据进行线索追踪,对以往案件、行业案件以及案中案进行信息数据的对比分析,捕获可能存在的新的犯罪线索,从而提前掌握犯罪线索以及深挖犯罪证据。通过大数据分析预测发展走向,评估线索的可用价值和证明力大小,初步判定调查方向,节省司法资源。[①]

(三)大数据时代查办腐败案件之特性

大数据应用于侦查是为了实现具有法律意义的“事实构建”,只能作为辅助的事实查明或证明作用。在认知层面,侦查主体要透过大数据相关关系寻找和确立案件事实的因果逻辑。大数据侦查不仅可能存在对隐私权的侵权风险,也有延伸到数据权利领域的趋势,所以,侦查活动必须重新寻找事实查(证)明与权利保障之间的平衡点。[②]

第一,调查空间的数据化。有学者曾经提出网络时代“双层社会”的理论,意指网络空间和现实空间的渗透融合。大数据时代的到来,赋予了“双层社会”新的内涵。互联网就像一个光源,数据相当于阴影,有光源的地方就会有阴影,几乎人类所有的想法和行为都被数据记录下来,并且一旦记录下来就不会消除,从而形成一个与现实空间相对应的、相平行的虚拟数据空间,我们每个人都可以在数据空间找到与自己相对应的“数据人”。[③] 传统侦查活动,主要是建立在日常的生活经验和侦查经验上,以已经形成的痕迹物证为客观基础,以已经发生的犯罪行为及嫌疑人作为侦查对象或目标,主要是对犯罪活动中留下的痕迹物证进行采集等工作,利用侦查经验与逻辑,实现揭露犯罪与案件侦破,查获涉案人员的目的。[④] 到了大数据时代,情况发生了变化,大数据调查基本不从现实空间入手,而是在平行的虚拟空间进行。大数据调查通常从现实空间找到关联人物或事物,再找到其所属的“数据人”,然后返回现实空间,通过这种

---

① 参见韩梓昂:《论大数据证据在职务犯罪案件中的运用》,载《河北农机》2021 年第 5 期,第 148 页。

② 参见倪春乐:《大数据背景下的侦查创新与现实局限》,载《公安学研究》2019 年第 4 期,第 93 页。

③ 参见王宁:《知道吗? 我们原来在“数字阴影”和“平行宇宙”中》,第一届新经济智库大会的发言内容,2016 年 1 月 16 日于北京。

④ 参见杨婷:《论大数据时代我国刑事侦查模式的转型》,载《法商研究》2018 年第 2 期,第 31 页。

空间交叉,利用无所不在的数据关联与碰撞,能够让很多犯罪行为无所遁形。因此,大数据调查场景是建立在虚拟数据空间之上的。

第二,调查技术的智能化。大数据具有数据量大、种类繁多、流动快速和价值巨大4个特征,涵盖了所有能够记录的数据信息,这些信息只有经过数据的分析发掘才可以释放出潜在的价值,如果不挖掘所收集的数据,那么它们只是一堆数据而并非大数据。实际上,针对不同领域的数据集进行分析可以发掘出不同的潜在价值。[①] 由于数据集规模过于庞大且内部构成来源极其复杂,依靠人工分析无法进行有效处理与利用,此时专业大数据技术就成为必然选择,其中覆盖了分类分析与关联性分析及能够实现甄别的偏差检测等。在大数据时代,信息技术的发展既为犯罪分子提供了新型的犯罪手段又为其开拓了崭新的犯罪领域,从而使得大数据时代的犯罪形式有别于传统的犯罪形式,犯罪分子可能会跨越现实与虚拟两个空间实施犯罪行为,而不留下有形的犯罪现场供侦查人员进行勘查。犯罪现场已经由物质空间扩展到虚拟空间,犯罪行为除了会在犯罪现场留下犯罪痕迹以外,犯罪信息通常还会被某种数据以直接或者间接的方式记录下来,即除了会发生痕迹性物质交换与实物性物质交换外,还会发生信息性物质交换。由此可见,大数据涉及计算机、数据科学、人工智能等多个学科,需要运用到不同的专业技术。因此,对于大数据来说,更多体现在多学科性和交叉性,覆盖了计算机、人工智能等诸多领域,其中涉及大量尖端的专业技术,以数据采集为例,目前较为常见的技术类型就有传感技术、网络爬虫等;[②]又以数据清洗为例,其中主要涉及专用软件开发,该技术能够将数据不集中、不完整或不正确的部分进行一定程度的清理与修正,从而有效提高数据源的可靠性;再以数据分析为例,主要涉及的是数据挖掘相关的技术研发,其中每个步骤都有大量的高科技

---

① See Manyika J. ,Chui M. ,Brown B. ,et al. ,*Big Data:The Next Frontier for Innovation,Competition and Productivity*,McKinsey Global Institute,2011,p. 1 – 137.

② 参见李学龙、龚海刚:《大数据系统综述》,载《中国科学:信息科学》2015 年第 1 期,第 14 页。

内容,包括各种大数据的相关技术,如智能科技等,[①]从而显著强化了侦办工作的质效。

第三,调查思维的相关性。大数据的本质之一就是搜寻数据的关联性,将所有事物和活动都进行数据形态的转化,并通过模型或关联运算寻找或识别数据要素之间的关联性及关联水平。大数据分析只注意要素之间是否存在相关性,暂时没有能力解决为什么会出现相关性这一问题。传统的刑事侦查与其截然相反,其是建立在对因果逻辑的有效利用之上,特别讲究证据与事实之间是否能够形成一条逻辑严密的因果链,并从有果必有因的角度分析刑事案件,这是一种回溯思维。进入大数据阶段,“大数据时代开启了一场寻宝游戏,从原来的关注因果性,逐步转向了从数据中获取相关性,并在过程中发现价值点,而这也是游戏的核心所在”[②]。通常来说,大数据思维中揭示出来的核心要素即相关性,是强调通过识别有用的关联信息对案件展开分析。换言之,侦办人员通过对虚拟数据的充分利用,使它们进行碰撞,在这一过程中利用各种大数据技术与手段寻找数据之间的关系,获取案件相关的线索或指引,为侦查人员进行案情突破打开视野,提供突破点。另外,由于大数据中充斥着各种各样不同类型、来源和模式的相关性预测,在案件侦办中对其加以利用能够建立案件发生预测模型。现代侦查机制面对日益频繁且复杂的网络犯罪与高科技的反侦查活动,已经不再只关注因果关系的获取与查找,开始利用数据记录与痕迹进行事物的相关性研究,并据此进行一些合理的预测性举措或政策制定。在实际侦办案件过程中,必须明确相关性认知与因果性认知的衔接进路,二者不能互相替代。既不能以相关性代替因果性,也不能以因果逻辑否定相关关系在事实构建中的独特价值。

---

①　参见樊重俊、刘臣、杨坚争主编:《数据库基础及应用》,立信会计出版社 2015 年版,第 52 页。

②　[英]维克托·迈尔－舍恩伯格、肯尼思·库克耶:《大数据时代:生活、工作与思维的大变革》,盛杨燕、周涛译,浙江人民出版社 2016 年版,第 20 页。

（四）大数据时代查办腐败案件的正相关影响

大数据方便快捷、主体广泛、成本低廉、更易形成舆论热点，信息效应在大数据反腐方面的作用和表现日益突出，逐步形成了一种新的群众监督方式，成为制度反腐的有力补充。

第一，大数据拓宽了证据发现渠道。各类数据呈信息网状，相互的关系更加密切。各类数据信息看似没有直接联系而是非常独立的，实际上用技术手段进行探寻，会发现每个点之间都可能构成相关关联。通过对多部门或机构提供的信息数据进行深度关联分析与发掘，对这些不同来源与类型的数据信息在给定条件下进行综合研判，很可能发现人工办案过程中难以找到的隐藏线索和事实关联，甚至能够直接找到完整的证据链，从而迅速完成侦破工作。以往在职务案件的侦办过程中，都是由办案人员对从各种渠道获取的海量纸质信息逐一进行排除与统计，过程极为烦琐，工作量极其庞大，需要耗费大量的时间和人力，影响了案件的侦破进度。大数据提供了更便捷化和效率化的办案路径，使这些分析和统计工作极大简化。从各个部门或渠道获取的信息数据，通常都能够拿到同样内容的电子文件，就可以借助数据分析系统进行深度关联寻找，这种统计方式通常只需要单个具有一定大数据专业水平的侦办人员即可实现，极大地节约了资源也使统计结论质效更高。① 大数据提供了一个庞大而且易于索取的“信息来源”和“数据仓库”，在虚拟数据空间中，人类的所有活动及个人信息都会留下数据版的“脚印”或“指纹”。因此，总体来说，所有网络活动都处在被监视状态，这是因为数据记录并非自己开启的而是采用默认模式。目前渗透率极高的感知装置与微处理器构成了一张无所不包、覆盖所有的“万维触角”，通过大数据检索与查找，能够快速获取人们活动轨迹与具体细节，并且能够让混乱无序的数据信息在技术手

① 参见游巳春、王亚明：《情报信息主导职务犯罪侦查模式探讨》，载《人民检察》2014 年第 4 期，第 65 ~67 页。

段处理下变得逻辑有序,从中获取有价值信息。

第二,大数据能够提高查办腐败案件的侦查效率。侦查人员在贪污贿赂犯罪案件的侦查过程中,要负责排查线索、进行科学决策,同时要审问犯罪嫌疑人、寻找有力的实物证据,还担负着追逃涉案人员以及追回赃款等工作,这些工作都与腐败犯罪情报信息息息相关。大数据人工智能算法是一个以效率为主导的法则。它主要通过计算机程序对问题进行"一种有限、确定、有效"的处理。这种对待事物的态度决定了人们在运用算法建构认知模型,进行自动化决策时,需要尽可能地降低认知负担,并将其控制在符合目的的范围内,从而提高效率。[①] 大数据算法的运作流程主要分为排序、分类、关联以及过滤。首先要对无序的历史数据或训练集进行有规律的排序,从而达到某种一致性,然后再根据一些特征或类别对这些集合进行分类归纳。之后按照算法,将出现的新对象按照新算出的数据特征分到最像的类别中。[②] 如果分到统一类别中的对象还具有其他特征,那么就预测其也具有这个特征,从而完成一次预测。俄罗斯全国性的综合电子数据库的建立,为调查职务犯罪提供了技术支持。[③] 该庞大的信息数据库为发现线索奠定了基础,[④]同时算法强大的信息整理分析能力,使得官员的廉政信息异常情况可被有效及时记录并评估,腐败犯罪线索发现更为容易,随后的腐败信息深度挖掘以及证据链形成、固定为调查人员梳理了相关信息资源,增强了办案的质效。

第三,大数据能够有效预防职务犯罪的发生。大数据可通过回归分

---

① 参见郑智航:《数字资本运作逻辑下的数据权利保护》,载《求是学刊》2021 年第 4 期,第 117 页。

② 参见蒋舸:《作为算法的法律》,载《清华法学》2019 年第 1 期,第 68 页。

③ 参见庞大鹏、金哲:《俄罗斯的"反腐败国家计划"》,载《俄罗斯中亚东欧研究》2009 年第 3 期,第 24 ~ 30 页。

④ 俄罗斯全国性的综合电子数据库首先要求俄罗斯政府官员将自己及家庭成员的收入定期申报录入系统,财产公开化促进了实际资产的透明度提高,政府可以对公务人员个人资产、家庭成员身份、工作和生活状况的变化信息进行实时监督,形成有效制约。

析、聚类分析等数据挖掘技术，发现特定行为之发展规律，建立网络空间与现实空间的内在关联，实现对权力的“全领域、全流程、全天候的制约”。[①] 大数据调查能够利用数据分析政府管理的职员信息，通过对消费活动、名下财产、网络踪迹等进行综合分析，找出相关性，及时发现在公权力行使过程中可能出现的问题，从而提前对相关人员危险性行为或活动进行劝诫教育。需要注意的是，不同的职务犯罪具有不同的发展规律，这也体现在不同职务犯罪阶段或时期，因此需要采取针对性措施。需要建立职务犯罪案件数据库，将其中涉案数据与信息进行分类分析，并建立关联因素分析图谱。从单位、社会背景、教育水平等方面进行分类，挖掘不同职位与人群在职务犯罪中的规律与特点，据此制订针对性且专业化的防范方案，让预防犯罪作用得到真正意义上的发挥。对部分风险性高的职业或人群，也需要基于职务犯罪规律与特征制订专项预防方案，对其中犯罪行为及活动进行提前预判并干预，实现精准防范。

数据技术已经不知不觉渗透到社会生产生活的各个领域并凸显卓越的优越性。在大数据时代背景下，政府、社会组织机构与团体等的数据生产速度越来越快，规模越来越大，类型与来源也越来越繁芜，如此浩瀚的数据量给当前职务犯罪侦办提供了有利条件，同时也是一个巨大挑战，需要侦办人员加深对大数据原理的认识与理解，对大数据时代背景下查办腐败案件的侦办模式进行再认识与再探索。

二、大数据时代查办腐败案件侦查模式的学理依据

（一）大数据时代查办腐败案件侦查模式的哲学理论依据

职务犯罪侦查活动，遵循了辩证唯物主义认识论的哲学观。辩证唯物主义认为，世界是物质的，物质具有一种客观属性，正是这样一种客观

---

① 参见杨建军：《纪检监察机关大数据监督的规范化与制度构建》，载《法学研究》2022 年第 2 期，第 29 页。

属性,具有不以人的意志为转移的特性,辩证唯物主义认识论进一步主张“可知论”,激励我们发挥人的主观能动性发现规律,认识事物。传统腐败案件侦查模式以主观证据的收集为主、客观证据的收集为辅。在大数据背景下的侦查模式中,侦查人员能够更多地运用口供以外的证据发现犯罪、证明犯罪,利用大数据资源及其相关技术,侦查人员可以获取证明力胜过主观证据的物证,使得过去只能以口供表现或者只能从口供中获取的证据,可以在零口供下被大量收集并运用。这些证据包括犯罪嫌疑人的通信记录、聊天记录、行车轨迹、住宿记录、出入境记录、现金交易记录、电子转账记录、银行取现留下的影像和签字数据等。大数据反腐侦查中着重对这些客观数据信息的挖掘与收集,通过大数据获取的电子证据或电子信息绝大部分都是视听资料、电子数据,以及通过视听资料收集到的物证、书证,这些证据真实度高、客观性强。虽然传统的职务犯罪侦查也存在对犯罪案件的认识,但是大多是凭借零碎的线索,通过经验、直觉得出的结论,经过实践的经验,这种结论更多的是一种推断的因果关系。为了深化认识,从谬误走向真理,现代反腐败侦查借助现代科学技术,分析数据,得出的更多的是一种相关关系。比如,通过高科技分析数据可以得出,职务犯罪与市政设施、政府采购等政府行使职权相关的领域之间存在相关关系,即政府采购、财政补贴等产业的高速增长可能造成职务犯罪率的上升。再如,借助分析企业、社会经济组织所掌握的数据可以得出,职务犯罪案件数量的增加,带来了娱乐场所、高档餐厅、高档烟酒以及汽车等行业消费额的提升。

利用大数据及相关技术,能够敏锐获取数据与信息之间的联系,职务犯罪侦办对此加以利用,能够对线索或证据进行相关关系预测,这一点也符合哲学领域对事物普遍联系的认识,这种唯物论普遍联系观提供了一个观察视野,为大数据查办腐败案件侦查模式的建构提供了理论基础。例如,如果事物 A 与事物 B 之间存在共同发生的关系,那么 A 与 B 往往相伴存在,侦查 A 的同时还要侦查 B。如果 A 与 B 存在的是此消彼长的关系,那么,通过对 A 的分析可以得出 B 的相反的结论。首先,通过大数据提供的相关的哲学联系观可以预测出职务犯罪的犯罪时间、地点，克服认识主体在时间和精力上的限制，避免思维上的错漏。其次，利用大数据还可以为侦查指明道路，减少侦查道路的阻碍，为侦查部门通过信息之间的相关性，及时预测职务犯罪发展趋势提供便利。

随着大数据的兴起，整体和部分终于走向了统一。大数据理论承认整体是由部分组成的，但是面对大数据，我们不能用抽样的方法只研究少量的部分，而让其他众多的部分“被代表”。在大数据研究中，我们不再进行随机抽样研究，而是对全体数据进行研究。正如舍恩伯格所说：“要分析与某事物相关的所有数据，而不是依靠分析少量的数据样本。”[①]“当数据处理技术已经发生了翻天覆地的变化时，在大数据时代进行抽样分析就像在汽车时代骑马一样。一切都改变了，我们需要的是所有的数据，‘样本 = 总体’。”[②]大数据技术将整体论的“整体”落到了实处，整体不再是抽象的整体，而是可以进行具体操作的整体，而且能够真正体现整体的行为。在大数据时代，不再有“被代表”，整体真正体现了全部，反映了所有的细节。

在数据时代，无时无刻不在的新增类型与规模都是天量的数据，这些数据都处于无序状态，没有统一格式或标准，非常零散且杂乱。如果从大数据视角对这一情况进行考察，会认为即便缺乏标准化，但数据依然具有较高价值，是一种珍贵的战略性资源。无论哪种类型与来源的数据都有存在的必要。对此，研究者费耶尔阿本德（Feyerabend）提出，“我们乐于接受数据的纷繁复杂，而不再追求精确性”。即我们将接受数据的纷乱无序，也将抛弃或者至少部分抛弃对精确的追求。他也指出，科学方法本来就具有无标准且无序的特征，因此在这个领域要提倡无政府主义，也就是“怎么都行”。这种理念恰好契合大数据。数据产生必然有其价值与理

---

① [英]维克托·迈尔-舍恩伯格、肯尼思·库克耶：《大数据时代：生活、工作与思维的大变革》，盛杨燕、周涛译，浙江人民出版社2016年版，第29页。

② [英]维克托·迈尔-舍恩伯格、肯尼思·库克耶：《大数据时代：生活、工作与思维的大变革》，盛杨燕、周涛译，浙江人民出版社2016年版，第27页。

由,存在即合理,这就具有了哲学层面的合理性,也将摆脱小数据时代的单一性及基于前者形成的统一性,迎来大数据时代的多样性和复杂性。[①]

(二)大数据时代查办腐败案件侦查模式的痕迹学理论依据

痕迹学原理广泛运用于考古和侦探方面。痕迹学原理在于追寻事物的内在痕迹和外在痕迹,追索事物发生的原因和过程。与痕迹学理论相关的是物质转移理论。在物质转移理论之前,就有人提出了物质交换现象在自然界具有普遍性的观点,法国的洛卡德把这一观点加以提炼,进一步发展为物质转移理论。在洛卡德看来,事物活动实际上是各种物质不断接触并伴随物质转移的一个过程。犯罪也是如此,其中存在物质接触和转移,并且这一活动具有客观物质性,不因人的意志而改变,是可以掌握规律的。痕迹学理论认为,在物质转移过程中会留下各种痕迹,或是有形痕迹,或是无形痕迹,都不随人的意志而改变。有形痕迹在大数据时代职务犯罪中,体现为互联网的使用痕迹、网络账户的使用痕迹、电子商务平台的购物痕迹等,这些都以数据的形式存储在高科技载体中,构成大量的有形数据。无形痕迹则体现为职务犯罪案件中相关人员的思想意识,例如,受贿案件中,在行贿人与受贿人交涉接触的过程中,彼此存在思想意识交流的接触转移。当然,案件通常不可能只有单一的人员,还存在证人或其他相关人员,这些人员的思想意识活动也是痕迹学理论中的无形痕迹。职务犯罪不同于其他类型的犯罪,其没有所谓的较为实体的犯罪现场,也没有其他类型犯罪中受到侵害的受害人,因此与其他犯罪相比,职务犯罪更具有隐蔽性,侦查难度更大。

在大数据时代,公权力机关的事务与互联网有着千丝万缕的关系,把电子数据认定为证据的一种,并越来越重视电子数据的作用,是时代使然,也是公权力机关利用互联网处理公权事务的体现。即使如微信等聊

---

① 参见黄欣荣:《大数据时代的思维变革》,载《重庆理工大学学报(社会科学版)》2014 年第 5 期,第 15 页。

天软件,为了增加用户的数量,提升为用户服务的水平,提供了删除功能,但这些电子数据仍然储存于微信系统的后台。大数据时代使信息的内涵扩大至人们在虚拟空间活动所产生的各种痕迹。在侦查领域,不同形式的犯罪呈现为不同类型的犯罪信息,犯罪信息既存在于犯罪行为的形态之中,又在犯罪行为遗留的痕迹以及犯罪行为的因果联系中有所体现,犯罪信息是在侦查活动中进行判断、推理以及假定的前提,并且是推进侦查活动顺利进行的重要基础,一切有利于揭露犯罪、证实犯罪的信息都应当为侦查所用。① 政府相关部门以及反腐机构建立的相关数据库、视频监控系统、互联网等记录和储存了公务权力运行的数据轨迹;被审查人员的短信、往来的电子邮件、通信记录、朋友圈、微博、交易记录和音频视频电子文件、身份证登记系统等都会客观记录其个人行为;官方反腐机构的网络举报平台接到的音频、视频、文字等数据信息,也是涉腐信息的重要来源;网民运用新媒体通过微博、微信、论坛等网络途径,也会提供大量的数据问题线索。② 随着用户需求的发展,很多用户要求永久保存数据而不占内存,为满足这一需求,很多系统都开发了云保存的功能。这些保存下来的大数据,为职务犯罪侦查提供了一种契机:职务犯罪分子在大数据下的犯罪活动中会留下各种痕迹,而痕迹就是线索,通过痕迹学,结合物质交换理论,就能掌握破案的线索和证据。

职务犯罪黑数是指已经发生但是未被发现,应当依法追究而未被追究刑事责任的职务犯罪行为数。③ 在职务犯罪黑数概念中,已经发生就是指已经实施了,但是没有被侦查机关发现,使职务犯罪躲过了刑事责任的追究。④ 职务犯罪黑数强调的是犯罪的隐蔽性,是一种未被检举、举

---

① 参见任惠华主编:《侦查学原理》,法律出版社 2012 年版,第 244 页。

② 参见徐荣梅:《大数据反腐的现实困境和路径选择》,载《理论月刊》2017 年第 8 期,第 171 页。

③ 参见何家弘:《职务犯罪侦查也要实现"四化"》,载《河南社会科学》2011 年第 4 期,第 1 页。

④ 参见何家弘:《职务犯罪侦查的信息化》,载《人民检察》2011 年第 5 期,第 8 页。

报，或者未被侦查机关主动察觉的状态，职务犯罪黑数还强调一种难以被追究刑事责任的状态。犯罪分子在犯罪前会对因犯罪遭受的处罚和犯罪行为带来的不当利益进行衡量，犯罪行为带来的不当利益大于可能的处罚时，犯罪分子一般会冒险一试，犯罪黑数这两种状态会给犯罪分子带来一种错觉，感性地认为犯罪不一定会受到惩罚，使犯罪分子在犯罪前树立一种盲目的心理自信，增大职务犯罪的发生概率。职务犯罪黑数越大，反映职务犯罪侦查的查究越不力，暴露出腐败等社会问题越严重。基于以上，必须降低职务犯罪黑数，从而有效地遏制职务犯罪的发生。大数据时代，生活的方方面面都会被互联网以数据的形式记录下来，职务犯罪行为在如此海量的信息中也是有迹可循的。例如，故意杀人罪中的犯罪分子为犯罪做准备，在互联网搜索杀人的手段，同样，新型受贿罪的官员也会借助引擎搜索相关的法条，或者是移转财产的方式等，这些都可以在百度等搜索引擎的后台数据中查到。职务犯罪侦查可以利用大数据这一特性，及时侦查犯罪的手段、犯罪的相关信息，从而提高案件侦破率，降低职务犯罪黑数。

（三）大数据时代查办腐败案件侦查模式的系统控制论依据

系统是“以规则的互相依存和作用的形式，有效结合相关对象的一种集合”。[①] 这里的规则包括自生自发的规则和人造规则。由自生自发规则指导并结合的集合，具备人之心智所不能全面审视且把握的那种复杂程度。控制论在英文中有专门术语，即“cybernetics”，指“研究机械和动物含人类之信息传送及控制之科学”，控制论的创始人维纳将“control”解释为“掌握住不使其任意活动或超越范围”，同时明确“控制是对信息的控制”。[②] “cybernetics”附着于各类具体的信息系统，与具体的信息系统相结合才能实现控制的目的，其手段往往掩盖于特定控制目的之下。系

① 冯忠庆：《刑侦科学方法论》，警官教育出版社 1994 年版，第 188 页。

② 《牛津现代高级英汉双解词典》，商务印书馆 1997 年版，第 354 页。

统是由犯罪相关信息及智能系统共同构成的，是按信息科学原理分类与管理的有序系统；控制是掌握犯罪相关信息系统的行为或态势。侦查认识过程就是利用犯罪的相关信息系统，根据案件的具体条件提取所需电子信息资源的过程，是对犯罪相关信息系统进行合目的调控的过程。因此，系统控制论包括系统论和控制论。侦查活动中既体现了系统论又体现了控制论，两者合称为系统控制论。根据系统论，侦查活动就是一个多层次的系统的活动，具体表现为信息引导侦查活动中的信息发现、共享、收集、分析、处理等环节，各环节之间体现一定的层次性。控制论是指对系统论中的要素加以人为的调控，得出被调控后的结果，又把其作用结果反馈回来，并对信息的再输出发生影响，起到制约的作用，以达到预定的目的。把握好系统论，侦查活动才能有序进行。根据控制论，侦查机关为了达到预先设定的目标，可以对系统论中的各个侦查环节进行人为的控制。在“信息引导侦查”职务犯罪侦查模式下，离不开系统控制论。信息引导侦查模式下，侦查主体作为认识的主体，人脑的机能使其能够进行主观能动和主观调控，包括犯罪后侦查犯罪线索，锁定犯罪嫌疑人，以及利用大数据对信息进行采集、分析、归纳、整理，最终达到还原案件的犯罪过程、破解犯罪案件的一系列系统过程。大数据时代每天都会产生大量与腐败行为相关的数据，这些数据呈现碎片化、杂乱无序化的特征，看起来没有意义，好像无关紧要，但是在集纳大量的数据之后，运用大数据技术就可以发现数据中蕴含的相关价值。大数据技术弥补了传统反腐手段的不足，通过对抓取的信息进行分析研判、筛选、比对、关联分析，能够发现传统技术难以发现的关联关系，能够使得各种数据信息相互印证，使各种证据关联起来。这既有利于获得有效的电子证据，又能够锁定贪腐人员复杂的人际关系网，绘制出贪腐人员的相关人物关系图、贪腐行为轨迹图以及资金资产的流向图等，使反腐部门能够直观快捷地找到关键要素，厘清贪腐行为的脉络、深入挖掘证据线索，查清外围、做实证据，认定贪腐事实，快速突破案件。

相较于以往的因果关系，现在人们认为事物的相关关系更为重要。

所以，现在人们从以往关注“为什么”，过渡到现在对“是什么”更为重视。西方科学传统中，因果性是各门学科关注的核心，古希腊哲学家所谓的本源问题其实就是因果关系问题，物理、化学、生物等学科所得到的规律无非就是各种因果关系而已。在传统科学中，由于科学工具和处理能力有限，只能寻找和处理简单的几个量之间的线性关系。因为每个数据得来不易，所以几乎没有冗余数据，每个量总能找到其前因后果，因而形成一个长长的因果关系链。但是，在大数据时代，由于数据量特别巨大，几乎都是海量，要找出所有量与量之间的因果关系几乎是不可能的，因此只好把它们封装起来作为一个黑箱，我们只关注这个黑箱的宏观行为，不甚关注其内部机制。我们通过比对发现数据之间的相关关系，找到宏观行为中具有显著相关的数据之间的变化关系。由于这些相关数据在黑箱内经过了十分复杂的相互作用，不再是小数据时代的简单、直接的线性因果关系，而是复杂、间接的非线性因果关系，因此大数据时代的相关关系比因果关系更重要。正如舍恩伯格所说：“我们的思想发生了转变，不再探求难于捉摸的因果关系，转而关注事物的相关关系。”①

（四）大数据时代查办腐败案件侦查模式的数学理论依据

网络创造了现代生活形态与方式，影响遍及我们日常生活的所有领域，从出行到饮食等无所不包，此种情况下，那种试图与互联网切割的想法或行动也就越来越难以办到。换言之，我们的信息都或主动或被动地在大数据中留下痕迹或记录，尽管很多时候并非出自我们的意愿，我们甚至都无法发觉。比较常见的数据类型包括我们耳熟能详的常住人口数量、银行现金变动、工商登记资料、车辆与通信信息等，都列在数据库中，这些都能够被侦查工作加以利用，特别是针对隐蔽性极强的职务犯罪案件。其中常住人口信息库，能够提供与具体案件相关的涉案人员的基本

---

① ［英］维克托·迈尔－舍恩伯格、肯尼思·库克耶：《大数据时代：生活、工作与思维的大变革》，盛杨燕、周涛译，浙江人民出版社2016年版，第79页。

信息,包括姓名、居住地等内容;从车辆及房地产信息库,能够提供指向性非常强的涉案人员及其相关方历年来的财务变动情况;从通信信息库,能够获得大量案件关联方的信息或线索等。对这些数据的获取与处理,其大量应用了数学理论和数据工具,也证明其对案件侦查的作用与功能,是当前以“信息引导侦查”为主要模式与关键特征的职务犯罪新侦办形式与侦查方式的数据理论来源。[①] 该理论的应用方向之一就是数据开发。数据贮存和转化在网络内部是以二进制形式实现的,并基于此研发出大量的编程及算法。正如法国哲学家孔德所说的那样:“我们通过数学,也只有通过数学,才能在探索研究真正科学的路上获得真实的、深入的理解感悟。”[②]数学、数据与人类科技文明的发展密切相关、休戚与共、共同促进且快速发展。

为了适应新时代纪检监察业务的需要,纪检监察机关需要懂数学、懂编程的人才设计出能够在计算机上转化的运算对大数据进行处理。例如,研发职务犯罪侦查情报分析系统,此情报系统应围绕犯罪嫌疑人、涉案线索进行核查,全方位、有重点地为职务犯罪侦查提供突破口。[③]

(五)大数据时代查办腐败案件侦查模式的法理学基础

基于大数据和人工智能算法服务的日益扩大,算法正以一种悄然又迅猛的方式渗透到我们的日常生活和社会运转之中。算法权力正在逐渐形成一种“准公权力”,使传统的权力格局发生了权力主体去中心化、权力作用范围的延展化和权力互动的双向化之变迁,改变了原有的权利—权力格局。英国人工智能委员会在其会议报告中,对算法的定义是“指用计算机时执行计算或解决问题的一系列指令,它们构成了计算机可以执

---

① 参见王燃:《大数据侦查》,清华大学出版社 2021 年版,第 136 页。

② 涂子沛:《数据之巅:大数据革命,历史、现实与未来》,中信出版集团 2014 年版,第 135 页。

③ 参见马忠红:《刑事案件侦查中的轨迹分析法》,载《中国刑事法杂志》2012 年第 8 期,第 96 页。

行的所有事情的基础，因此是所有人工智能系统的基本方面”。[①] 人们在政治、经济、文化生活中，利用算法作出一系列决策已经成为日常，算法技术全方位立体化的渗透，正在不断地改变着社会治理结构以及人们之间的社交方式。基于国家与公民社会相分离这一前提，基本权利的设定是为了避免国家公权对私权的随意侵犯，其自身具有主观权利和客观法这一双重属性，且核心是主观权利下的防御功能。[②] 从传统上来说，国家作为公权力机关，其自身掌握着强制力量，因此最有可能对个体权利造成侵害。基于信息网络化和人工智能技术的进步，一些企业和个人利用大数据和算法技术，借助自身行业特征和专业技术的优势，控制着社会信息和资源，以此进一步提高自身的话语权，从而对个人、政府、司法机关作出的决策进行干预和引导，这种现象逐渐成为社会上一种举足轻重的力量，有学者提出了“算法权力”这一概念。[③] 据此，有学者进一步认为，在人工智能时代，对个体自由和权力的主要侵害来源不再是向上的国家公权，而是横向上的非国家力量。[④] 算法权力正在逐渐形成一种“准公权力”，这种权力的出现改变了原有的“权力—权利”格局，使传统的权力格局发生了权力主体去中心化、权力作用范围不断拓展及权力互动的双向变迁。

马克斯·韦伯认为，“权力意味着在一种社会关系里哪怕是遇到反对也能贯彻自己意志的任何机会，不管这种机会是建立在什么基础之上”。[⑤] 算法权力利用社会中现存的信息数据，通过学习分析进而将其自身价值转换为一种“准公权力”，从而实现对社会进行控制的目的。这种算法权力使得现有的“权力—权利”的格局被改变，对传统意义上的权利

---

① Great Britain Select Committe on Artificial Intelligence, *AI in the UK: Ready, Willing and Able?*, London: The House of Lords, 14(2018).

② 参见张翔：《基本权利的双重性质》，载《法学研究》2005 年第 3 期，第 29 ~ 31 页。

③ 参见郑戈：《算法的法律与法律的算法》，载《中国法律评论》2018 年第 2 期，第 76 页。

④ 参见齐延平：《论人工智能时代法律场景的变迁》，载《法律科学（西北政法大学学报）》2018 年第 4 期，第 43 ~ 45 页。

⑤ ［德］马克斯·韦伯：《经济与社会》（上卷），林荣远译，商务印书馆 2006 年版，第 81 页。

保护产生新的挑战。一方面,现存的公民私权与公权制衡的冲突处于不断加剧的状态;另一方面,算法权力的出现,使其作为第三方力量加入原有的“权力—权利”冲突中,造成冲突局面的进一步升级。如今的信息网络化社会是由一系列的算法交织而成,社会结构因为互联网技术的不断升级而产生变迁,算法越来越专业,信息数据也越来越精准。对算法技术抢先一步研发设计的早期组织和商业主体控制了算法的设计标准,进而执掌了算法权力,即支配着通过利用算法技术输入数据输出决策的权力。知识的信息不对称造就了权力的不平衡。① 大多数主体因为自身知识、技术以及经济条件的匮乏,使算法权利只能被少数主体所垄断;换言之,一种新类型的权力及权力主体因为算法技术而产生。算法总是蕴含着价值判断,总是与特定的价值立场相关。很多算法的设计都隐含了歧视与不公,而有的算法则更是隐藏了利益集团的控制。② 在这种新类型的权力状态下,社会秩序和结构迎来了新的变革,由此产生两种算法社会下的主体类型:一种是社会中的每一个普通个体,他们不断提供数据信息;另一种是像互联网公司这种新的商业主体,他们收集数据,并利用算法技术获得收益。算法技术自身具有的复杂性和精准性,加上数据提供主体和算法技术垄断主体之间信息资源的不对称性,产生了算法技术鸿沟。这一鸿沟将数据提供主体和算法技术垄断主体深深地割裂开。由于算法知识并不是每一个普通公民生活所必需的知识储备,因此普通公民与掌握这种高度复杂算法技术的科技精英之间的差距难以弥补,进而使得科技精英独掌知识权威局面的产生。③ 这深刻改变了以国家为中心的纵向权力模式,逐渐形成横向权力模式,形成权力主体去中心化倾向。

---

① 参见[美]迈克尔·米勒:《云计算》,姜进磊、孙瑞志、向勇等译,机械工业出版社 2009 年版,第 5 页。

② 参见丁晓东:《算法与歧视:从美国教育平权案看算法伦理与法律解释》,载《中外法学》2017 年第 6 期,第 1615 页。

③ 参见郑智航:《网络社会法律治理与技术治理的二元共治》,载《中国法学》2018 年第 2 期,第 110 页。

算法权利体系的出现使得权力主体呈现离散化现象,控制着算法技术的企业组织因此具有算法权力,使权力作用的范围更加具有延展性。在传统理论中,公权力发挥作用的范围与空间和时间成正比,空间越近,时间越短,则公权力的控制能力越强,人工智能时代的到来,使传统理论被打破。算法权力和传统的公权力不同,信息技术的网络化,使权力在互联网世界的作用范围不再受物理世界的限制,其可以在极短的时间内覆盖社会生活中的每一个人,并涵盖其生活的每一个位置和时刻。从形式上来说,权力作用范围突破传统时间和空间的限制;从实质上来说,其延伸到所有的社会公共生活领域乃至社会生活中的所有个体,实现了信息的互联互通。在空间维度,基于电子计算机技术,信息的传输和大数据的运用使人们获取信息的能力得到极大提高。移动设备、传感系统的进一步升级,实现了任意位置物品之间的信息交换与信息传输。[①] 在时间维度,海量的信息数据因为大数据和云计算技术可以被永久储存,基于算法技术,可以实现人工智能系统对人类生活的学习,并对人类的行为作出预测。

在算法社会这一背景下,公权力与算法权力可以在许多方面进行高频率的互动并实现"双赢"。第一,算法权力可以帮助政府机关实现对公民个人信息的大量采集并精准地实现对某个特定人的监控,公权力因此可以借助算法垄断主体的基础设备和算法技术对其个人生活行为进行全方位跟踪和掌握。第二,作为算法垄断主体的企业组织,其通过自身掌握的复杂且精密的算法技术优势,可以在公共生活领域取得更多的话语权,从而进一步巩固自身的实力地位。公权力与算法权力这种全方位多领域的双向互动,使这些拥有海量用户、信息数据、算法技术的企业组织,不仅成为互联网时代数字经济领域的佼佼者,而且使其正在以变革者的身份

---

① 参见丁晓东:《算法与歧视:从美国教育平权案看算法伦理与法律解释》,载《中外法学》2017 年第 6 期,第 1615 页。

介入政法领域。① 在互联网时代，随着互联网的逐渐普及，个人权利的主张和争取方式变得更加开阔，话语权体系也变得更加多元化，算法利用大数据使人们的生活和算法技术密不可分，使人们的生活方式变得更加便利。但与此同时，个体因此获得的自由也变得更加矛盾化，个体在实现权利自由的同时，无形中也受到了算法权力的潜在的规制，这种自由和规制彼此交织：我们只有愿意接受更为广泛的算法权力的规制，才能获得更多的自由权利；我们越是想要获得更为开阔的自由权利，也会在无形中被更为广泛的算法权力所规制。② 这一新类型的算法权力形态，使其对个体能够进行更加分散化、强力化、无形化的控制，进而造成权力主体的去中心化、权力覆盖范围的延展化、权力互动行为的双向化，造成原有的“权力—权利”格局发生变化。③

本章小结

大数据正成为一种普及性概念逐渐为人们接受并日益对社会生产生活产生深刻影响。随着信息化带来的诸多便利，新时期职务犯罪的犯罪手段与方法也出现了新变化，智能性、隐蔽性、复杂性凸显。大数据时代查办腐败案件过程中如果依旧只简单使用传统调查侦办模式，将严重影响证据收集，严重滞后于当前职务犯罪新发展形态与新证据变化，因此需要加大科技投入以确保该类型案件能够成功侦破。在大数据背景下，目前职务犯罪的侦办理念与方式都应进行重大转型，应积极主动对涉案信息与线索进行广泛的数据采集与整理，并对其中关联性进行研判以获得案件侦查的突破口。庞大的数据信息给职务犯罪侦办带来了有利条件，

① 参见张欣：《数字经济时代公共话语格局变迁的新图景——平台驱动型参与的兴起、特征与机制》，载《中国法律评论》2018年第2期，第122～123页。

② 参见鲁楠：《科技革命、法哲学与后人类境况》，载《中国法律评论》2018年第2期，第103～104页。

③ 参见郭哲：《反思算法权力》，载《法学评论》2020年第6期，第33页。

同时是一个巨大挑战。大数据查办腐败案件有其深厚的哲学依据、痕迹论依据、系统控制论依据、数学依据和法理基础,需要侦办人员加深对大数据原理的认识与理解,同时对该时代背景下的查办腐败案件侦办模式进行再认识与再探索。

第三章　大数据时代查办腐败案件数据库的构建模式

将大数据运用于查处腐败案件是时代发展的必然，大数据与涉腐案件侦查的良好结合促使侦查人员的观念发生转变，观念的转变导致办案模式也随着发生变化。信息引导下的侦查由被动型、粗放型、口供中心型转变为主动型、精细型、信息中心型的侦查。这种侦查模式的转变，是为了适应新型职务犯罪而走向精细化、主动化、信息化的表现。

一、构建腐败案件侦查专属数据库

(一)大数据查办腐败案件分析模式结构

在查办腐败案件时我们可以运用大数据技术，建立一个大数据相关分析模式结构，在这个模型结构中(见图3-1)，我们可以看到数据源于与职务犯罪相关的两方面内容：一个是与该类型犯罪有关的失德行为，另一个则是与该类型犯罪有关的贪腐行为，并基于此将其中涉及的组织机构或单位划分为6个构成部门，分别是纪检、组织、人事、监察、行政等相关机构与部门，以及网络媒体等。与此同时，根据数据来源渠道将数据源划分成

9类，分别是与官员相关的个人及财产数据、与公民相关的举报与投诉信息、行政与廉政记录信息、公示测评与舆情监测信息及各机构与部门年度考核信息等。将数据集组合成库，共有7个分库，包括个人申报信息、档案基础数据、廉政数据、财务数据、社会动态数据、机关绩效数据、公务员考核数据等方向，并将最终预警评估结果分成4个等级，用不同颜色进行标识，从轻到重分别是棕、黄、橙、红。[①] 该模式借助大数据技术的机器学习算法，以纪检监察为主体组织机构，基于组织本身现有的数据平台，对公职人员履职期间所生成的电子数据进行汇总并完成相关性分析。通过对不同数据源的数据进行比对、关联、分析和预测，能够提炼职务犯罪特征并总结渐进性发展规律。同时，可以对该类尚未暴露的犯罪行为提前并主动介入，对犯罪发展过程及趋向建立相应的评估模型并提供级别预警，能够极大地提高组织决策质量。

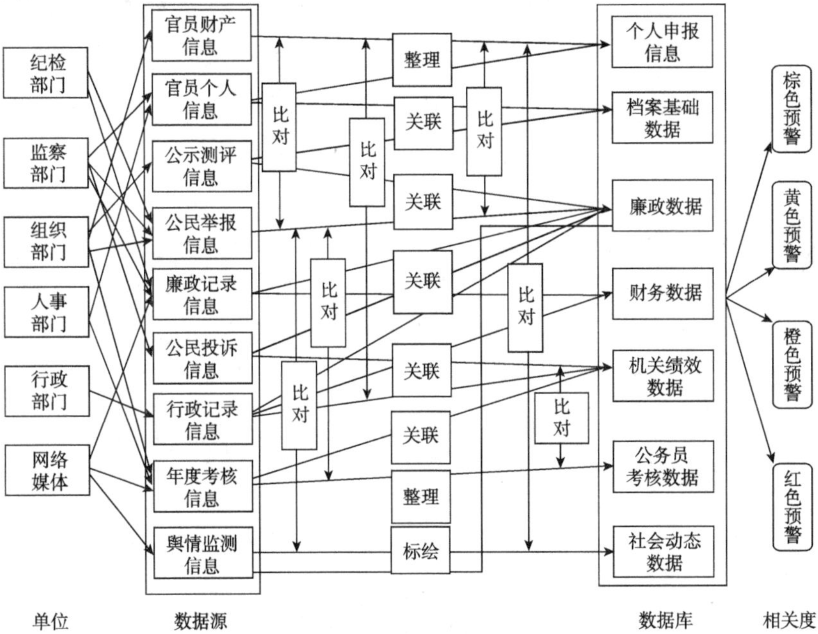

图3-1　大数据查办腐败案件分析模式结构

① 参见付艳茹、马强：《大数据背景下职务犯罪预防途径和方法》，载《中国人民公安大学学报（社会科学版）》2015年第6期，第11页。

在以上大数据相关分析模式结构中,参与相关分析的是全体数据样本而非统计概率中常用的部分抽样,可能会因来自不同的数据源而缺少共同的数据项,导致无法自动关联和比对,因此在对这类数据进行标绘、整理、清洗后,才能录入与之关联的数据库,之后的数据分析过程会自动跨过不同数据库的关联数据,由机器进行自动比对。例如,廉政数据库记录的是行贿受贿数据,那么公示一条政府招投标工程项目的行政记录信息,需要关联廉政数据库和财务数据库,而与廉政数据库关联的是公示测评信息、公民举报信息、廉政记录信息、公民投诉信息,则任何信息和数据的变化都会导致不同数据库的关联数据自动比对。在实际应用中,还可以根据需要增设子数据项,如其中的行政记录信息可分为政府购买服务、工程项目招标投标、支付、罚没 4 种关键的数据项,并可根据不同组织结构的要求,增设总金额、单价、市场比对价、经办人、审批人、对方承办人等多个子数据项,其他各数据项均可依此延展细分为若干子数据项。预警的严重程度是通过分析海量大数据并计算数据相关度的绝对值 r 进行区分的,一般 $r<0.3$ 代表关系极弱,认为没有关系,不产生预警;$0.3\leq r<0.5$ 代表低度相关,认为有增量的失德行为发生,发出棕色预警;$0.5\leq r<0.8$ 代表中度相关,认为有增量的贪腐行为发生,发出黄色预警;$0.8\leq r<0.95$ 代表高度相关,认为有严重的贪腐行为发生,发出橙色预警;$r\geq 0.95$ 代表显著性相关,认为有相当严重的贪腐行为发生,发出红色预警。棕色预警发生时,供纪检监察部门给予党纪政纪处分的参考;其他预警发生时,则供移交检察院追究刑事责任的参考。①

目前职务犯罪大数据分析较为常用的软件包括海杜普(Hadoop)②和

---

① 参见付艳茹、马强:《大数据背景下职务犯罪预防途径和方法》,载《中国人民公安大学学报(社会科学版)》2015 年第 6 期,第 11 页。

② Hadoop 实现了一个分布式文件系统(Hadoop Distributed File System,HDFS)有高容错性的特点,设计用来部署在低廉的(low-cost)硬件上;而且它提供高吞吐量(high throughput)以访问应用程序的数据,适合那些有着超大数据集(large data set)的应用程序。HDFS 放宽了(relax)POSX 的要求,可以以流的形式访问(streaming access)文件系统中的数据。Hadoop 的框架最核心的设计就是 HDFS 和 MapReduce,HDFS 为海量的数据提供了存储,而 MapReduce 则为海量的数据提供了计算。

Apache Spark,[①]这两者都可以在普通终端设备中正常使用,也能达到优良的高速性能,同时能建构分布式计算环境,并且由于对硬件设施要求不高,成本方面也具有优势,目前响应速度已经符合要求,达到秒级或毫秒级。从实际案件的侦办过程来看,如果以数据采集、分析及处理作为主要的比对依据,那么传统手段与大数据手段在效率方面,后者的计算效率之高远远超过组织本身传统的人工手段。

大数据模式建构并非空中楼阁,而是需要依托海量信息与巨大规模的准确数据,因此需要配备强大的数据信息库系统,达到覆盖性、集成性、共享性等多种目标,并加强硬件等基础设施建设,在准备充足的前提下才能让大数据侦查见到实效并发挥强大效益。职务犯罪专属数据库的搭建及完善,需要打破传统侦查形态中数据档案库的模式,让政府与社会信息数据库能够强化交流与协同,打破既往形成的使用规范与禁锢条件,建立一个综合数据体系,且能够与职务犯罪类型高度适配,囊括基础信息、既往案例、关联与线索信息等多种数据类型。可参考公安系统"金盾工程",在纪检委内部建立一个全国性的职务犯罪信息平台,为该类型案件的侦破提供有力支持。一方面利用资深办案人员的智慧与经验总结,另一方面结合专业人士研发的技术,共同构建一个具有针对性的职务犯罪数学模型,寻找数据与信息相关性并在确定后进行相关数据与信息的整合。另外,通过证据、个案及类案等各种分析结果与规律来生成各类预警,并提供强大的决策辅助功能。大数据侦查机制下,通常需要建立更具针对性和专业性的情报信息机构,并招募大量信息技术与情报分析人员,同时需要具有高协调能力的联络专员。该系统的数据分析与研判质效,一定程度上取决于机构人员综合素养与技能水平。构建专业化兼具侦查经验和科技才能的人才队伍,培养和建设路径可以采取专兼和缓急相结合的模式,通过特别渠道引

---

① Apache Spark 是专为大规模数据处理而设计以快速通用的计算引擎。启用了内存分布数据集,除了能够提供交互式查询外,它还可以优化迭代工作负载。

进一批急需人才,同时为内部具有丰富侦办经验的人员提供各种培训和发展机会,将其培养成兼具技术与侦查能力的复合型人才。此外,还要建立共享人才机制,与其他部门构建人才交流机制,尤其是技术部门,可以作为后备人才储备。①

但是,也要看到职务犯罪相关数据库的建设并非一朝一夕之事,如上网痕迹、各类通话通信记录、出行记录等信息,以及各种 App 中上传的个人资料或用户活动而留下的数据记录与痕迹,定位信息与后台留存数据等,以上信息和数据都在呈几何级增长,基于此,构建一个专门性数据库并非易事。② 首先,需要具有剔除无关联数据或信息的技术或工具,使数据库信息的准确性和价值性更高。同时,扩大数据获取渠道与路径,从平台或企业着手建立广泛的信息与数据获取网络,并提高筛选采集的效率。对这些异源异构的信息或数据,在技术分析的基础上完成分类划分并进行数据存贮。在数据库建设初期会面临大量的前述工作,由于过于庞杂,因此难度较高。其次,对于官员的财务及个人信息情况,由于信息化时代具有更为多样的隐藏手段及国家公开制度尚未完善,因此其获取和使用也并非易事,客观上也成为数据库构建的难点之一。职务犯罪相关数据库的建构,其出发点还是为了更好地维护国家利益,该类犯罪侵害的一般都是社会与国家利益,同时,由于我国国家、党和人民三方的利益是高度一致且统一的,因此有必要构建该类型犯罪专用数据库,从而建立针对性的预防与侦办机制与对策,提高案件的侦办效率。构建职务犯罪相关数据库既能够加大打击力度又能够有力震慑所有怀着侥幸动机的公职人员,客观上有利于职务犯罪率曲线走低,能够对多方面利益形成深远而强烈影响。基于以上考虑,构建该类数据库也成为国家治理的一项重要任务,是反腐倡廉的必然选择。因此,要善于利用与职务犯罪相关的所有数

① 参见陈重喜、肖力:《职务犯罪侦查信息化与侦查模式转变研究》,载《法学评论》2014 年第 6 期,第 191 页。

② 参见詹复亮:《职务犯罪侦查热点问题研究》,中国检察出版社 2005 年版,第 112 页。

据信息，各部门与单位联手建立针对职务犯罪的共享数据库，包括纪检、审计、税务、银行、公安等部门或机构，实现打防一体，在打老虎的同时也绝不能忽视拍苍蝇的重要性，发挥震慑和约束公职人员的效果。[①]

（二）腐败案件侦查中的数据库采集

新形态的职务犯罪侦办模式强调信息引导侦查的特征，其中“引导”一词的含义，在本书语境下是指，通过数据与信息共享与整合过程，进行深度关联分析与挖掘，能够主动抓取并挖掘案件线索，并经过层层剖析引导出侦查方向，同时还能够提供有效且直观的取证方式与路径。[②] 从这一界定内容可以发现，在新形态侦办模式中，发挥核心作用的就是信息引导，但是，如何“引导”成为研究者关注的重要命题。要实现信息的引导作用，首先要做的就是构建职务犯罪相关的数据库，需要覆盖所有公职岗位的人员、活动及财产等多方面的基础信息。在案件侦办中，要想准确定位嫌疑人员，就必须获取这些人员的基本信息，如姓名、住址、面貌等，并通过跟踪目标对象的最近活动轨迹，判断其与犯罪行为是否存在交集的可能性与可行性。针对职务犯罪，需要格外注意各类型财产信息的变动情况，需要将范围扩大到与目标对象存在亲密往来的人员身上，以便对巨额财产来源进行判断以确定其是否涉嫌犯罪，如巨额财产来源不明罪、受贿罪等。由于大数据具有极高的数据交互性和流动性，且数据在时刻生成与变化，因此与职务犯罪相关的数据库在建设过程中，应当建立各种子数据库或专项数据库，如行贿人员信息库，官员亲属与财产数据库，不动产、股票、汽车、珠宝等贵重及有价值财物信息库、腐败高风险行业数据库等，共同构建一个庞大而有序的职务犯罪数据库体系。

在实际办案过程中，职务犯罪案件最初的线索很多时候都源于各种

① 参见丁祖高、赵德传、陆和新：《职务犯罪侦查大数据库内容与构建规则》，载《人民检察》2015 年第 9 期，第 8 页。

② 参见程宏：《大数据背景下反贪侦查模式的转型》，载《中国检察官》2015 年第 3 期，第 9 页。

举报和检举渠道,一旦受理这些举报,相关侦办人员就能够利用该数据库体系,迅速对举报内容进行反馈并核实。从实际办案经验来看,一个案件能否得到快速且有效破解,一般情况下前24小时的侦办活动将起到至关重要的作用;换言之,侦办的时效性在很多情况下能够直接决定侦办的有效性。依靠这个数据库体系,侦办人员能够迅速调取举报中涉案人员的所有基本信息与财务动向,有效缩短调查时间,从而能够将这些时间用于其他更具指向性和重要性的侦查步骤,如依据经验对线索价值进行评估,或关键证据收集等。由此可见,职务犯罪相关数据库体系的建构并完善,将极大地提高职务犯罪的侦办效率与侦破率。

将信息引导侦查作为核心原则,并据此构建的大数据系统,其中的数据必须都程度不一地与职务犯罪存在关联,否则大量无关或无价值数据,将湮没有效或有价值的数据,造成数据冗余,形成对侦查工作的干扰,影响侦办工作进度。总体来看,职务犯罪相关的数据库体系一般包括下述几个子数据库。

1. 基础数据库。该数据库主要涉及职务犯罪案件的初查工作,这也是该类型案件办理过程的必经环节。主要是对辖区内职务犯罪案件进行综合性初查,这一行动与反腐倡廉工作密切相关,要求初查必须具体化和细致化。在这一过程中往往需要收集大量涉案群体的基础信息,包括但不限于民政信息、房产信息、工商信息、公安机关人口信息、金融信息等方面。如果将这些信息统合起来搭建一些分类明确的基础数据库并建立内部共享搜索机制,将能够快速定位目标对象信息,从而极大地节省侦办资源,节约下来的人力可以开展更为细致的调查工作。

2. 即时数据库。这种数据库的性质显著区别于预先设定好的数据库;换言之,这是在职务犯罪案件进入侦办程序,在办案过程中收集的各种具有高度相关性的实际信息与数据,并立刻录入即时数据库中。如果其中的数据内容与前面提到的预先存在的数据有不一致或相冲突的地方,则以前者为准。即时数据类型包括调查笔录、涉案视频、音频材料、恢复的一些电子数据资料如短信等。

3. 业务数据库。该数据库包括线索数据库、涉案动态库、典型案件数据库及侦查谋略库。第一,线索数据库:包括单位或个人举报案件;上级交办或督办案件;其他机关或部门移送的数据或线索等。第二,涉案动态库:主要是某一时期腐败案件发生的规律、特点,也涉及高风险岗位或工作环节,另外还有各类型案件中出现的作案手段总结等。第三,典型案件数据库:包括典型反腐案件侦查思路、切入点选择、相同类型案件侦查模式、难点案件突破经验等的收集、整合、提炼组成的数据库。第四,案件侦查谋略库:这主要是针对不同类型和性质的案件及案件进展的不同阶段、环节等总结的不同侦查谋略和技能的汇总,对各种腐败案件特征与规律提炼或点评,并据此创建一个专项数据库。①

(三)腐败案件侦查中的子数据库构成

大数据技术在实际应用场景中,其核心功能就是实现对数据的相关性分析。这一活动依赖的都是研发者事先设计好的数学算法,可实现机器学习,能够对职务犯罪相关的片段化和碎片化信息与数据进行高效率的处理,包括数据分离、清洗等多种处理项。之后依据相关度进行信息元素的有序排列与积聚,计算速度能够达到秒级或毫秒级,进而对数据的相关性进行机器视野下的快速判断,并能够快速获得各种可能性的详细预测概率,这主要是依据相关性评估与判断内容而进行的量化预测。如何选择与前述大数据分析结构具有更高适用性的大数据软件?本书认为可利用 SPSS②Analytic Catalyst 和 IBM SPSS Modeler,这两个软件都提供了大量不同的数学算法,而且都是建立在时间序列基础之上,还添加了职务犯罪大数据分析中特别需要的预测功能。同时,SPSS Modeler 使用的是最新简体中文版。它具有在大数据平台下分布式运行的模块节点,主要

---

① 参见郭哲:《大数据时代查办职务犯罪侦查模式认识论》,载《政法论丛》2019 年第 3 期,第 45 页。

② SPSS 即 Statistical Product and Service Solutions,是当今世界上最主要的以图形菜单作为界面的统计与分析软件,可以有效地适用于不同难易程度的大数据可视化分析。

由社交网络分析模块 SNA① 和实体分析模块 EA 构成。二者不同的是，SPSS Analytic Catalyst 是通过在不同的现有数据源中，解析已有的大数据，解析数据自身的冲突和关联。SPSS Modeler 预测的重点在于根据过去的大数据预测未来的行为。② 在串用不同数据库时，不同于问卷打分形式的规则算法，模块具有 EA 的机器学习过程，为了给出一个匹配程度最好的模型，它能自动侦测和评估出使用哪种算法能够得到最精确的预测结果。此外，对电子政务未能覆盖或组织机构没有数据中心平台的情况，由 SPSS 提供的 ODBC 开放式数据接口（如 DB2 对应 50000、Oracle 对应 1521、SQL Server 对应 1433），可加入纪检部门、监察部门、组织部门、人事部门、行政部门的数据库所在服务器的 IP 地址、TCP 端口，从而将不同数据源多个异地或本地的结构化数据库串成一定阈值规模的数据集，以此进行数据的关联和比对等可视化分析。除 SPSS 之外，更为专业的 PYTHON、MATLAB 等数据分析软件还允许构造数学模型，可以衍生符合个性化实际需求的数据分析预测算法。③ 当然，纪检监察部门也可以采用已捆绑了数据分析平台的一些大数据一体机，其易用性强于前述数据分析工具。

（四）腐败案件侦查中的数据分析与预测

前面所提及的一系列软件，其理论都是建立在实体与链接二元理论基础之上，能够通过这些软件实现可视化查询功能、路径与集群分析功能、链接分析等，从而将诸如人员、案件等要素进行抽象，并作为图标实体进行表示。实体关系也可以进行抽象，将之描述为连线链接。经串并查

---

① SNA 是 IBM 公司开发的封闭性网络体系结构，可以有效地适用于不同难易程度的大数据可视化分析。

② 参见付艳茹：《融合多变量主成份与因子分析算法的犯罪率研究》，载《数学的实践与认识》2013 年第 5 期，第 142 ~ 148 页。

③ 参见付艳茹：《基于 MATLAB 插值算法仿真的犯罪率研究》，载《中国人民公安大学学报（社会科学版）》2011 年第 4 期，第 17 页。

询多个数据库的历史数据以及有元数据标注的图像、照片等之后，由数学算法将分析、判断、客体的活动轨迹以及预测的数据，直观展现在量化图表中。在大数据相关分析模式结构中，数据采集工作与事宜目前主要涉及7类数据库，覆盖了个人申报、基础档案、公务员考核、财务、廉政、机关绩效、社会动态的不同方向，由于数据的全面性和精确性，能够实现相应的定量分析并完成软件算法下的预测程序。例如，"公民举报信息"通常受职务犯罪者贪腐行为隐蔽形式的限制，一般都是片面的，难以构成逻辑严密且循环的证据链，进而使相关案件侦破工作难以有效开展。通过SPSS Modeler 却可以排除主观干扰，实现一定水平的定量数据分析。具体过程为：第一步，设定公职人员、亲属以及重点社交对象为算法分析的客体，在可视化查询模块中，按照设定的针对某公职人员的任意多个层次的关联关系，找到符合与该公职人员关联关系的全部或部分实体，或者对同一数据从不同角度进行建模。第二步，在链接分析模块中，找到与某公职人员实体有关系的其他实体。第三步，在路径分析模块中，找到公职人员与某人任意两个实体间的关系路径。在群集分析模块中，找到众多实体路径。第四步，在群集分析模块中，找到与某公职人员存有交集的诸多人或物的众多实体中有可能有紧密联系的核心群体部分。第五步，在社会网络分析模块中，找到大量实体中有关键意义的实体、关系指向，根据不同的参数设置，分析出某公职人员社会网络中所具有的紧密度和权重。通过分析实体之间的链接次数，了解其频繁度，根据其位置判断是否是涉嫌职务犯罪链中的核心人物；并结合时间序列和地点轨迹进行分析，帮助进一步分析图形中数据之间显式的和隐含的关联关系、时间关系和空间关系，找到可指导经办人员下一步行动的线索及趋势发展的预测值。第六步，在大数据分析软件形成量化结果后，介入人工解释，进一步将其引用为间接证据或者作为涉嫌职务犯罪可能的预测与参考。①

---

① 参见付艳茹、马强：《大数据背景下职务犯罪预防途径和方法》，载《中国人民公安大学学报（社会科学版）》2015 年第 6 期，第 11 ~ 13 页。

二、腐败案件侦查数据库的构建规则

基于职务犯罪数据库的困境，职务犯罪侦查大数据库的构建必须遵循以下规则。

1. 检索规则。大数据时代是信息爆炸的时代，海量的数据是最为鲜明的特征。以大数据为基础的职务犯罪侦查大数据库中也拥有大量的数据资源。要利用这些数据就必须对其进行检索，检索必须有规则，不能朝令夕改，必须固定下来，形成一套规则。在职务犯罪大数据库中，建议设立快速检索栏和高级检索栏，检索方式应该是多样的，如按照关键词、案由、人名、时间等方式进行检索，尽量满足检索人的需求，从而快速检索出结果。

2. 关联规则。职务犯罪侦查大数据库中的数据应该是相互关联的，通过信息之间的相互关联，可以深入了解案件的事实，从而整体把握案件的情况。[①] 对于侦查人员而言，数据库符合关联规则，能够提供必要的数据支撑，提升工作效率。借助大数据分析技术，将信息与实际案情进行关联分析，能够快速得出判断结果，可将无关联的数据进行剔除，保留能够反映案件事实的数据。在这类案件的侦查阶段，不仅需要大数据分析技术，侦查人员也要保持高度的理性分析，以专业刑侦知识作为基础，结合实际的数据分析结果，进行灵活判断。比如，在侦查人员发现被调查对象的资金存在大量转移情况时，针对这一反常行为，不仅要凭借个人专业经验进行理性判断，而且还要利用大数据技术进行关联性分析。

3. 符合法律规则。法律具有指引作用，法律通过规定主体在法律上的权利和义务来指引人们的行为，任何人违背法律将会受到法律的制裁。建立职务犯罪侦查大数据库要遵循法律的规定，数据库中的数据来源必须符合法律要求，尤其是刑法和刑诉法要求。（有关大数据时代查办腐败案件存在的法律问题及化解将在本书第九章进行专题论述。）数据库数据

---

① 参见陈波：《职务犯罪信息化侦查实战操作》，中国检察出版社 2011 年版，第 96 页。

的采集、使用必须是为满足职务犯罪侦查的需要，否则，就有侵犯隐私权之嫌。信息储存是一项繁杂、技术性强的工作，储存过程要按照一定的程序进行。先对信息进行分类、整理，再编写目录和检索语言，最后进行存档，而且参加储存工作的人员在具体的工作安排上也应重视程序化。

4. 及时入库规则。所谓及时入库，就是要保证数据能够及时进行存储，正确无误地存入数据库中，在此之前需要进行数据校验。即时数据库在数据校验完成之前，需要经过反复多次的数据筛选。实际上，如果无法实现数据的及时入库，数据价值就会大打折扣。

5. 专人负责规则。职务犯罪侦查大数据库之所以需要专人管理，其目的是防止出现数据外泄，引发数据安全事故，最大程度保障相关人员的隐私。大数据库管理员负责数据的使用和调取，其他人未经允许不得擅自使用这些数据。

在大数据时代，侦查人员在进行数据采集的过程中，通常会采用电子设备收集证据，相较于纸质证据，电子证据的收集难度不仅更低，而且更便于保存，能够不限次数地进行复制。通过电子设备进行数据的采集、复原、删除和更改。在进行侦查时，数据的收集、保管、存储和归档要符合规范，确保数据在整个过程中完整、准确和合法。

电子证据作为新兴证据，具有无形性、易收集性、易保存性、反复重现性等独特的证据特性。查办职务犯罪时，侦查员经常把有存储功能的电子设备作为检材，提取数据、恢复和还原已经删除或覆盖的数据。应严格遵照以上规则，做好电子证据的提取、固定、登记和保管工作，确保电子证据的真实性、完整性和合法性。从技术层面上分析，职务犯罪侦查大数据库的建设简而言之就是数据汇集和算法构建。在数据汇聚方面，职务犯罪侦查机关与其他司法机关对内部网络都是采用等级保护的机制，通过相关的网管、前置机就可以实现对其他司法机关、互联网数据的导入。即使纪检监察机关的内部网络采用了分级保护的机制，依然可以采用互联网向非涉密工作网导入数据，非涉密工作网经过严格的审核和备案后再向涉密网络单项导入的形式，进行数据的汇聚。在数据存储方面，大容量磁盘阵列已经非常普及,可以选取高速、高容量的硬盘配置在纪检监察机关的数据中心。镜像模式、热备容灾等数据备份机制使得数据的存放更加安全。在算法构建上诸如 Hadoop、Spark、Openstack[①] 这些软件框架经过了大量实践应用的检验。如 Hadoop 已经成为大数据分析领域最受欢迎的解决方案,类似 eBay 这样大型的电子商务企业都一直在用 Hadoop 技术从数据中挖掘价值,如提高用户搜索的精确性、通过用户的行为对用户进行画像以提高用户的体验、精准的广告投放等。国内已有多家软件公司针对司法数据进行建模分析,创新地推出了不少司法大数据模型产品。如北京华宇公司参与北京市检察院构建"检立方"项目,并提供了多种分析评估检察业务质效的数据模型。安徽富驰公司推出的"数魔方",为安徽省法院提供了类案检索和审判辅助功能。类似这些创新的大数据业务模型表明构建职务犯罪侦查专属数据库在技术上是可行的。[②]

三、大数据时代查办腐败案件数据收集模式

(一)理念层面:塑造侦查人员大数据信息情报收集观

黑格尔说"理念是任何一门学问的理性",[③]而且认为理性中包含着"某种预想的东西",具有前瞻性、导向性和设计性。[④] 理念作为意识的凝结,对于实践具有非常重要的价值引导作用,而且是实践获得成功的重要

---

① Openstack 是一个开源的云计算管理平台项目,是一系列软件开源项目的组合。由 NASA 和 Rackspace 合作研发,以 Apache 许可授权。Openstack 支持几乎所有类型的云环境,项目目标是提供实施简单、可大规模扩展、丰富、标准统一的云计算管理平台。

② 参见郭哲:《大数据时代查办职务犯罪侦查模式认识论》,载《政法论丛》2019 年第 3 期,第 46 ~ 47 页。

③ 何家弘:《从犯罪侦查学到物证技术学和证据调查学》,载《法学家》2010 年第 4 期,第 2 页。

④ 参见何军:《大数据与侦查模式变革研究》,载《中国人民公安大学学报(社会科学版)》2015 年第 1 期,第 72 页。

因素,对于侦查工作也是如此。大数据时代,必须有新的数据收集模式,即大数据时代的职务犯罪信息情报收集模式。理念指导模式的运转,大数据时代的职务犯罪信息情报收集模式在理念层面以侦查人员大数据信息情报收集观为指导。侦查人员大数据信息情报收集观与传统职务犯罪侦查的信息情报收集观念存在很大的区别。传统职务犯罪侦查的信息情报收集观念与旧有的工业社会相匹配,侦查人员大数据信息情报收集观是大数据语境下的新型理念。[①] 传统的情报收集观虽然也承认犯罪分子在犯罪过程中会留下各种痕迹,但认为这种痕迹是有形痕迹,比如指纹、脚印、体液等,忽视了无形痕迹的作用。这种传统侦查模式在错误的理念指导下容易造成侦查错误,在大数据背景下产生的侦查人员大数据信息情报收集观则能够克服这些弊病。网络时代,很多犯罪特别是职务犯罪的犯罪分子利用互联网、4G 移动通信平台甚至将来广泛运用的 5G 技术实施犯罪,使新型犯罪没有传统犯罪那样实实在在的场所、线索,犯罪更具有隐蔽性。[②] 于是侦查人员必须面向网络承载的大数据信息,尤其是注重在大数据中侦查上网历史、聊天记录等无形痕迹。“可以说,没有大数据意识,缺乏信息的掌握和研判,很多案件根本无法侦破。”[③]因此,在理念层面,培养侦查人员大数据信息情报收集观,对于打击和遏制新型职务犯罪具有重要意义。舍恩伯格曾言“将世界看作信息,看作可以理解的数据的海洋,为我们提供了一个从未有过的审视现实的视角。它是一种可以渗透到所有生活领域的世界观”。培养侦查人员大数据信息情报收集观,必须重视数据的价值,在海量数据中甄别出相关的信息,对数据进行采集、分析、归纳整理。同时,还要利用一切可以利用的数据,如行政机关行政信息公开专栏公布的经费支出,或者是犯罪分子在聊天软件中晒

① 参见欧阳爱辉:《大数据时代的职务犯罪信息情报收集模式》,载《江南论坛》2015 年第 6 期,第 93 页。

② 参见刘品新:《论计算机搜查的法律规制》,载《法学家》2008 年第 4 期,第 87 页。

③ 吴克利:《贪污贿赂犯罪侦查谋略与技巧》(修订版),中国检察出版社 2013 年版,第 15 页。

出的不符合本人收入水平的炫富信息等。总之,侦查人员大数据信息情报收集观是在理念层面对大数据职务犯罪隐蔽化的破解方式。

具体而言,可以通过数据集成实现各级各类调查信息系统的数据交换和共享。

1. 加强外部信息共享

在大数据时代,侦查部门需要与其他相关部门建立能够实现内部信息共享的信息平台。为了实现信息的共享,一般有 4 种实现途径:一是专线接入。在本部门和监察部门之间构建一条信息共享专用线路,在监察部门内部平台中增加一台前置机。二是授权登录。相关部门为侦查部门授予内部系统的登录权限,这样就能通过网络连接,实现全国范围内的系统数据查询。上述两种信息共享模式可实现信息的实时、高效查询。但由于没有连接到数据库,无法进行全数据库的信息查询。三是绿色通道,以电子数据形式获取信息共享权限,但是,数据来源一方如果信息管理效率低下,就会极大地影响信息查询效率。四是直接拷贝,进行信息复制,将其他部门的数据库中的相关信息进行下载,然后转移到本部门的数据库,但这样一来,无法保证数据的实时性,需要不断地进行复制和下载。鉴于不同共享模式各有其特点和优势,可以结合数据共享程度、范围,重点获取税务、房产、金融、工商、海关、通信、交通等行业信息,根据数据标准灵活进行选择,确保能够与社会企业或者其他组织的数据库实现信息共享。与此同时,侦查部门要不断提高自身的侦查水平,要明确内部的职能职责,实现多部门间的信息交流,将信息安全维护作为信息化建设的重中之重。

2. 加强内部信息采集

以贝叶斯网络、①支持向量机②等技术与工具为基础,构建一套基于

---

① 贝叶斯网络是以贝叶斯公式为基础设计的概率推理图形化网络,它对于解决复杂系统不确定性与关联性所引发的障碍有较大效果。

② 支持向量机作为一种学习模型,可以有效实施模式识别、分类等工作。

腐败行为模式的系统，各级监察委加大信息采集力度，在各种活动中搜寻事先严格界定的腐败行为，建立健全调查信息采集制度，实现随案采集，同时做到全面及全员采集，逐步建立起门类齐全、内容准确、检索便利的职务犯罪调查基础信息数据库。可适用SPSS、SNA等统计分析工具实施可视化研判，确保反腐区域全覆盖，使有价值的情报能够以更为便捷化和直接化的方式获取。一是采集相关部门工作中产生的数据。由于这些数据并非由外部渠道提供，而是内部采集活动自然生成的，因此无须刻意采集，可通过政府机构间建立的统一业务应用系统，进行涉案数据碰撞和比对。可以参考各省建立的"公安云计算中心"，具体实现路径是通过实现锚定某涉案嫌疑人，利用云计算和模糊计算工具，完成对数据的关联分析，将彼此间不存在直接关联的片段化或碎片化的人、行为、事件形成的数据与信息之间构建关联模型，探寻深度反腐关联，为纪检机关工作提供可靠证据来源。二是采集调查部门办案中获取的数据。比如对线索来源的数据收集，见图3－2。

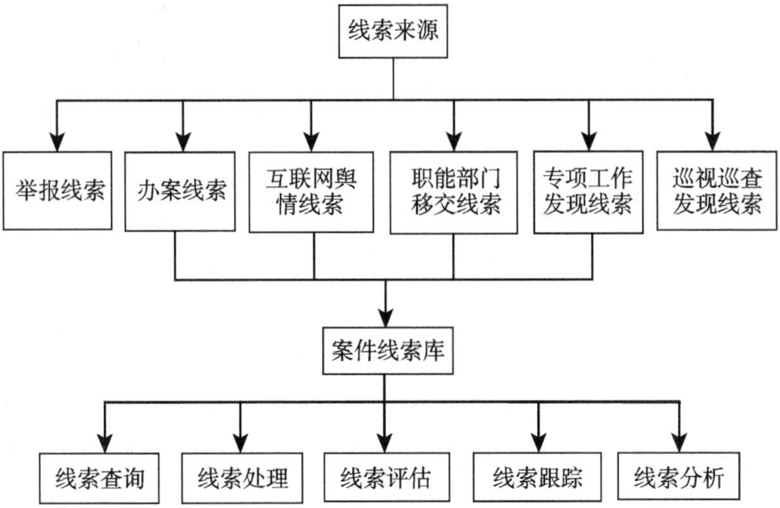

图3－2　线索来源数据收集

通常来说，在侦办过程中获取的案件信息具有较高的价值，且具有直观性和实用性,同时与需要大量计算或采集的数据类型相比,其获取路径也非常明确和简单。因此,需要在案件侦办活动中积极寻找并获取各种具有潜在价值的信息,无论能否进行数据化,或当前是否具备系统分析条件,都需要将数据分门别类进行归档,一旦形成规模将激发办案人员的灵感。因为职务犯罪调查线索往往千头万绪,并非所有线索都具有价值,也会同时存在大量无效或无价值信息,这需要侦办人员具有甄别能力,能够排除无效干扰,从茫茫的线索中寻找突破口。同时,很多案件线索暂时没有找到,但是会随着相关证据及线索的积累而慢慢浮现,或随着案情进展而浮出水面。届时纪检机关和侦查部门可以基于当前收集的线索要素与数据,利用 SPSS、SNA 等工具对这些数据或线索进行可视化判定,借此抓取彼此之间的关键连接点或信息点,从而找到案件突破口。

通过不断加强内外部信息采集和共享机制建设,并由国家监委根据数据敏感程度,确定共享等级,统筹工作推进,逐步打破横向、纵向壁垒,最终实现外部不同行业间,内部不同级别、不同地域间的信息高度融合。比如,考虑到不同机关的法律职责分工不同、相关数据规模庞大且内容敏感等因素,可将纪检监察机关与政法机关统计数据进行共享,司法机关在办理刑事、民事、行政、执行案件中发现党员领导干部违法违纪问题时主动通报线索或移送,纪检监察机关主动查询政法类数据三种方式,保障纪检监察机关在办案中对大数据的共享需要。[①]

(二)中枢层面:设置专门化的腐败案件信息情报控制平台

中枢层面是指事物系统中起中心主导作用的部分,如同大脑神经中枢的重要性一般,设置专门化的大数据时代职务犯罪信息情报控制平台对构建大数据时代查办腐败案件数据收集模式起着“神经中枢”的作用。

---

① 参见杨建军:《纪检监察机关大数据监督的规范化与制度构建》,载《法学研究》2022 年第 2 期,第 34 页。

相较于发达国家,无论是在犯罪信息情报收集工作与大数据技术的结合方面,还是控制系统研发方面,我国都存在较大差距,还在不断进行摸索。如今,经过不断探索,“天网工程”的建设和应用已经取得巨大突破,这是公安部门和其他部门联合推行的重大网络信息化工程。这个系统工程是将所有类型的违法犯罪案件的信息收集工作结合起来,比如刑事犯罪、治安管理、交通违章等领域,当然也将职务犯罪侦查信息收集归纳在内,但只是其中的一部分。由于职务犯罪的犯罪分子利用网络渠道实施犯罪活动,导致案件愈发隐蔽,因此该系统在这一领域的应用效果不佳。① 现今,大数据时代为大数据犯罪信息情报收集、控制系统既提供了条件又提出了新的要求。计算机不断更新换代、电脑 CPU 能够对指令迅速作出反应,功能不断细化,在职务犯罪的侦查上,案件预测技术、证据收集储存技术成为可能,但同时侦查机关也要面对零碎繁杂的信息,做好筛选整理工作。据此,为了抓住机遇、迎接挑战,侦查机关理当设置一个专门化的大数据时代职务犯罪信息情报控制平台。②

构建专门化的大数据时代职务犯罪信息情报控制平台,应当根据侦查机关级别,划分县(区)—市—省—国家(中央)四级。在平台内部四级中,应该吸纳精通计算机技术的专业人才,并对侦查人员进行高新技术操作的培训,保证侦查机关与互联网的密切互动。平台应该以反腐等打击职务犯罪为中心任务,加强与其他机关的合作,如与税务、工商、金融等部门合作,共享有关职务犯罪的情报,从而建立一个多机构、全方位的专门平台。③ 此外,构建专门化的大数据时代职务犯罪信息情报控制平台时,为了方便在平台内进行快速的检索,还须在平台内设立三大资料库。一是案件线索资料库。线索是案件的开端,在职务犯罪中,案件线索可以是举报、检举、控告或是侦查机关主动发现的。建议在案件线索资料库中根

---

① 参见何家弘:《论职务犯罪侦查的专业化》,载《中国法学》2007 年第 5 期,第 117 页。

② 参见宋寒松主编:《大数据与职务犯罪侦查》,中国检察出版社 2017 年版,第 123 页。

③ 参见上官春光:《职务犯罪侦查专业化的表现及途径》,载《法学评论》2009 年第 1 期,第 15 页。

据职务犯罪案件的类别,对线索来源加以录入和整理。二是已办案件资料库。将已经办理的案件分别整理为单个档案归入档案室,是我国一贯的做法。随着大数据时代的发展,技术上为档案扫成扫描件存贮为电子档案提供了可能性,有的地方已经开始践行。因此,要建立已办案件资料库。该资料库对职务犯罪侦查具有重要作用。已经办理的案件是"过去式",但不是"完成式",特别是现在越来越重视对错案的责任追究,已经办理的案件也可能存在个别的错误。这样,建立已经办理案件资料库有利于加强对侦查机关的监督以及侦查机关自身纠错,从而便于侦查机关总结经验和教训。三是社会公共信息资料库。随着社会的进步,各行各业大数据应用的进一步深入,社会上产生和采集的与查办职务犯罪相关的信息数据越来越丰富,纪检监察机关能够利用的数据量也越来越大,包括公安综合信息、相关国家机关执法信息、公用事业单位信息、互联网信息等,这些海量的数据为职务犯罪侦查特别是关联分析提供了丰富的数据资源。但是,尽管社会公共信息十分丰富,对于侦查部门而言,其只能收集与职务犯罪相关的信息,对于其他类信息是无权进行使用的。[①] 虽然侦查机关能够利用的数据有限,但是由于各种数据之间存在相互关联关系,大数据背景下,侦查机关不应把视野局限于犯罪信息,对公共数据进行关联分析,也可能会出其不意地揭露某些隐蔽于其中的犯罪。[②] 因为数据之间必然存在某种内在联系,大数据相关分析是从大量的数据中挖掘出有价值的信息,从而描述数据之间相互联系,能够掌握事物的发展规律,通过构建预测分析模型,进行精准管控。因此,对丰富的公共数据进行深度挖掘十分必要,能够从中找出与犯罪相关联的有价值信息,为案件侦破工作提供帮助。[③]

---

① 2016 年贵州的检察机关就与公安机关、行政执法机关、银行业,包括通信运营商等实行信息的互联互通,在建成的大数据库里面收录了 3500 多万条信息,对于发现案件线索、取证和侦破案件都有明显的改观。

② 郑毅:《证析——大数据与基于证据的决策》,华夏出版社 2012 年版,第 105 页。

③ 杨耀杰:《反贪审讯秘笈》,华中科技大学出版社 2015 年版,第 145 页。

大数据相关分析主要有两个环节:第一个环节是将全部的频繁项集找出来,项集频度要大于或等于预先设置频度;第二个环节是在确认全部的频繁项集之后,以此为基础,确认出有着显著关联的项,这些关联项必须满足最小信任度阈值。在这种关系模式中,各个变量间的相互依存关系并非固定的,而且不显著,任何一个变量的数值都有与之相对应的变量。在相关分析算法研究领域,应用较为广泛的是 Apriori 算法,该算法强调数据的价值挖掘。要保证频繁项集中全部的非空子集也必须符合这一标准。通过 k 次迭代计算,得出 k 项集,从而对数据库进行数据扫描,即完成了一次数据挖掘,得出频繁(k+1)项集。运用散列和变形运算方法,能够提升数据扫描的有效性。因此,通过运用 Apriori 算法,能够实现多层次的数据挖掘,能够浏览和抽取不同抽象空间的数据信息。[①] 随着查办腐败案件相关的数据越来越丰富,可以说,职务犯罪案件的信息关联性分析和挖掘都必须建立在海量的数据资源基础之上。关联性越显著,说明与犯罪案件的联系越紧密,对案件侦破工作越有利。

大数据时代构建专门化的腐败案件信息情报控制平台要注意:第一,满足查办腐败案件侦查需求。在设计和研发这类信息系统时,其目标和运行模式都必须以实战需求结果为导向,而实战需求对系统结构、性能和最终运行效果都有着决定性影响。[②] 所以,在研发应用性信息系统之前,首先需要进行实战需求分析,作为应用性信息系统的研发原则,确保应用系统功能能够满足实战需求,该系统必须包含犯罪预测、热点应用、数据碰撞、关联分析四大功能模块。第二,大数据平台要确保有齐全的系统功能。要时刻关注国际信息技术的发展趋势,关注前沿技术发展动态,在研发系统时,既要着眼于当下的实际需求,也要立足长远,对未来发展趋势有精准的判断,要确保系统具有良好的兼容性和可延展性,便于日后的系

---

① 参见李双其等:《大数据侦查实践》,知识产权出版社 2019 年版,第 95 页。

② 参见马方、刘峥:《论侦查信息化建设的发展与创新》,载《吉林公安高等专科学校学报》2018 年第 3 期,第 17 页。

统维护和升级;如果平台建设已经完成,则需要对系统性能进行持续优化。无论是中央监察部门还是地方部门,其在构建大数据信息系统时,要包含数据的收集、存储、删除、更新和统一管理等功能,要实行可视化的数据统一管理。第三,构建大数据平台应注意适度兼容,才能为实现数据资源快速流动、高度共享创造条件。大数据平台建设应破除壁垒,科学整合,以集成化为方向,在系统内外部之间构建横向流通、纵向一体的信息平台联通体系。因此,各级监察委的信息平台建设,均应充分考虑系统兼容,按照国家电子政务标准规范,采用大型关联类数据库管理模式,尽可能兼容各种数据模式;系统外部,也应兼顾各类行业共享数据库与平台的对接,在确保系统安全的前提下预设对接功能,在最大范围内促进信息交互与共享,为行业间海量数据碰撞、串并分析等功能实现创造条件,为调查办案提供参考。

(三)技术层面:凸显数据挖掘技术在信息情报收集中的应用

现阶段信息化浪潮迭起,科技具有核心地位,在此条件下,职务犯罪也出现了形态与性质演变,成为技术性犯罪,具有更强的隐蔽性,提高了侦办难度。因此在此类案件的侦办中,要采用技术对抗手段才能破解难题。

大数据时代查办腐败案件数据收集模式,在技术层面,要重点突出数据挖掘技术在信息情报收集中的应用。数据挖掘技术作为从数据源(数据库、文本、图片、视频、Java-Inten 等)内搜集人们所需要知识之新兴信息技术,能够帮助侦查机关在碎片化、海量化信息中挖掘案件的信息,节约侦查资源。数据挖掘技术还具有归纳数据的功能,通过汇总各种具有同种特质的微量信息,使其具有职务犯罪侦查意义上的价值。数据挖掘就是从大量的、不完全的、错误或异常的、模糊的、随机的数据中,提取隐含在其中的、人们事先不知道的、但又是潜在有用的信息和知识的过程。数据挖掘主要用于完成以下 6 种不同任务,同时对应着不同的分析方法:分类(classification)、估值(estimination)、预测(prediction)、相关性分组或关联规则(affinity grouping or association)、聚集(clustering)、描述和可视化(description and visualization)。[①]

目前法律对侦查与技术的融合与应用进行规制,使侦查逐渐向符合时代发展进程的技术化方向发展。职务犯罪案件侦破中,利用数据挖掘技术进行情报分析,主要有两个分析模块:一个是关联分析,另一个是模型结构。首先,在关联分析模块中,主要面向的是数据关联特征,并挖掘该特征后的隐藏信息,有效化解传统侦查的孤立思维。如利用 Apriori 算法,能够把涉案人员各种相关的信息要素关联起来,如年龄、学历、作案手段及地点等,从而获取不同职务犯罪案件中的学历分布情况、所在岗位与犯罪概率间的关联水平、职务犯罪地区与职务类型分布等多样化分析结论。传统的侦查在有限的人力条件下对这些信息或数据之间的联系进行掌握或分析,工作任务重且质量差,偏差率高,此时数据挖掘以其精度与效率获得更大的发挥空间。其次,在模型结构模块中,结合关联分析技术,建构出一个以三大要素为维度的模型,包括案件资料维(职务犯罪类别、案发时间、地点等)、犯罪嫌疑人维(职务犯罪嫌疑人的姓名、性别、年龄、学历、职务等)和犯罪行为维(贪污贿赂行为、渎职行为、侵权行为、其他职务犯罪行为、侵害法益严重程度等)。[②] 该种数据化模型,能够将职务犯罪侦查中获取的有价值数据或信息进行立体化关联展示,辅助决策侦办方向,同时为侦办难关的破解提供数据与技术支持。数据分析划分为结构化数据和非结构化数据,结构化数据具有固定的格式,看上去非常规整;非结构化数据不具有稳定或固定范式与规格,如图像视频、数据流、文本网页、序列及图结构等。[③] 现有数据的类型多数都是非结构化的,且该类数据规模增速远高于结构化数据。从现阶段大数据侦查活动可知,其中对非结构化大数据分析主要有 5 个关键技术领域:(1)文本数据分

---

① 参见陈卫东主编:《腐败控制论》,中国方正出版社 2000 年版,第 89 页。

② 参见白建军:《从中国犯罪率数据看罪因、罪行与刑罚的关系》,载《中国社会科学》2010 年第 2 期,第 56 页。

③ 参见李翠平主编:《非结构化大数据分析》,中国人民大学出版社 2018 年版,第 73 页。

析,包括分词、文本检索、文本自动分类、文本自动聚类、话题检测与追踪、文本过滤、文本关联分析、信息抽取等;(2)语音数据分析,该领域主要的技术有语音大数据信息的实时处理、基于大数据集的语音识别、模拟训练、语音文件热点信息感知和知识提取、基于内容理解的音频挖掘等关键技术;(3)图像识别数据分析,是针对图像的处理程序,包括图形与处理、特征分割提取、匹配等,能够实现对图像处理及其中要素理解;(4)空间数据分析,指从空间数据库中抽取没有清楚表现出来的隐含的知识和空间关系,并发现其中有用的特征和模式,包括地图数据、影像数据、地形数据、属性数据、元数据;(5)Web 数据分析,是数据挖掘技术在 Web 环境下的应用,是涉及 Web 技术、数据挖掘、计算机技术、信息科学等多个领域的一项技术,是从超规模的 Web 文档中获取各种蕴含的、未知的、非平凡的、有潜在应用价值的模式。它所处理的对象包括静态网页、Web 数据库、Web 结构、用户使用记录等信息。以上对大数据侦查中的非结构化数据 5 个关键领域的分类旨在强调数据的不同特性,有些领域会适用一些或至少涉及一些底层技术,或者存在交集,这样分类的目的在于理解和激发数据分析领域中的关键问题和技术。

(四)法律层面:注重相关人员的人权保护

首先,时代在快速发展,法律要对发展着的社会现象作出反应,但与此同时,不同于政策的法律又要保持一定的稳定性,这两种要求之间存在一定的矛盾,加之我国《立法法》规定了严格的法律修改程序,造成法律有时滞后于社会发展。在侦查领域就是如此,如对技术侦查、电子数据,我国法律仅作出了粗略的规定。因此法律需要对侦查作出更加细化的规定。

其次,我国已经步入法治社会,依法治国不断深化,法律至上成为我国和其他法治国家的基本原则,它要求法律面前人人平等,不允许任何人在法律面前享有特权。随着法律至上等法治精神深入人心,人们愈发要求并看重自由和人权保障。尊重人权是法治国家应有的内容,故在法律层面,法治国家的犯罪侦查,理应遵循法律的要求,注重对相关人员权利的保护。

职务犯罪侦办过程中,进行的大数据采集与传统侦办方法与模式不同,当前阶段出现了职务犯罪的新动向与新形态,逐渐向虚拟空间发展和变化,要求我们进行侦查方式与观念的适应性改变。传统侦查模式下,一般都是由侦办人员与涉案方进行直接调查或采取其他直接接触方式,因此对出现受害人权利被侵害的情况,能够立刻做出反应。但是信息引导侦查机制下形成的新侦办方式与机制,对隐私权侵犯非常广泛且隐蔽。受害人被侵权后甚至毫无察觉,即便察觉了也无能为力,这是因为信息化的侵害证据非常难以获取且对算法技术大多数人均无法涉及,这也是享受信息时代带来的便利而不得不付出的代价。① 我国《宪法》规定尊重和保障人权。因此,面对大数据时代不得不付出的代价,职务犯罪侦办过程中要求侦查人员具有更高更严格的自我约束标准,以法律为依据,注重对相关人员各项权益的保护工作,包括隐私权、通信自由权等。主要从以下几点着手进行:其一,加强内部监管机制建设与监管政策力度,监察机关内部构建一套具有针对性的安全制度,形成不同的人员安全等级,每一等级对应不同安全系数的数据或信息,如果下一等级想要获取更高等级的数据信息或者进行相关等级的大数据侦查工作,需要通过上一级审批,如审批没有下来前或没有通过,即便成功拿到证据也会视作无效,不予采纳。同时加强数据安全建设,防范外部不法分子造成数据泄露等事件。其二,在程序上,需要重视知情权工作。主要体现在纪检监察人员履职时必须对相关责任义务进行充分说明,并获得被采集信息的人员的知情同意。其三,确保数据安全并且严格履行自身保密职责。在采集数据或信息后,纪检监察机构通常会将之纳入各种类型的信息数据库,并进行配套

① 此类事件看似罕见,但屡有发生。例如,一个非计算机专业人士就很难知晓服务器端自发形成的 cookie 用途,即便网络服务商告知其可以禁用 cookie,他也不一定完全掌握如何删除这些容易泄露自身隐私的 cookie 之技巧。参见欧阳爱辉:《大数据时代的职务犯罪信息情报收集模式》,载《江南论坛》2015 年第 6 期,第 35 ~ 37 页。

的数据库安全建设，如数字密码等，并安排专人承担相应的安全维护工作，无批准不得随意使用。另外，也不能对相关数据或信息进行非法利用，一旦违反上述规定或义务，将按照事件严重程度进行责任追究。其四，应当完善网络非法证据排除规则。这主要是指通过非法使用大数据手段获得的证据不得被采纳的制度。目前的非法证据排除规则主要面向传统侦查模式下的证据，但是基于大数据证据的特殊性，应当确立数据排除规则、设定数据排除范围并且明确数据排除程序，利用这些特别规定尽量保障相关人员的人权权益。①

法律具有社会稳定基石的作用，尤其对权利而言，同时面对失控权力来说，更能够起到显著且有效的抑制作用。② 大数据背景下查办腐败案件数据库的建构因牵涉与被调查人权益关联性极高的数据信息，若不对其进行立法约束，被调查人的合法权益将缺失殆尽，因此强化法律法规的完善至关重要。大数据查办腐败案件存在的法律问题及具体完善措施将在本书第七章及第九章中具体论述。

（五）查防兼治层面：建立大数据监测评估体系

2018 年，在中共中央政治局第六次集体学习时，主要围绕良好政治生态问题展开了讨论。此外，《中共中央关于加强党的政治建设的意见》要求各地各部门基于自身实际情况与条件构建对应的政治生态评价机制，要对此进行规律总结，并在实际的调查研究、科学评估的基础上，对某一个地区或部门自身的政治生态的状况进行全局性的掌握，然后为此提出有针对性的建议或意见。③ 不断推动政治生态建设的良性循环，对于

---

① 可喜的是，2016 年 9 月最高人民法院、最高人民检察院和公安部联合印发了《关于办理刑事案件收集提取和审查判断电子数据若干问题》的规定，针对大数据时代新的形势下获取电子数据这种新型的证据进行了规范。

② 参见[美]埃德加·博登海默：《法理学：法律哲学与法律方法》，邓正来译，中国政法大学出版社 1999 年版，第 293 页。

③ 参见徐华平：《对政治生态评价体系的探究与思考》，载《理论视野》2019 年第 7 期，第 81 页。

全面贯彻党的从严治党方针有着十分重要的价值。大数据系统是政治生态监测预警机制实现的有效技术手段,大数据技术是观测政治情况和政治生态系统内外各种因素相互作用的重要媒介,其提供了充分的科学技术支持以实现政治生态系统的良性循环。大数据监测评估体系通过客观情况的描述,及时的系统监测以及快速预警响应三个层面展开。

首先,大数据可以客观地描述当前政治生态的整体情况。大数据系统,可以将各种复杂的事物通过计算机语言转换成一种数据代码并形成数据库。通过对这些数据的比对分析,寻找规律,人们可以发现事物之间存在的内在逻辑关系或者因果关系,从而为使用者提供科学合理的决策意见。在实现政治生态监测预警机制的过程中,可以有效地利用大数据这一技术手段,将一个地区的政治生态的基本情况进行采集,然后形成数据流。通过对数据的加工和综合分析,避免人的随意主观臆断,客观科学地呈现该地区的政治生态的整体情况,从而帮助纪检监察机关更新讯息,更客观地了解该地区的政治生态运行状况。在当前这一急速发展的信息化社会中,任何一个公共政策的计划、出台、落地执行、执行情况的监督,以上所有的权力运作过程都可以被信息化。将这些信息数据整合、归纳、分析、比对等,可以客观地掌握这一地区政治生态系统的基本情况,进而可以挖掘出影响该地区政治生态系统良性运作的内在因素或环节。

其次,大数据可以及时地进行系统监测以观察政治生态系统的运转过程。政治生态的本质是一个系统,系统就会不断地变化发展,这种变化不是某一瞬间突然的转变,而是不断缓慢地在运转过程中累积变化。这表明,政治生态系统在运行过程中将会不断地产生一系列的变化曲线,而大数据就可以及时迅速地观测到这些变化。例如,GPS 定位系统可以对特定目标主体频繁进出的地点进行定位追踪,然后通过围栏技术将每一次定位系统追踪数据进行整合叠加,就可以生成在某一时间段内该目标主体的行踪曲线图,从而时刻监测该特定目标主体的后续日常行为是否与该行踪曲线图有所偏离。同理,大数据对某一地区的政治生态系统的监测运行模式的内在机理是一样的。大数据技术可以综合分析该地区某一时间段内查处的腐败案件数量、腐败领域、涉案金额、腐败职位等多方面的数据,然后进行实时的跟踪监测,为后续某一数据因素一旦产生曲线偏差时,尽早地提出预警响应。

最后,大数据系统可以对政治生态系统出现的非正常变动尽早地作出预警响应。大数据技术不仅仅是简单地对政治生态系统总体情况进行客观描述和数据收集,其更深远的目的是对非正常变动的数据变动进行快速的监测响应,提出预警。或而言之,在进行政治生态系统的建设过程中,大数据技术一方面的工具价值在于收集某地区政治生态的基本数据,并客观描述该地区的政治生态全貌;另一方面更重要的工具价值在于对政治生态系统的发展变化进行监测,并且预估政治生态的发展走向。在政治生态系统运转过程中出现与预测方向偏离时,及时作出预警,从而遏制政治生态系统的进一步恶化。大数据技术这一工具价值的实现,得益于大数据技术的系统相关性分析功能。这种系统相关性分析功能,可以对整体系统中的各要素进行综合分析,并预判发展趋势,然后识别出导致政治生态系统出现恶化或者行为偏差的因素。通过对因素的分析,寻找导致该因素出现或者变化的权力运行环节,从而有效地针对该特定环节进行尽早的预警响应。

大数据技术所拥有的数据高容量性,变化观测的同步性,使用操作的简便性等特点,为实现反腐败提供了全新的思路和强大的技术支撑。将生态系统思维与政治相融合,将政治生态系统概念与大数据技术进行有机结合,为实现政治生态系统的监测预警机制的不断创新提供了更为宽阔的应用空间。

四、大数据时代查办腐败案件数字化侦查的基本形式

借助于不同的数字信息来源及其传输网络,可以开展基本形式不同的数字化侦查。每种数字化侦查的基本形式又包含有多种多样、动态变化、不断发展的数字化侦查的技术方法和战术方法。

(一)借助公安内网进行数字化侦查

从实际案件的侦办过程来看,数字化侦查的主要场景所在地与主要渠道都是建立在公安各种内部信息系统、数字平台等的基础之上,通过这类侦查机制,主要可以实现以下职务犯罪侦查功能:在线涉案人员排查、在线赃物锁定与追回;涉案人员网上追缉;通过网络媒介扩大战果等。

(二)借助国际信息平台进行国际资本流动监测和统计分析

通过建设协同监管平台、签署备忘录等方式,利用大数据技术,对国际资本流动统计数据来源单位,实现信息共享和监管互助。通过对财务、工商、税务、银行涉外收付等信息数据进行挖掘、核查和匹配,进行“线上溯源”以提高数据的真实性、精确性、完整性和及时性。此外,目前各机构采集的数据分散,关联程度弱、数据比较笼统,而计算工具和方法的发展,使利用大数据技术进行深入挖掘和处理,采集高频和超高频数据成为可能。利用大数据技术可以对跨境资本的规模、方式、构成、流向等进行细分分析;还可通过关联分析、聚类分析、回归分析等方法,找出内在的关联规律,考察同金融稳定之间的影响关系;①还可对历史数据进行追溯和深挖,并将各种不同边界要素或条件作为基础,构建仿真模拟模型进行测试,对指标临界值和压力区间进行有效计量与判断,并据此构建监管预警模型。为了更好地开展数据收集与管理,需要建立专门的覆盖性和即时性优势突出的大数据监管中心,对异常数据进行重点关注。②

(三)借助互联网开展的数字化侦查

在实践中,数字化侦查有多项内容,其中一个重要内容就是通过网络

---

① 参见徐珊、李慧强:《对大数据分析在外汇管理领域运用的思考》,载《金融纵横》2017 年第 9 期,第 87 ~ 92 页。

② 参见项慧玲:《大数据在国际资本流动监测管理中的应用探讨》,载《信息系统工程》2019 年第 6 期,第 162 页。

数字信息、各类型网络数据库及数字网络同时结合各类搜索引擎开展的数字化侦查。其中,在数字化侦查活动中,对网络的利用主要涉及搜索引擎查控、即时通信分析及有价值信息提取等。如对涉案人员或事件进行全范围的跟踪分析;对涉案事件进行媒体报道与传播路径分析、网民观点分析与趋势判断、爆料人物及发帖内容分析等,并对前述内容与事项进行持续跟踪,从而能够对网上涉案事件的发展全盘把握;了解犯罪嫌疑人既往的网上活动,必要时,对重点言论进行定位核实真实身份以及进行相关处理;为确定追逃方向和范围提供依据;鼓励群众进行网上举报;网上通缉等。

(四)借助通信数字信息开展的数字化侦查

电信数据侦查,涉及的内容很多,查询特定时空的电信数据是最为常见的,通过锁定犯罪嫌疑人在相应时空中曾使用过的移动电话号码,进而锁定犯罪嫌疑人。该类侦查基本步骤如图 3－3 所示。

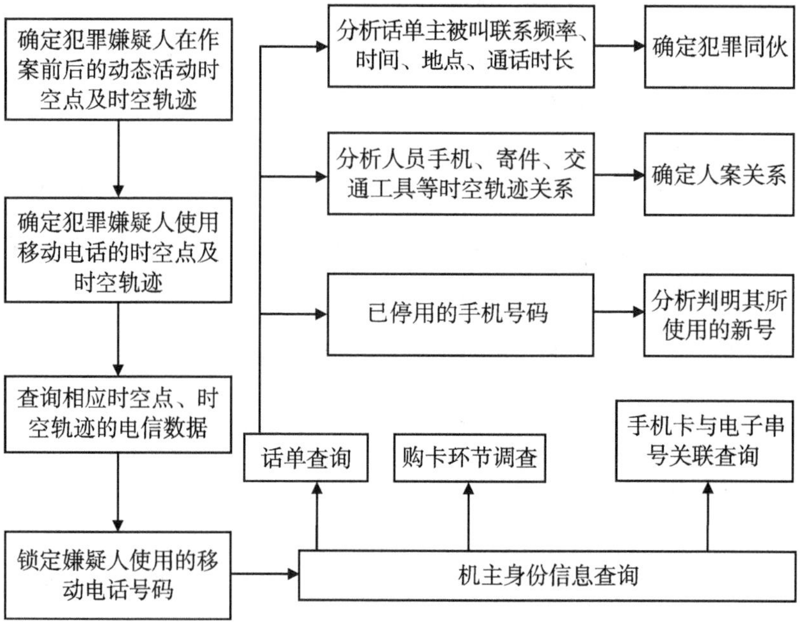

图 3－3　对特定时空电信数据侦查的基本步骤

（五）借助视频监控数据开展的数字化侦查

视频侦查技术业已成为继刑事科学技术、行动技术（技术侦查）、网络侦查技术之后的第四大侦查技术。在大数据背景下，视频监控系统建设和应用呈现出监控范围不断扩大，监控密度不断加强，监控资源不断整合，监控质量不断提高，存储容量不断增大，监控手段日益智能化的趋势。更重要的是，在某些应用场景，机器视觉比人类的生理视觉更具优势，它更加准确、客观和稳定。人类视觉有着天然的局限，我们看起来能立刻且毫无费力地感知世界，而且似乎也能详细生动地感知整个视觉场景，但这只是一个错觉。只有投射到眼球中心的视觉场景的中间部分，我们才能详细而色彩鲜明地看清楚。也就是说，在我们视觉世界的边缘是无色、模糊的。因此，我们才会存在"变化盲视"，才会在经历着多样事物发生时，仅仅关注其中一样，而忽视其他事物的发生，而且不知道它们的发生。机器在这方面就有着更多的优势，它们能够发现和记录视力所及范围内发生的所有事情。比如应用最广的视频监控，传统监控需要有人在电视墙前时刻保持高度警惕，然后通过自己对视频的判断得出结论，但这往往会因为人的疲劳、视觉局限和注意力分散等而影响监控效果。在有了成熟的图像识别技术后，再加以人工智能的支持，计算机就可以自行对视频进行分析和判断，发现异常情况直接报警，带来了更高的效率和准确度。①

（六）通过定位系统进行的数字化侦查

这里主要指的是 GPS、北斗等卫星定位系统，其已经能够实现对已知涉案车辆的实时追踪及信息查明，准确掌握其移动轨迹，并在运行沿线展开相关的侦查活动，获取线索与证据；同时还可以获取附近车辆或监控装置的视频资料，明确线索与证据，再根据涉案车辆在特定时间点的视频信

---

① 参见李双其等：《大数据侦查实践》，知识产权出版社 2019 年版，第 114 页。

息，几方面资料与数据结合就能够确定车上人员及行动轨迹。在犯罪嫌疑人逃跑或藏匿后往往导致案件线索的中断，可以借助GPS、北斗等卫星定位系统的数字信息查证犯罪嫌疑人的潜逃路线，并判断可能藏匿的地点，并进行警力部署与抓捕工作。

（七）其他数字化侦查的基本形式

数字化信息资源涵盖极为丰富与广泛的内容，保持着动态性特点，数据与信息具有开放性优势，使数字化侦查也具有同样的特点与优势。①

本章小结

以往的侦办过程具有被动和粗放的特点，同时也主要围绕口供展开侦破工作，而信息引导下的新侦查机制与形态，则具有主动和精细的特点，且主要围绕以信息为中心展开。我们可以运用大数据技术，建立一个大数据相关分析模式结构，该分析模式结构借助大数据技术的机器学习算法，以纪检监察为主体组织机构，基于组织本身现有的数据平台，对公职人员履职期间所生成的电子数据进行汇总并完成相关性分析。对不同数据源的数据进行比对、关联、分析和预测，能够对职务犯罪特征进行提炼并对其渐进性发展进行规律总结和线索发现，对该类尚未暴露的犯罪行为提前并主动介入，对犯罪发展过程及趋向建立相应的评估模型并提供级别预警，能够极大地提高组织决策质量。在构建职务犯罪侦查大数据库时，需要同时满足检索规则、关联规则、合法规则、及时入库规则和专人管理规则。大数据时代查办腐败案件数据库建库的基础是数据收集，在数据收集中，理念上要塑造侦查人员大数据信息情报收集观，实践中设置专门化的大数据时代腐败案件信息情报控制平台，技术层面凸显数据

---

① 参见郝宏奎：《论数字化时代侦查活动的演进》，载《铁道警察学院学报》2014年第1期，第7～8页。

挖掘技术的运用,法律层面要注重对相关人员的人权保护。只有在外部硬件设施建构完善的基础上,才能进入内部软件的侦查思维系统开展对大数据时代腐败案件的侦查。

第四章　大数据时代查办腐败案件的侦查思维体系

一、大数据时代查办腐败案件侦查思维的独特性

建立在小数据时代背景下的传统方法侦查腐败案件，具有实体型、抽样型、静态型、管理型等显著特征。在这种侦查方法的影响下，传统方法侦查腐败案件的思维以“物质”为思考的原点，将还原案件过程作为基础，发现、选择案件为突破口，其理论基础为“物质性原理”和“物质交换原理”。这也导致了传统侦查思维具有单一性、还原性、直接性的特点，难以从根本上适应大数据时代腐败犯罪活动所具有的虚拟性、群体性、动态性、突发性等新特点。在新时代下，对于腐败案件的侦查需要运用大数据思维，以“信息”作为侦查思维的逻辑起点，用全面的、发展的、联系的眼光看待整个案件，从而对案件本身进行全面整体的掌握。

（一）小数据时代侦查思维与大数据时代侦查思维的区别

在小数据时代，涉腐案件侦查思维具有较为固定的形式与特征。

一是数据采集抽样化。20世纪八九十年代，案件的主要侦办模式与工作方法有群众走访与问询、深入摸排与调查等，此时侦查机关的案件侦办工作主要通过人力完成，在工作装备与科技水平等方面都受到限制。随着互联网数字技术的发展，以及办案系统、网络监控视频系统的广泛建设及应用，有关图片视频等半结构化和非结构化的数据信息、现场勘查绘图、讯问询问、录音录像等数据及其规模呈几何级增长，这给传统侦查工作带来极大挑战，传统模式与机制已经难以适应当前海量侦查数据的处理工作。因此，侦查机关也在积极进行设备与技术等多个层面的升级与转型，将原来的案件资料信息的采集、记录与储存范式，即案卷、纸质档案归档、存储及制作、索引卡片等，发展为计算机自动化数据采集、记录并储存。

二是数据质量精确化。小数据时代下的侦查数据往往具有一定的精确性。因为在数据技术落后的时代，侦查机关在数据获取中具有显著的局限，难以获得目标对象全部的有用数据信息，尤其是一些隐藏信息更是错漏极高。面对这一客观情况，为避免由于数据片面且内容单一等负面特征影响案件的侦办，无法全面反映侦办案件事实，侦查机关一般会对在特定范围内收集的数据综合运用统计学、物理学原理的传统技术手段或工具，以生物体征呈现、理化实验等方式尽量增强数据的可靠性和稳定性，尽可能地提高数据质量的精确度，为侦查工作提供有益参考和借鉴。虽然此时分析得到的数据精确度较高，但抽样只能是抽样，无论侦查机关采取什么样的抽样采集分析和统计方法，都不能解决传统小数据时代存在的侦查数据以偏概全的问题。

三是数据作用因果化。在小数据时代下的实际侦查工作中，侦查人员往往只收集与侦查工作相关的数据信息，对于其他形式内容上无关的数据则一般不予关注，甚至不予保存，即只关注存在因果关系的数据，对其他数据则不予收集。这体现了小数据思维方式下传统侦查工作重视数据作用的因果性，而没有考虑到利用数据内在关联性的思维方法特点。实际上，侦查工作方法中存在一个重要的指导原则，即整体性原则。换言之，侦查机关和部门在侦查过程中需要把侦查客体对象作为一个有机联系的整体，从对象构成的要素、关联、因果关系等方面分析把握，运用系统整体论去分析和把握事物发展的变化规律。同时，又把侦查系统再分解为侦查手段、技术装备、侦查主体、侦查客体、侦查对策等子系统，每个子系统下又细分出许多要素，侦查活动实际上就体现为收集汇总若干子系统与诸多引起与被引起要素之间的逻辑演绎关系。

四是侦查行为具有一定的局限性。首先是侦查人员自身的局限性。在小数据时代，侦查人员无论是对受侦查的人员，抑或对特定的犯罪嫌疑人采取措施，所依据的都是长期以来的办案经验，因此这种经验不仅具有不确定性、不稳定性，而且不可避免地带有侦查人员的对案件的感情色彩。[①]特别是在面对个案纷繁复杂的具体事实以及突发性事件时，侦查人员作出的决定难以超越人类本身的思维局限性。其次是对公民权利保护的局限性。如前述在小数据时代从事侦查活动，侦查人员通常采用面对面接触这一办案方式，在必要情形下，侦查人员可能还会要求公众在铁路、地铁等公共场合出示身份证配合。因此在这种情况下，这种侦查行为会对正常的社会秩序与民众生活带来一定影响，并让民众与侦办机构之间形成心理上的隔阂，甚至可能导致公众对侦查机关正常侦查活动的排斥情绪。最后是侦查技术的局限性。在小数据时代，因为侦查机关往往是在案发后才开始对相关数据信息进行收集，这中间就存在侦办启动与案件发生之间的时间差，案件侦办客观上仅有事后救济作用，没有事前预防的作用，从而导致侦查活动本质上仅作为一种消极的应对措施而存在。

与小数据时代的侦查思维相比，大数据时代的侦查思维主要有以下特点。

一是把握数据的集合性。大数据本质上是各类数据信息的科学集合，是网络信息社会的表现形式和主要载体。大数据最大的特点就在于"大"，即无穷无尽的数据广度和无止境的发展深度，但是这种"大"很难

---

① See Andrew E. Taslitz, *Police Are People Too: Cognitive Obstacles to, and Opportunities for, Police Getting the Individualized Suspicion Judgment Right*, 8 Ohio St. J. Crim. L. 7, 2010.

具象化,更多的是通过大脑想象或早已超出了人类的想象。随着互联网技术的发展,据相关数据统计,世界约有 70 亿人,绝大多数人正在使用数字设备:移动电话、台式电脑和笔记本电脑、可穿戴设备等。这些设备都会生成、捕获和存储数据——每天大约 25 亿字节,这相当于 1000 万张蓝光 DVD 的容量。如果一定要对这一数字进行解释,那么可以形象地说,若将这些数据通过文本的形式记录下来,那么记录下来的文本平铺面积相当于 50 个美国的国土面积。但大数据的"大"不只是简单的规模大,不止是简单堆积数据总量,同样体现出数据的集合性,即数据之间的结构性、联系性、整体性。例如,在对犯罪嫌疑人的通讯情况进行依法调查的过程中,若只是对犯罪嫌疑人联络的每个相关对象的时间、内容等信息进行简单记录,得到的数据对案件侦查的参考价值相对较小。但是如果能在记录通讯时长等信息的同时,将被侦查对象所使用的网络、行动轨迹等综合数据甚至其在案件发生前后的行为都进行相关数据的收集与分析,通过这种侦查方式所收集到的最终数据就具备了整体性特征,就符合大数据侦查模式下的数据收集要求,从而能够从数据中研究出新的线索,迅速锁定嫌疑人,依法准确地惩治腐败犯罪,有效提高查办腐败案件的质量与效率,取得出其不意、攻其不备的效果。但同样需要注意的是,大数据技术对于数据收集的集合化程度能够达到何种高度,仍取决于未来人类的认知水平和技术水平能达到何种高度。

二是认识数据的本体性。想要认识数据的本质,首先要明确两个概念之间的不同,其一是数字化,其二是数据化。前者指的是将数据转化成二进制代码。例如,侦查机关将案卷或法律文书以二进制代码的形式录入其计算机系统中,并进行自动运算,这一过程及技术就是所谓的数字化。数据化与之看似相同,但实际上具有本质的区别。数据化是将传统的数字化数据信息拓展为包含各种数据信息类型的大数据信息,是在数字化的基础上进一步认识到数据本体性的根本属性。简言之,数字化是对数据的基本描绘,而数据化是在数字化的基础上对数据的根本认识。就逻辑上而言,数据化更能够全面、准确地体现数据内在的逻辑结构和信息线索。厘清这两个概念有利于对数据本体进行更深层次的认识，数据从本质上代表着对某个事物外在表现和内在规定的描述，一般可以理解为事实的数据表现形式。如前述所论证的，大数据之所以"大"，是因为在大数据时代，万事万物都可以通过数据形式进行表现；换言之，在大数据时代，一切事物都可以被数据化。因此，在这种意义上，数据可以被视为社会的本源，可以通过数据表达社会中存在的万事万物。所以说，在人们日常的社会生活中，每个行为主体实际上都可以被视为一个数据源，质言之，每个行为主体都在时时刻刻产生数据，因而都可以被视为数据本体。就侦查领域而言，被侦查对象的人际交往、日常行为举动，甚至其情绪变化或是身体信息如脉搏，血压等也都可以以数据的形式被全面记录。这样做可以帮助侦查机关对被侦查对象进行全面掌握，为侦查工作找到突破口，促进案件的及时侦破。

三是坚持数据的全面性。侦查数据一般都是通过系统抽样、定量抽样或随机抽样调查方式获取的。在这种情形下，侦查机关为了避免抽样调查可能存在的局限性弊端，会尽可能地提高抽样数据的准确度，虽然最终得到的抽样分析数据结果具有一定的参考价值，但抽样调查法存在的根本性缺陷仍无法避免。例如，抽样过程中的重要细节容易被侦查人员忽略，无法保证抽样的样本绝对客观随机，以及抽样调查中容易受具体侦查人员主观态度的影响，以上种种因素都会导致最终的抽样数据调查结果的不准确性。大数据侦查思维可以帮助侦查机关有效避免这一问题，大数据技术有利于帮助人们有更强大的能力全面科学处理和高效充分地利用各类数据信息，推动数据信息采集、存储、处理、应用技术的迅速量变和质的提升。大数据的"大"不是简单的数据堆积，更不是物理学意义上的面积或体积巨大，而是指数据种类范围的广泛以及数据模式的丰富。换言之，要求相关主体收集研究对象的所有的数据信息，而拒绝传统侦查模式下的抽样方式收集方法、拒绝点到为止的有限数据收集方法等。

综上，大数据侦查思维在方法论上的变革是其与小数据侦查思维相比最为突出的亮点。第一个思维转变就是在研究分析的过程中，大数据遵循"样本 = 总体"的全数据思维，因此大数据关注的是案件所有的相关数据,而非少量的样本数据。长期以来,随机抽样法的运用是侦查机关惯用的侦查方式,再加上相关案件确实通过随机抽样法被成功侦破,这些事实也证明随机采样法可以帮助侦查机关成功侦破案件。因此,即使是在信息收集技术已经比较发达的今天,人们仍希望尽可能地少收集数据,但同时又希望可以获取更多的侦查线索。正如有学者所言:“统计学的目的之一就是用尽可能少的数据,去尽可能证实重大发现。”①这种观点实际上比较片面,忽视了随机抽样法获得成功的前提。随机抽样法之所以可以成功,一是因为以当时的技术条件确实难以收集到全部数据,二是在某些情形下数据确实有限。在这种情况下,合理地进行随机抽样并严谨地执行采样处理,可以使随机抽样法取得成功。换言之,随机抽样法的成功是侥幸的,而且其实际上也付出了相当大的成本。因此在大数据时代,数据处理技术发生了根本变化,此时已经没有必要使用抽样分析法,大数据分析技术可以从整体的角度出发,研究分析事物的微观深层信息,因而适用性更高。

第二个思维转变是从过度强调数据的精确性,转变为可以允许部分不精确数据的存在。在小数据时代,由于数据样本相对较少,因此重视数据质量成为侦查工作的基本要求,因为只有这样才能在数据样本不多的情形下追求精确,减少数据错误。然而在大数据时代,数据类型已经发生结构性的重大改变,据相关数据统计,当今社会的数据总量中,只存在大概5%的数据是可以被直接利用的结构化数据,剩下的95%的数据都无法被直接利用,也就是所说的非结构化数据。因此在这种情况下,再像传统侦查模式一样过度追求数据的精确性,就容易导致忽视非结构性数据这样的非精确性数据的利用,从而错过重要的信息,反而难以发挥出大数据技术对侦查工作可以收集到全面数据的优势。大数据也正是因为强调这样的全面性与数据的完整性和多样性,才使其在传统侦查模式基础上

---

① [英]维克托·迈尔-舍恩伯格、肯尼思·库克耶:《大数据时代:生活、工作与思维的大变革》,盛杨燕、周涛译,浙江人民出版社2013年版,第117页。

得到进步，推进侦查工作的进一步发展。①

第三个思维转变是“关系”思维的转变。相比较而言，大数据时代对相关关系的分析更准确、更快且更有效，实现了相关关系由“为什么”到“是什么”的思维转变。如舍恩伯格所说，大数据时代下计算能力的提高为相关关系的分析提供了新的视野。相较于小数据时代，对相关关系的探索，思路基本是先提出假设，之后进行实验验证，然后证实或推翻。这一实验分析过程往往受到主观因素的干扰，加上技术条件受限，相关关系数据不易得到等原因，因此这时对相关关系的探求更多地集中在“为什么”的思维上。但是大数据技术可以在短时间内获取案件或数据的关联关系，从而轻松应对相关关系“是什么”这一命题。因此，大数据的发展实现了侦查思维对相关关系的认识由“为什么”到“是什么”的转变，这种转变能帮助侦查机关更深入地了解案件，这也是大数据时代相较于小数据时代的重要进步。

（二）大数据时代查办腐败案件侦查形式的转变

1. 改变了案件办理中的“口供中心主义”

我国自古以来就有“无供不录案”的破案思路，因而口供长期以来都被认为是侦破案件的关键。作为一种直接证据，口供能够最直观地反映案件事实，再加上侦查人员取证能力的不足，因此，长期以来，侦查案件的过程实际上很多情况下也是获取口供或是检验口供的过程，至今都存在这样的倾向。虽然口供在注重人权保障的今天受到一定质疑，但其高效性仍备受侦查人员的青睐，尤其是在基层侦查机关办理案件的过程中。这主要是因为在案件刚开始的阶段，先要获取其他证据的难度远远大于口供，再加上基层公安机关存在的如经费、警力等资源缺乏的问题。② 因此抓获犯罪嫌疑人之后，通过口供帮助侦查人员了解案件的经过是最为

① 参见[英]维克托·迈尔-舍恩伯格、肯尼思·库克耶：《大数据时代：生活、工作与思维的大变革》，盛杨燕、周涛译，浙江人民出版社2013年版，第99页。

② 参见李品、黄河：《公安机关“由供到证”侦查模式的制约》，载《山西省政法管理干部学院学报》2010年第2期，第96页。

高效且简便的做法。以前的冤假错案大都与口供中心主义所导致的刑讯逼供有关。这也意味着过度依赖口供会带来诸多不利影响。如若仍然坚持口供中心主义的理念,可能还会有更多的犯罪嫌疑人由于承受不了刑讯逼供的压力,而被迫承认与自己无关的犯罪行为,可能出现越来越多的冤假错案。因此,在尊重和保障人权的国际潮流下,在推进我国依法治国战略的进程中,侦查人员需要扭转长期以来的"口供中心主义"的理念,不再过度依赖口供,而需要通过多种手段并用侦破案件。我国在立法方面试图对改变"口供中心主义"作出规制,如我国在2012年修订了《刑事诉讼法》,从立法层面明文规定不得自证其罪原则,并且确立了非法证据排除规则,但是在实践中,侦查、审查起诉等案件处理过程中仍多以围绕口供而展开。① 因此,虽然立法在努力进行完善,但是侦查人员对口供的青睐情节一段时间内很难得到实质性的改变。大数据技术或许可以为解决这一难题提供一定的帮助,在大数据技术赋能下,侦办人员能够获取高质量的案件情报,摆脱以往对嫌疑人口供的过度依赖。因此,大数据侦查模式可以推动口供在案件办理过程中由关键性证据向辅助性材料的转变,逐步实现"口供中心主义"理念的转变。

2. 从"由供到证"向"由证到供"转变

在犯罪行为的初始阶段,信息的不对称使传统侦查模式往往遵循的是"由供到证"的侦查逻辑,即在犯罪行为发生初期,侦查机关往往只掌握了少量的犯罪线索,侦查路径也大多是对犯罪现场的勘查,然后再对嫌疑人员进行逐一排查,在锁定特定的犯罪嫌疑人之后,再通过讯问等手段获取其口供,通过其口供寻找其他证据。这种侦查路径存在致命的弊端,即侦查人员在抓获犯罪嫌疑人后,往往就推定该嫌疑人就是实施犯罪的人,通过各种手段获取其承认犯罪的口供,充分体现了有罪推定思维,与无罪推定的国际刑法潮流相违背。大数据侦查模式下的"由证到供"侦查路径不再将犯罪嫌疑人的口供作为主要证据,只是将其作

---

① 参见闫召华:《口供中心主义评析》,载《证据科学》2013年第4期,第437页。

为一种辅助性证据。侦查机关所收集的案件全部数据才是该案件的主要犯罪证据,并根据这些数据开展下一步侦查工作,最终实施对犯罪嫌疑人的抓捕。这种侦查路径相比"由供到证"的侦查路径更能体现未经依法判决任何人一律无罪的思想,实现对犯罪嫌疑人的人权保障。这种路径的实现需要侦查技术的提高,而大数据技术恰好提供了相应的技术支持。在大数据时代,所有有关犯罪行为的数据都会被记录,通过大数据的整合,侦查人员可以获取大量的犯罪信息,再通过这些犯罪信息查明犯罪嫌疑人的犯罪事实,最后使这些数据形成全面客观的证据链,推动侦查思维路径的转变,进而推动案件的侦破,充分保障犯罪嫌疑人的人权。

3. 从"由案到人"到"由人到案"的侦查路径转变

传统侦查机制下采取的是"由案到人"这一案件推进逻辑,即犯罪行为发生后,侦办人员通过勘查犯罪现场以及向目击者询问等方式确定犯罪嫌疑人。在这种侦查路径下,需要被害人或社会公众积极配合侦查机关的侦查工作。因此,即使案件最终被侦破,这种侦查路径也会对社会公众造成一定程度上的心理危害,同时侦查机关需要耗费大量的精力,付出较高的时间成本。大数据时代下的"由人到案"的侦查路径与之不同,其关键在于关注被侦查者本身,而非过度关注被侦查的案件。这就决定了侦查工作的关键在于分析收集到的被侦查对象的相关信息,这种侦查路径无论在当前案件侦办中还是对未来案件预判都能够发挥积极影响。① 就具体操作而言,即综合运用多种侦查手段确定某一特定的犯罪嫌疑人,其后以该特定主体为侦查对象查明犯罪事实。"由人到案"侦查途径的广泛运用是大数据时代给案件侦查模式带来的最大变革,这种模式使侦查部门极大地提升了对犯罪的提前预判、处置以及主动型侦查能力。

---

① 参见钱迎春:《简论"从人到案"的侦查模式》,载《广州市公安管理干部学院学报》2005年第1期,第23页。

（三）大数据时代查办腐败案件获取侦查信息的变化

大数据时代，由于侦查技术的发展和侦查设备的升级，侦查机关拥有了一系列经过优化的一体化设备，这些设备使数据采集和分析更加便捷，同时大大降低了侦查成本。设备层面的变化使大数据时代背景下的侦查工作相较于传统的侦查工作发生了重大变化，相较于传统侦查模式而言更具有探索性和可视化，搜索与可视化功能成为热门应用，也使最终得到的侦查信息更加精准。具体主要体现在以下方面。

1. 侦查信息的量与质均得到提高

在传统侦查模式背景下，由于传统侦查方法所固有的缺陷，如在对一般案件进行侦查时，侦查机关往往只会采取摸查在场人员、勘查现场以及跟踪犯罪嫌疑人等传统手段获取信息，这种传统侦查手段导致侦查信息存在数量有限且质量不高等问题。虽然在一些特殊场合，侦查机关也会根据案件类型的特殊性而采用特殊的侦查手段，但是很难缓解最终收集到的情报信息仍然有限这一难题。因此，总体而言，传统侦查模式下得到的侦查情报难以避免信息的采集数量与质量存在的局限性。此外，在传统的侦查模式下，侦查机关往往还会收到虚假的情报信息，而且侦查人员自身可能出现各种状况，一旦出现这样的问题，都有可能导致侦查情报信息不够精确。在大数据时代，大数据技术可以尽可能地收集一切与案件相关的数据，不仅使得侦查情报信息的数量大幅提高，而且显著提高了侦查情报信息的质量。这是因为在大数据时代，人们日常生活中的大量信息通常都可以直接转化成数字形式，同时大数据还提高了数据的归纳、收集与保存技术，因此大数据侦查模式获取情报信息的途径相较于传统侦查模式大大增多。同时，大数据技术对所收集到的全部数据进行挖掘分析，更容易在海量数据中发现以往被忽视或是很难发现的信息，最后再将侦查情报转化为信息数据，使得最终的侦查情报清晰简洁、一目了然。除此之外，与传统侦查模式下可能收到虚假信息不同，在大数据时代背景下，大数据通过互联网这个平台将全国各地乃至世界各地连接成一个整体,使各个地方的侦查情报都能够有效及时传达。因此侦查情报可以通过互联网等网络载体获得,并应用多种技术方法对这些情报进行分析,极大地提高了侦查情报的准确性,推动案件快速准确地侦破。

2. 侦查信息的便捷性得到提高

大数据侦查信息的便捷性主要体现在两个层面:一是获取层面;二是应用层面。在获取层面,如前述,运用大数据技术可以在互联网平台拓宽各种渠道,同时通过这些渠道快速获取相关信息,极大地提高了侦查信息获取的数量及质量;在应用层面,便捷性主要体现在共享侦查情报信息资源更为简便。侦查机关运用大数据技术将收集的全部信息进行归纳、分析,并运用大数据技术将最终分析所得的信息通过其搭建的互联网平台迅速传给其他相关机关,推动案件的快速侦破,这同样解决了传统侦查情报存在的仅针对个案且准确性不高等问题。大数据算法以效率原则为主导,采用人工智能技术对侦查数据进行快速、有限、有效的处理。因此,侦查机关在运用大数据算法进行决策时,能够控制在一个符合侦查目的的范围之内,减少侦查人员的认知盲区,以此达到高效率的目标,①从而提高侦查信息的准确性与便捷性。

3. 侦查信息的时效性得到增强

大数据侦查模式与传统侦查模式相比可以更为及时地获取案件相关数据并通过大数据技术实时对所获取的数据进行分析,因而可以一定程度上提高侦查信息的时效性。在传统侦查模式下,由于侦查技术的限制,侦查机关往往运用隐蔽侦查或收集与摸排案件当事人以往的刑事档案等传统侦查手段,这就容易导致案件侦查的滞后性,使侦查工作丧失其应具有的价值。但是通过大数据进行侦查可以对收集的大量数据进行实时整合、分析、串并,在实时分析中挖掘出有用的信息。因此,大数据侦查对案件的处理不存在任何的滞后,可以充分保证数据的时效性。时效性对于案件的侦破具有宏观与微观两个层面的积极意义,就微观层面而言,大数

① 参见蒋舸:《作为算法的法律》,载《清华法学》2019 年第 1 期,第 67 页。

据在对侦查信息处理后所展现的数据侦查情报使案件的侦查阶段变得简单易行,有利于节约司法资源,提高司法效率。就宏观意义而言,大数据可以在对某一类型案情数据的处理中,发现并总结同类型案件的犯罪规律,并在今后侦查过程中,吸取经验,避免侦查死角,探寻降低该类案件犯罪率的方法,对于控制及预防犯罪具有重要积极意义。

(四)信息引导侦查与传统的腐败案件侦查的思维模式的区别

传统侦查模式以“物质”作为侦查工作的逻辑起点,在信息化时代,侦查思维的逻辑起点是“信息”。这也意味着如果要实现传统侦查模式向现代侦查模式的转变,那么首先就要实现侦查思维的转变,即实现侦查思维从“物质”转向“信息”的思维层面。① 就职务犯罪本身而言,源于职务犯罪的特征,职务犯罪的侦查工作必然需要以“信息”为逻辑起点进行引导,具体而言:第一,就犯罪主体的角度而言,职务犯罪主体相较于其他犯罪主体而言具有较强的反侦查能力,甚至在某些职务犯罪案件中,有的犯罪主体对法律十分熟悉,对侦查与反侦查技能十分了解。因此,职务犯罪主体所具备的这些能力必然给传统以口供为中心的侦查模式带来相当大的阻力。第二,就犯罪对象的角度而言,相比其他犯罪类型,职务犯罪案件中很难确定传统意义上定义的被害人,这一特点往往使得启动侦查程序缺少必要的证据支撑,侦查的过程中缺少必要的线索提示。第三,从犯罪的时间及空间而言,大多数职务犯罪从犯罪行为的实施到最后的犯罪行为被揭发或立案侦查,这期间往往存在较大的时间跨度,给侦查职务犯罪工作带来了极大困难。除此之外,在犯罪行为发生的空间方面,相比其他犯罪类型,职务犯罪并不存在相对直接明显的犯罪现场可供侦查人员勘验,因此这些特点都给职务犯罪侦查带来极大的困难。第四,就职务犯罪的手段而言,职务犯罪通常具有很强的隐蔽性。因为犯罪行为几乎

---

① 参见马忠红:《信息化时代侦查思维方式之变革》,载《中国人民公安大学学报(社会科学版)》2011 年第 1 期,第 103 页。

不直接涉及具体公民的实际利益,同时也难以被他人发现,再加上职务犯罪所产生的社会危害性具有很长的潜伏期,不仅难以找到目击证人,而且难以找到合适的犯罪侦查工具。因此,职务犯罪相较于其他犯罪具有很强的隐蔽性,侦查工作难以开展。此外,即便发现职务犯罪的知情人,但该知情人往往与犯罪主体有密切的利益联系,很难期待这些知情人主动协助侦查机关开展侦查工作。第五,从当前职务犯罪的发展趋势角度而言,近年来职务犯罪类型和犯罪手段不断翻新,且随着信息技术的发展,职务犯罪日益呈现智能化、隐蔽化甚至家族化等特点。因此,为了应对这种职务犯罪的新形势,侦查重心必然要从依赖口供,转变到依赖大数据获取数据信息,并通过客观数据信息引导侦查工作。①

具体而言,信息引导侦查与传统侦查思维模式的主要区别如下。

1. 侦查的切入点不同。信息引导侦查模式将信息作为案件侦查的切入点,围绕职务犯罪中的人、事、物等进行多方位侦查,收集案件线索,查明犯罪事实。传统犯罪侦查模式的切入点往往是通过单位报案、知情人举报等被动方式。

2. 侦查思维的特殊性。相较于传统侦查模式,信息引导侦查对于职务犯罪主要运用的是归纳的思维方法,即从海量的数据信息中综合分析并确定违法犯罪嫌疑人,同时从该嫌疑人的犯罪数据信息查明其实施的犯罪事实,最终实现案件的侦破。

3. 侦查方式的特殊性。信息引导侦查模式以信息为工作基础,由点到面,再由面到点,同时在这个过程中获取证据,及时破案,带有明显的主动性和发散性,是一种相对发散式的侦查方式。传统侦查模式的侦查中心是举报内容,根据举报内容制订侦查方案,展开侦查活动,带有集中性与被动性的特点。

4. 侦查范围的特殊性。信息引导侦查模式突破了以往的案件侦查中

① 参见王利民、杨琳:《信息引导职务犯罪侦查大有可为》,载《检察日报》2012 年 7 月 20 日,第 3 版。

地域、人员、行业等范围的限定，应用大量的数据信息开展系统性与专门性的调查工作，大大拓展了案件的侦查范围。

5. 侦查成本低。信息引导侦查模式不再依赖传统侦查模式所需要的人海战术，在一定程度上缓解了人员紧张问题，降低了传统侦查模式下所必需的人员费用、出行费用等侦查成本。[①]

二、大数据时代查办腐败案件的理念转型

在大数据时代背景下，大数据技术改变了传统的案件侦查模式。因此，侦查人员也需要相应地转变传统的侦查理念，犯罪信息的记录和存储方式在大数据时代发生了根本的改变，犯罪信息的数据化扩大了对于犯罪行为的社会记忆，即扩大了犯罪行为在社会中被记忆的时长。[②] 犯罪作为现实社会存在的事实，在社会的发展成就某种犯罪条件时，相应地也给人类提供了制约此种犯罪行为发生的信息。

(一)数据主导侦查理念

提高侦查机关的侦查理念与技术，不仅是快速侦破贪腐案件的要求，也是推进依法治国战略的必然要求，而提高侦查技术的本质就是要求提高获取相关信息的能力。这是因为在传统侦查模式下，侦查工作通常是依赖侦查人员的办案经验来推动，而不是由客观数据主导。因此，这种侦查理念存在固有的缺陷，即人的经验通常具有局限性、主观性与不确定性，在处理新类型的犯罪时，侦查人员的侦查经验就无法适用。但是在大数据时代下，情况发生了变化，因为通过大数据技术可以记录整个犯罪过程，并将每一阶段通过数据形式进行描述，尤其是互联网领域的犯罪案

---

① 参见高大中、刘荣:《“信息引导侦查”——职务犯罪侦查模式初探》，载《黑龙江省政法管理干部学院学报》2010 年第 10 期，第 98 页。

② 参见何军:《大数据与侦查模式变革研究》，载《中国人民公安大学学报(社会科学版)》2015 年第 1 期，第 72 页。

件。此时侦查机关的主要工作就是提取与犯罪有关的全部数据。这些数据不仅能够帮助侦查机关确定犯罪主体,而且还可以作为侦查机关审查起诉犯罪嫌疑人的重要证据。数据引导侦查的现实基础就是大量的犯罪形态都能以数据形式进行表现。此外,大数据可以及时进行系统监测来观察政治生态系统的运转过程。在调研中,课题组发现珠海市纪委监委开发的政治生态分析研判系统,汇集大数据精准对政府各职能部门的政治生态进行评估和监督。政治生态分析研判系统从定量分析、定性分析等方面进行大数据的分析建模应用,构建了科学、合理、有效并可操作的分析模型。该系统运行以来,实现了对全市 8 个区(功能区)、102 个市直单位、1099 名市管干部的政治生态一站式分析研判、及时预警和动态监测,从而做到对不同主体、不同单位的政治生态精准“画像”。[①] 依托于对主体责任评估系统以及监督检查工作平台数据的采集,政治生态分析研判系统实现了以下功能:一是数据信息实时共享。该系统中 86 项数据分别来自多个部门,数据信息高度集成,覆盖政治生态建设的各个领域,实现了大数据分析。同时,构建数据动态更新体制机制,实现数据

---

① 具体而言,该系统包括党风廉政建设主体责任评估系统和监督检查工作平台。一是党风廉政建设主体责任评估系统。该系统于 2016 年 3 月上线运行,市纪委监委通过该系统,将设计好的主体责任任务清单发送给相关责任单位。该责任单位完成清单中的任务后,在该系统中在线提交任务清单,由市纪委监委进行审核。主体责任评估系统实现了推动主体责任落实工作从人工向智能转变,改变了过去依靠年终检查的定期检查方式,把监督检查工作落实在日常工作中,在强化监督中推动落实主体责任,促进“两个责任”进一步融合。目前,该系统已经实现了对全市 102 家单位的监督全覆盖。二是监督检查工作平台。据介绍,该平台与政治生态分析研判系统同步开发,主要作用是以信息化手段打通党风政风监督室、监督检查室、派驻纪检监察组、巡察机构等从事日常监督的部门之间的履责链条,实现监督工作联动。任何部门在日常监督工作中发现的问题,都可以依照平台所设计的提交流程进行操作。平台设计了三种流程:第一种是由发现的部门自行处置并登记。例如,珠海市纪委监委监督检查室在日常监督中发现,某单位一把手民主生活会个人对照检查材料与他人高度雷同。随即由市纪委监委分管领导对该局局长开展谈话提醒,并在监督检查工作平台中登记。同时,该处置内容也会被自动抓取到该局的政治生态分析报告中。第二种是由党风室分送处置。某日,党风室收到市委办的督查通报,反映某单位项目建设延期。党风室在平台中登记后,发送到该单位的派驻纪检监察组,由该纪检监察组对反映问题进行处置并登记。第三种是各监督检查室、纪检监察组之间分送处置。驻财政局纪检监察组发现某单位的采购流程存在问题,在平台登记后,将问题线索发送给党风室,再由党风室分送联系该单位的派驻纪检监察组处置。

的动态更新、实时调整。二是任务事项智能推送。该系统对政治生态建设各项节点任务和规定动作实行电子化、清单化管理。系统与主体责任评估系统实现互联互通,并同步建设监督检查工作平台,通过两大平台,将部分任务智能推送到相关责任主体,实现全程智能运行。三是分析研判在线运行。该系统通过定制的模板自动导入主体责任评估系统、监督检查工作平台等多个方面的评估成果,在线进行分析研判。四是研判结果自动生成。该系统以四大政治生态模型为基础框架,自动生成政治生态分析报告,实现对单位、地区的政治生态的客观评价,最大限度地减少人工误差、人为干扰和主观判定。

(二)全景式侦查理念

传统侦查模式由于缺少足量的工作人员以及缺乏先进的侦查技术,侦查机关一般只能对案件进行局部侦查,即侦查机关先通过现场勘查及调查走访等方式大致了解案件情况,收集案件相关的信息,再将收集到的信息通过不断试错的方法最终锁定犯罪嫌疑人。换言之,在这种侦查模式下,最终确定犯罪嫌疑人是根据侦查人员的经验完成的。但是在大数据时代,基于大数据的相关性特征,侦查机关除了可以获取人工收集到的信息之外,还可以得到通过大数据记录的一切与案件有关的数据,综合这两方面的数据可以帮助侦查机关全面了解犯罪事实。例如,大数据侦查可以通过对被侦查对象的网上浏览记录、通话记录、银行卡等信息进行检索找出最近与之联系较为频繁的人。再如,传统侦查模式在对腐败案件的侦查过程中,侦查人员往往是在初步掌握确切的受贿证据后,凭办案经验以及个人直觉判断犯罪嫌疑人同腐败犯罪之间是否存在因果关系。在大数据侦查模式下,海量的数据带给侦查人员更多的是对相关关系的参考,并不会直接涉及因果关系的判断。例如,贪污腐败犯罪通常情形下都伴随着与政府行政职权相关的某些领域存在可供利用的灰色地带,如市政设施、政府采购、各种财政补贴等项目就存在贪腐的可能。因此,大数据可以对此进行监控,同时大数据还可以监控政府官员的购房、购车、购买高档烟酒等大额消费等关联信息。侦查机关可以通过大数据系统分析所收集的这些相关信息后,及时掌握相关主体职务犯罪的发展趋势。而且,大数据时代收集的数据与传统固定静止的数据不同,在大数据时代,基本上可以做到在线采集数据,并迅速处理在线数据,同时通过数据反映被侦查对象的当下状态,而且这些数据还可以随时间的发展不断更新变化。大数据时代的最大特点就是可以随时随地地采集各类数据,通过智能数据设备及时传输所采集的数据,并通过云计算对数据进行即时处理。因此,大数据时代几乎可以避免数据处理滞后性的问题。此外,由于大数据时代采集、分析和使用数据的便利性,侦查机关可以做到数据的即时更新。这种数据随时间的发展动态演化的过程就构成了一幅动态演化的全景图。[①] 因此,侦查工作可以在全景式侦查理念指导下,实现案件侦查理念从由点到面,向由面到点的转变。总而言之,通过收集和分析所有与案件有关的数据,可以帮助侦查机关最终确定犯罪嫌疑人,从而推动案件的快速侦破。

(三)预测性侦查理念

传统侦查模式不能做到主动预测犯罪行为的发生,因此,这种侦查模式已经不能适应当前复杂的犯罪形势,传统侦查模式亟待转型。与传统侦查模式相比,大数据技术基于其强大的数据分析能力可以实现对犯罪发生的预测功能,为开展侦查工作提供技术上的支持。例如,侦查机关可以通过大数据技术划定犯罪发生频率较高的区域,计算某些犯罪的具体概率,充分发挥信息引导侦查模式的优势。因此,在大数据时代,如何利用好大数据技术、如何充分发挥其优势使之服务于侦查工作是我们重点思考的问题。就目前而言,建设以下三个平台对于充分发挥大数据的预测功能较为关键:一是信息决策指挥平台。大数据时代背景下的侦查不

---

① 参见黄欣荣:《大数据时代的思维变革》,载《重庆理工大学学报(社会科学版)》2014 年第 5 期,第 17 页。

同于传统侦查模式中以少量侦查数据为线索，加上侦查人员的主观经验进行的决策，而是对大量信息进行分析，从这些信息中发现案件的规律，克服传统侦查模式存在的侦查人员主观经验上的局限性。换言之，建设信息决策平台主要是消除传统侦查存在的缺陷，希望通过对这一平台的数据分析得出相对客观准确的决策，减少决策失误，从而提高侦查机关的决策公信力。二是信息分析研判平台。侦查机关获取的大量数据资源可以通过大数据技术实现，但并不是收集完所有的数据信息就可以宣告侦查工作终结，相反这只是侦查工作的第一步，在收集完数据后还需要对所收集的数据信息进行整合分析。因此，建立这一平台的目的就是及时分析实时共享获得的信息，保证侦查机关可以得到相对精确数据的引导，促进侦查思维转变为以"信息"引导侦查。三是纪检监察业务应用平台。大数据技术的发展对数据应用平台同样提出了新的要求，因此，需要对平台进行同步创新，使之与大数据技术的发展同步。简言之，对平台进行创新不仅要统一平台功能，同时还要增强平台的可操作性。设立纪检监察业务应用平台的初衷就是希望这一平台可以服务于职务犯罪的侦查，因此，平台应当具有很强的实用性，同时平台的设计应当简洁明了，便于快速上手，这就要求要统一平台的使用标准，减少不同侦查人员之间的业务摩擦，从而实现平台对职务犯罪侦查的价值。[①]

三、大数据时代查办腐败案件数据应用的基本框架

大数据技术的应用从技术处理角度而言，一般包括数据采集、数据处理与集成、数据分析等流程[②]（见图 4－1）。

---

① 参见杨耀杰、何利：《贿赂案件侦查谋略研究》，载《中国检察官》2012 年第 1 期，第 8 页。

② 参见刘智慧、张泉灵：《大数据技术研究综述》，载《浙江大学学报（工学版）》2014 年第 6 期，第 962 页。

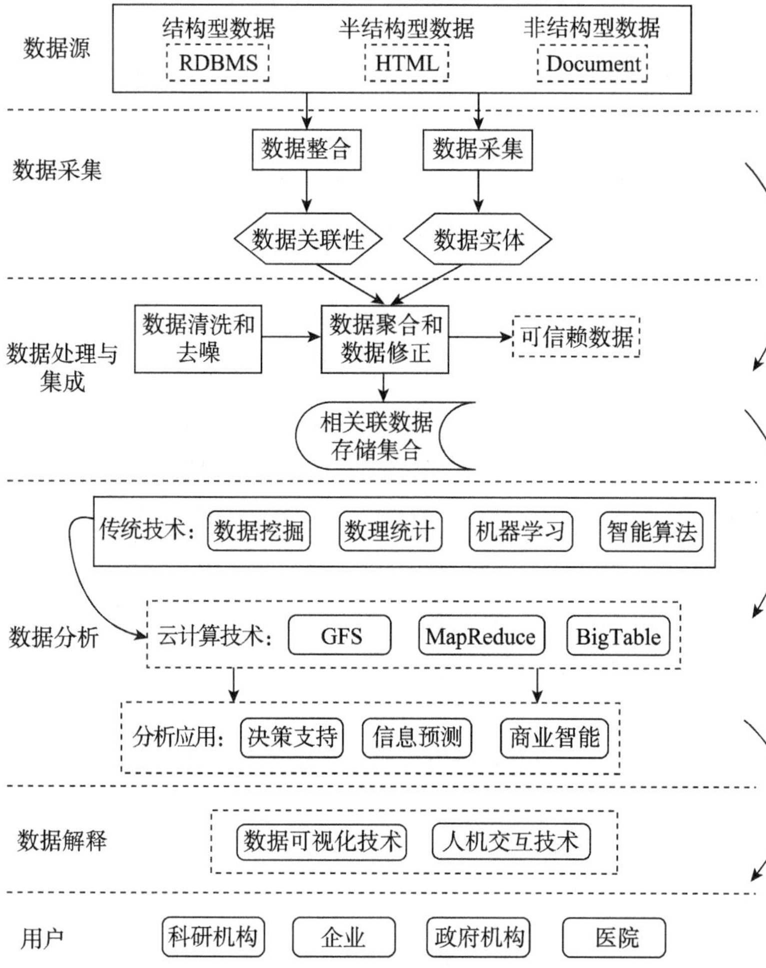

图4-1 大数据技术流程

图4-1大数据技术流程体现了大数据技术的特征和运用。在对图4-1理解的基础上,将大数据技术应用至实际侦查领域中,对腐败案件的查办同样可以分为三个阶段:一是对腐败案件相关数据的收集与处理;二是对相关数据的分析;三是大数据对腐败案件的预防。[①]（见图4-2）

---

① 参见廖晓明、魏永平、罗文剑:《基于大数据的腐败预防:方法、框架与挑战》,第十届中国管理学会2015年年会论文。

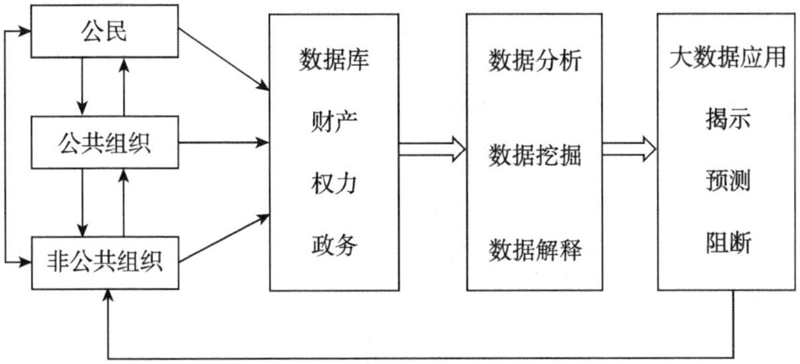

图 4-2 大数据预防腐败应用框架

(一)腐败案件侦查中相关数据的收集处理

传统侦查理论认为被侦查主体之间的资金往来的异常通常可以反映被侦查主体的职务犯罪活动。但现实情况是,单位记录的会计信息往往存在真实性不高的问题,因此,在未将相关数据进行关联和比对的情况下,如前述中大数据技术分析模式会将 9 种数据源和 7 种数据库进行比对(见图 3-1),仅查询财务数据或许对案件性质的认定有一定的帮助作用,但是对犯罪的预防几乎没有任何实质性的帮助。除此之外,职务犯罪的证据类型相较于一般案件而言,多以物证与书证为主,更多涉及当事人之间的利益交换,因此,电子化数据证据相对较多。在对一般案件进行侦查时,一般只需要收集与案件相关的当事人供述、证人证言、物证、鉴定机关出具的鉴定意见等,但是职务犯罪的电子化数据证据相较于传闻证据和纸质证据,具有难以被固定和易被篡改的特点,收集困难相对较大。因此,在侦查职务犯罪案件的过程中,在犯罪侦查中及时收集证据是侦查机关最重要和最困难的工作。大数据为这一难题的解决提供了方法。随着信息技术的快速发展,大数据技术为收集与存储电子数据提供了必要的技术支持,在没有收集到足量数据的情况下,侦查机关就无法对腐败案件着手侦查,因此,大数据技术侦查腐败案件的基础与前提就是相关数据信息的收集。这些数据的来源往往就是人们的日常活动记录,在大数据时代,只要存在人类活动,就会留下相应的数据印记。具体而言,大部分数据主要源于公民、公共组织、非公共组织这三个主体的活动,这三个主体在其日常生活中不仅可以各自产生数据,而且可以在不同主体之间的互动中产生交叉数据,将这些数据一一收集,通过分析处理后组成一个涉及权力、财产、政务等方面的实用数据库(如图4-2所示)。

一方面,由于大数据技术具有相关分析的预测性功能,通常会采集全部电子化数据入库,或者至少需要采集一定总量的数据规模。因为预测功能的发挥,不仅要估算出犯罪行为在未来发生的概率,而且要分析可能会导致犯罪行为发生的潜在诱因。因此,这就需要足够大的数据总量,数据样本或数据的总量越大,最终分析的结果就会越完整和准确。这种做法导致的不利后果之一就是被采集入库的数据未必全部都涉及职务犯罪,可能存在大量与案件无用的数据。另一方面,由于职务犯罪通常都发生在公职人员长期工作的过程中,因此,一名公职人员的性质与特点往往可以通过其任职期间的各类历史数据予以反映。故数据采集应注重历史数据、数据规模两个要素,以人事组织部门记录的公职经历为基本信息,同时对重要公职人员,应在前述的基础上加上离职冷却期的数据。

腐败案件侦查主要是针对以下两类数据进行收集处理:一类是社会中的动态数据;另一类是组织机构中的内部数据。具体而言,社会动态数据是指由舆论舆情监测信息和媒体舆论监督信息两部分组成的信息库。之所以对这类数据进行采集,主要是因为这类数据采集便利,可以通过搜索引擎结合网络爬虫①的方法进行收集。这两个软件的操作十分灵活简单,可以在该软件中预置自动提取关键词、自动数据聚类与分类等功能。

---

① 网络爬虫(又称网页蜘蛛,网络机器人,在FOAF社区中间,经常称为网页追逐者),是一种自动浏览网页并收集所需资料的脚本。

以采集被侦查对象的位置信息为例,具体操作主要是通过网络提供的链接打开相关网页,然后在页面中读取网页的全部内容,再打开其他链接地址,同样流程的操作循环往复,直至读取网站的全部网页内容,并建立本地索引,构建完整的网页数据集,并抽取关联数据进入数据库。组织内部数据,是指由组织机构内部所控制或掌握的、并记录和存储在不同的系统中的数据类型,主要包括官员的个人信息、资产信息、廉政记录信息、所收到的公民举报或投诉信息、年度考核信息等。但是由于不同单位之间技术水平不平衡不一致,一些数据仅以Excel形式进行存档,一些数据甚至只以纸质化的形式进行储存。此类数据由于全国各地经济发展的不平衡,技术条件的差异,难以做到将全国的组织内部数据采集入库,存在大量游离于数据库之外的数据,对这些游离的数据需要在整理加工后,再转化成电子数据入库。

以上两类数据对腐败案件的侦查起到了互补的效果,公共组织是指拥有法定公权力的组织实体,一般而言主要包括党政组织、政府组织、事业单位等。公共组织以管理公共事务,提供公共服务,实现、维护与发展社会公共利益为目的。为了实现这一目的,公共组织往往会采取各种方式和途径建立不同类型的数据库,全社会的数据绝大部分都是来源于这些不同类型的数据库中的数据。除此之外,公共组织的核心要素是“权力”。在权力运行的过程中,权力主体与权力运行过程都会给大数据侦查留下大量涉及权力运行的信息。在大数据时代,这些数据信息的收集处理可以为侦查机关查办腐败案件提供充足的数据源。因此,监测权力是否合法合规运行是预防权力滥用的前提,也是公共组织得以健康运行的关键保证。这就要求相关公权力主体公开个人信息和财产信息,这又涉及组织的内部数据。此外,若要预防职务主体的贪污犯罪,仅仅依赖组织内部的监督远远不够,将监测数据仅限于公职人员的工作期间并不能起到很好的预防或侦查效果,需要运用大数据技术同时借助媒体舆论和社会公众的力量对公职人员进行全面的监督。在人人都可以检举的大数据时代,通过微博、朋友圈等网络途径,每天都产生大量与腐败相关的数据,这些数据孤立地看似乎无关紧要,价值不大。但是,运用大数据技术将大量单个数据整理之后就可以发现其中的价值,从而使得被监测的数据可以随时随地地进入大数据分析平台,帮助侦查机关发现更多的线索。从这一角度上看,社会动态数据的作用范围相较于组织内部数据更为广泛。

大数据时代侦查腐败案件的过程中,收集与腐败相关的证据主要是通过视频监控系统、新媒体和官方网络举报平台这三种方式。

1. 视频监控系统数据的收集处理

视频监控系统具有监测和记录突发事件过程的功能,此外,还可以帮助监控人员及时控制并处理相关事件,帮助侦查人员从监控视频中获取线索寻找证据。因此,视频监控系统得到了各行业关键部门以及重大场所管理部门的青睐,成为实时监控这些重要地点的关键工具,同时通过这一系统获得的实时图片和视频信息也是大数据的重要组成部分。视频监控系统对于侦查腐败案件同样具有重要作用,目前在国内已成为侦查机关获取腐败证据的一种主要方式。视频监控的适用范围特别广泛,几乎遍布国内各大城市的各个街道社区、各大商业场所以及政府机关、企事业单位等重要地点,可以在不经意间记录人们的全部活动。因此,在侦查腐败案件时,这些被记录下来的数据就可以为侦查机关提供有效线索,通过挖掘被侦查者的数据为侦查机关及时发现和侦破腐败案件提供帮助。近年来,越来越多的疑难案件在视频监控系统的帮助下最终被成功破获。2015 年我国中央反腐败协调小组成立的国际追逃追赃工作办公室部署反腐败国际追逃追赃工作,决定启动“天网”行动,视频监控系统就像一张“天网”,存储了大量腐败分子的信息,在追逃追赃时可以通过视频监控系统对国内各个交通要塞和海关出入口进行监控,为反腐机构提供线索。

国际上,视频监控系统对国际反腐败合作同样具有重要价值,腐败是全人类的毒瘤,视频监控系统不仅可以在国际合作中帮助反腐败机构查处腐败犯罪,为各国惩治腐败提供重要的证据,而且能够为各国侦查部门提供腐败分子的行程数据，帮助各国侦查机关找到腐败案件的突破口，侦破腐败案件，共同打击为全人类痛恨的腐败犯罪行为。

2. 新媒体数据的收集处理

根据2021年《中国互联网发展报告》的最新统计数据，截至2020年年底，我国的数字经济总量已跃居世界第二，数字经济正在加速与实体经济的融合，且呈现持续快速增长态势，数字经济总规模已达到惊人的39.2万亿元，国内互联网使用率达到了全部人口的70.4%。[①] 这也意味着随着互联网的飞速发展，以及智能手机、电脑等智能通信设备的飞速普及，再加上微博、微信等社交软件的不断出现，我国的网络用户数呈现惊人的增长趋势。就我国普通网民群体而言，每天就足以制造巨大的数据资源，基于其庞大数量，网民在日常网络活动中制造的数量本身就可以视为一个大数据系统。这些数据对于侦查腐败案件看似庞大、杂乱，但通过整理归纳很容易挖掘出腐败犯罪的线索，新媒体用户的增加为侦查反腐败提供了更多的可能性。近年来，作为一种新媒体形式，微博在我国反腐败工作中的作用越来越重要，微博用户可以在任何地点使用任何网络通过手机、平板等终端设备不受限地上传文字、图片以及视频等文件，同时可以与其他用户之间进行交流互动。因此，越来越多的腐败案件通过微博被曝光，引起社会的广泛讨论与侦查部门的高度关注。网络热度推动了相关腐败问题的调查和处理，从而使得越来越多的腐败案件被举报，越来越多的网民参与到打击反腐败工作中，使越来越多的高官因为贪污腐败受到制裁。[②] 除此之外，随着互联网技术的进步，越来越多的公职人员进入网络监督的视野中，腐败案件不断被曝光在社交平台，引起公众的广泛讨论，人民群众对腐败事件的讨伐和批评，又可以间接促进公职人员合法合规行使职权，制约权力的滥用，在无形中对潜在的腐败分子形成巨大

---

① 参见《2021中国互联网发展报告发布》，载ZNDS资讯2021年7月13日，https://n.znds.com/mip/54915.html。

② 参见杜治洲：《走出反腐困境》，新华出版社2014年版，第33页。

的威慑力。①

3. 官方网络举报平台数据的收集处理

中央纪委构建了大数据反腐体系,通过"互联网 + 监督"技术对腐败行为进行监控,该体系由"一网一端一微"构成。"网"指的是中央监察部网站,于 2013 年 9 月 2 日开通,并于次年 4 月 8 日在该网站上设立"四风"举报直通车;"端"指的是 2015 年 1 月 1 日开通的网站客户端,并于同年 6 月 18 日开通手机客户端,在手机客户端上设置了"反'四风'"举报一键窗口,这一功能的开通使群众对贪腐人员的举报更为便利、直接和快捷;"微"指的是 2016 年 1 月 1 日开通的微信公众号。在中纪委的引领下,全国多个省份的纪委纷纷响应这一做法,如四川、湖南、上海、广西等 20 多个省(自治区、直辖市)纪委都将原网络监督网站进行升级,重新定位该网站功能,同时在网站上增设多个栏目、增强群众与政府之间的互动、提升政府网络服务质量,构建互联网反腐新平台。除中央纪委出台相应措施外,国务院也在 2019 年 4 月 22 日设立了"互联网 + 督查"网络平台,面向社会公众征集 4 个方面的信息:一是征集有关党中央、国务院不落实或不认真贯彻落实重大决策部署和政策措施的线索;二是可以在该网站上反映因政府落实政策措施的不协调、不完善给相关市场主体或人民群众带来困扰的问题;三是可以在平台上反映政府或有关公权力机关不作为、乱作为的问题;四是可以对政府工作的完善与改进提出意见建议。同时,国务院对于公众在该网络平台上提出的线索或建议成立了专门的督查室,人民群众在平台上反映的信息可以直接为纪检、监察机关所

① 2012 年 11 月,在网上曝光了疑是重庆北碚区区委书记雷某富的不雅视频,重庆市纪委迅速作出反应,经调查核实,立即对当事人进行惩处,并且查处了一系列滥用职权的腐败事件。该事件从举报到被免职历时 63 小时,雷某富的落马被网友称为"微博秒杀"。2012 年 12 月 6 日,原发改委副主席刘某男被罗某平在微博实名举报其滥用职权谋取私利、学历造假等问题;经调查属实,中纪委于 2013 年 8 月 8 日给予刘某男开除党籍处分;经监察部报国务院批准,决定给予其行政开除处分并移送司法机关。2014 年 12 月 10 日,刘某男一审被判无期徒刑,剥夺政治权利终身。2012 年 4 月中旬,衣某卿与某女博士后的婚外情在网上被曝光;2013 年 1 月 17 日,衣某卿因受贿、滥用职权及生活作风问题,被免去中央编译局局长职务。"房叔"蔡某、"表叔"杨某才、"离婚承诺书"的单某德等官员都是由于新媒体方式的曝光,纪检委介入,最终查处曝光腐败事件。

知。通过这种大数据一体化体系的建设，增进了纪检、监察机关与社会公众之间的信息沟通，为运用大数据打击腐败犯罪提供了信息反馈和核查的平台。[①] 如果今后各个反腐或是防腐机构在打击腐败犯罪的工作中都运用这些大数据手段，那么获得腐败信息的证据的可能性将会大大增加。

大数据技术为侦查机关查办腐败案件提供了充足的“数据源”。近年来，随着互联网技术的发展与普及，反腐部门与人民群众都逐渐使用信息技术对政府行为进行监督，通过在网上曝光腐败案件，使大量腐败分子最终受到法律的制裁。[②] 因此，通过网络平台可以产生大量与腐败相关的数据信息，包括有关公职人员的贪腐投诉与检举信息，以及公职人员的个人交易和个人消费信息，乃至其网上浏览痕迹、出入境信息等都可以被大数据记录和统计，最后再将这些信息汇总为一个巨大的数据库供侦查机关在侦查腐败案件时使用。收集的大量数据仅是前提与基础，对这些汇总起来的数据进行有效利用，从海量的数据中提取出有价值的线索，为接下来的侦查工作提供实质上的帮助，这才是问题的关键。传统的数据分析处理技术，如统计分析技术已经不能适应当下大数据时代的要求。因此，需要对其进行改进完善，构建出新的腐败案件处理模型，数据挖掘技术可以为这一问题的解决提供帮助。因为数据挖掘技术的本质就是在大量数据中产生新知识、提取新信息，在对大量腐败数据信息“价值”进行提取之前需要对所有被收集的数据进行清洗，这一过程中数据挖掘技术就可以充分发挥其价值，同时为了更好地体现数据分析的可用性，数据解释方法技术如人机交互技术、可视化技术等也可以成为大数据时代数据分析模式下的技术选择。

（二）数据认知与事实认定过程

科学发展的逻辑以及科学认识的规律这两个重要问题，在近年来科学

---

① 参见董石桃：《技术执行视域中的大数据反腐：情境、结构与绩效》，载《行政论坛》2019年第6期，第16页。

② 参见彭文龙、李珍珍：《从网络反腐到大数据反腐：基于信息流建构的反腐模式创新》，载《廉政文化研究》2017年第5期，第21页。

技术的哲学思想研究发展过程中一直受到哲学家们的重点关注与思考。著名哲学家卡尔·波普尔(Karl Popper)就曾提出:当代科学认识论的主要目标就是要探析科学知识的产生问题和增长问题,并对之进行反思与批判。波普尔本人对科学知识的增长问题也从哲学的角度上提出了许多富有创造性的观点,①为后世哲学研究留下了宝贵财富。逻辑客观数据主义是大数据时代所主张的科学哲学基础,即侦查活动的事实认定都要依赖大数据建立在科学认知的基础上,这也成为大数据时代依法开展侦查活动以及在侦查案件过程中进行事实认定的重要哲学理论基础。

1.数据挖掘:事实认定的基础

数据挖掘是一类涉及面相当广泛的交叉学科,不仅涉及大数据分析技术,还涉及模式识别、数理统计、人工智能等多种技术与理论。在很长一段时间内数据挖掘被翻译为数据采矿、数据采金或是数据勘探,因此,被誉为“基于数据库基础上的新发现”。我们现在常说的数据挖掘是指从所收集的或是导出的大量随机数据中,提取隐含在其中的对侦查工作有用的,同时又可被理解的信息的数据处理过程。因此,数据挖掘技术的本质是通过处理数据,分析数据之间的内在联系,从所收集的数据中发现新知识、新线索,从而帮助决策者制定信息预测和决策的模型,最终制定科学决策。数据挖掘的对象,包括结构化数据、半结构化数据甚至还包括异构型数据。结构化数据是指传统意义上所说的数据,类似于数据库的直观数字数据,半结构化数据是指文本或图像等,不以直接数字形式进行表示的数据。② 就数据挖掘的理论基础而言,其源于模式鉴别思想,这种思想被用以指导机器建设数据库、自动处理数据和统计需求等涉及数据运算的多方面实践活动。随着数据技术的发展,人们对数据分析应用的

---

① 孙正聿:《哲学通论》(修订版),复旦大学出版社2006年版,第76页。

② 常见的数据挖掘对象有以下七大类:(1)关系型数据库、事务型数据库、面向对象的数据库;(2)数据仓库、多维数据库;(3)空间数据(如地图信息);(4)工程数据(如建筑、集成电路信息);(5)文本和多媒体数据(如文本、图像、音频、视频数据);(6)时间相关的数据(如历史数据或股票交换数据);(7)万维网(如半结构化的HTML、结构化的XML以及其他网络信息)。

种类和规模等方面的探索与研究也在逐步深入。数据挖掘的逻辑，就是在数据海中利用数据挖掘机制或工具，从中获取知识与认知。由此可见，数据挖掘的基础就是超规模数据，同时还具有两个关键要素，其一是实现对数据的描述性分析，以此对过去的数据进行总结，并发现数据及数据间的规律；其二是实现对数据的预测性分析，能够较为准确地预测未来的发展趋势。①

数据挖掘过程包括数据准备、数据清理与集成、数据选择与变换、数据挖掘、模式评估、知识表示等（见图4－3）。

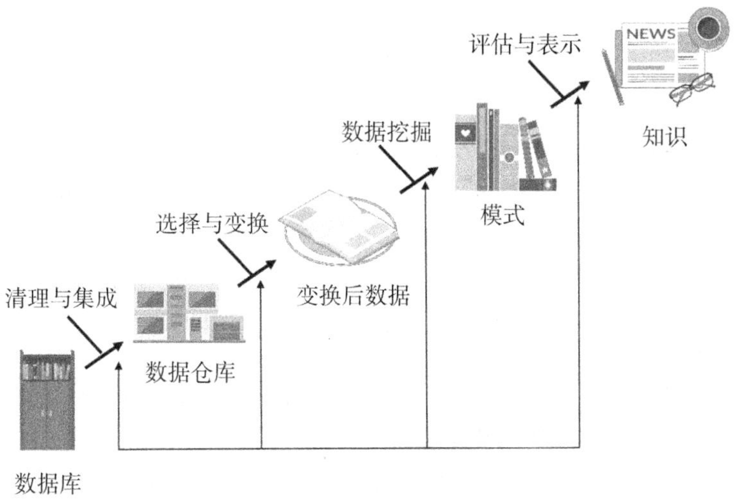

图4－3　数据挖掘过程

（1）数据准备阶段：这一阶段需要熟悉有关数据挖掘应用方面的知

① 1989年，是数据挖掘技术兴起的关键一年。在这一年里，美国计算机协会下设的数据挖掘知识发现小组，成功举办了第一届数据挖掘学术年会，出版了专门学术研讨期刊。数据挖掘作为一门新兴思想和技术被热议，逐渐成为一门独立的学问走进了大学课堂，美国一些大学还专门设立了数据挖掘领域的硕士学位。国内对数据挖掘的研究起步晚一些，1993年国家自然科学基金计划首次提出支持相关领域的研究，此后国家及省级自然科学基金，国家社会科学研究基金等有关科技助力发展计划，都陆续有相关项目的支持研究，2008年成为研究的高潮阶段，数据挖掘的基本理论研究达成了共识和统一，并逐渐开始关注数据挖掘的技术应用具体问题。

识,同时还要了解相关背景知识,从而确定用户的需求。

(2)数据清理与集成阶段:这一阶段需要检查所收集的数据是否具有一致性与完整性,若不具有,则需要填补数据的空缺值,过滤掉与数据挖掘无关的多余数据,最后将来自多种数据源的数据清理完毕后统一归至特定的数据仓库中。

(3)数据选择与变换阶段:这一阶段需要在数据仓库中挑选出与任务相关的数据,并对其进行分析,最后转换成可以进行数据挖掘的存储形式。

(4)数据挖掘阶段:这一阶段需要根据数据挖掘所确定的目标,结合用户的兴趣,对所挑选出的数据通过智能分析确定相应的算法模型和参数。

(5)模式评估阶段:这一阶段需要参照数据模式的评估标准,筛选掉多余以及不相关的模式,最终确定与用户需求相符合的有实用价值的模式。

(6)知识表示阶段:这一阶段需要运用数据可视化和数据表示知识的技术,将所挖掘的知识以数据的形式向用户展现。

(7)应用集成阶段:这一阶段需要在应用程序中导入数据挖掘功能,从而实现闭环分析,即实现数据的智能化处理与分析。

通常来说,上述的数据挖掘过程难以一蹴而就,需要循环反复的多次进行,若每个阶段进行过程中未达到所设定的预期目标,就应重新返回上一阶段,重新调整处理后再继续执行。

数据挖掘的基本过程主要包括数据挖掘前的准备工作,挖掘工作规律的寻找和挖掘工作完成后数据对于知识的表达这三个逻辑阶段。挖掘前的准备工作主要是在所收集的大量数据中选取所需的数据,并将这些数据整理成可开展数据挖掘工作的数据集合;找寻数据挖掘规律是指针对数据集合中的所有数据,通过专业的方法提炼出数据之间的内在逻辑规律;认知表达是指通过用户可以理解的方式将上一阶段中提炼出来的数据规律以及这一阶段产生的新的认知体验表达出来。可以从多种层面对数据挖掘工作进行理解，从社会层面上看，数据挖掘是从海量的个人行为数据或社会数据等信息中，提取可以帮助有关部门开展社会治理、案件侦查等活动所需的关键参考性数据的过程；从技术层面上看，数据挖掘是从多个数据信息仓库中提取所需信息的过程。此外，需要注意的是，并非所有的信息发现工作都可以被视为数据挖掘，如在数据库系统中查找关键词或是通过搜索引擎寻找特定页面，这个行为就属于信息检索，而不属于数据挖掘的范畴。如果将小数据时代下的侦查工作与大数据时代下的数据挖掘进行对比的话，可以发现小数据时代，侦查工作的展开一般都是先确定侦查目标后根据所设定的目标收集相应数据；而大数据时代是先产生各类数据信息，后根据不同的侦查工作需要开展的数据挖掘、应用活动。因此，大数据框架下的侦查数据资源更具有客观性，使侦查事实的认定通过数据挖掘这一方式建立在真实的大数据上，就如同波普尔所主张的"科学客观知识"的数据世界一样。[①] 在小数据时代，侦查机关运用抽样、实验等传统收集方法难以保证最终收集的数据的全面性与客观性，因而很可能导致侦查工作中对事实的认定存在偏差，甚至对刑事案件还有可能导致冤假错案的产生。在大数据时代，侦查证据获取与事实认定主要源于大数据技术采集并分析提取出来的有价值信息，通常在案件侦办启动前，侦查机关对各类数据信息并没有任何目的性。只是在事件发生之后，为了寻找案件真相，才需要利用大数据资源库，使用数据挖掘方法提取有利于侦查工作开展的有价值性的信息。因此，相比小数据时代的侦查数据而言，大数据时代下的侦查数据更具有客观性与全面性。

可见，数据挖掘技术是指从海量模糊随机的数据中提取出不易被人们发现的，同时又对人们具有重要价值的信息的过程。随着计算机领域算法规则的发展，数据挖掘技术已成为警务系统需要的重要技术工具。数据挖掘不仅包括对正常数据的挖掘，也包括对可疑数据的挖掘。就大

---

① 参见邱仁宗：《科学方法与科学动力学——现代科学哲学概述》（第 2 版），高等教育出版社 2006 年版，第 87 页。

数据侦查的角度而言,挖掘可疑数据是指通过创新侦查思维从所收集的大量数据中发现存在异常性、波动性或是敏感性的数据,再查证留下这些可疑数据的人员,判断这些人员与被侦查案件之间是否存在可疑关系,这些人员是否与案件存在不正当联系。对可疑数据进行挖掘也是对被纳入情报信息系统中的所有数据进行研判与算法上的碰撞、统计的一项任务,从而完成对相关数据的关联与偏差分析,最终发现侦查线索。

2. 数据预测:事实认定的核心

数据科学这一命题最早由彼德·诺尔(Peter Naur)在1960年提出,发端于计算机科学研究的不断深化。这门新兴学科涵盖了多个领域的研究理论和技术内容,包括数据建模学、数学、统计学等,具体从事这一领域的研究人员被称为数据工作者。他们在遵循基本学术道德的前提下,利用数据科学这一技能对数据进行系统研究,并将经过分析研究后得出的结论指导理论与实践。数据科学的应用目的是从大量数据信息中发现和总结新的数据规律,获取新的科学认知,从而使数据信息产生出新的价值。随着近年来手机、电脑等移动终端设备的普及和互联网通信的全面应用,再到云存储、云计算技术的高速发展,每个人都成为大数据时代各类信息的制造源。同时,为了实现智慧地球、智慧中国、智慧城市等目标,信息工程师在全球大部分区域都安装了监控器或传感器等信息采集设备,这些设备也都在提供源源不断的数据信息,这些条件都为发展大数据技术的研究应用提供强大的支撑力量。

大数据技术的进步为侦查机关认定案件事实提供了技术支持和逻辑方法,使数据研究成为一门科学。大数据哲学理论的发展,为侦查工作提供了思想基础和科学的行动指南,同时形成了以逻辑数据主义为中心的数据认知新理论。从科学技术的视野出发,将事实认定建立在数据认知基础上,也就是从客观实际出发,将侦查工作建立在客观真实的数据基础上,既避免了传统侦查模式下抽样数据的数量不足的局限性,又消除了人为主观因素对侦查结果的影响干扰。这也意味着科学理论的研究由始于观察,到始于经验,再到始于数据,科学研究理论不断发展出新思想,使人们对世界的理解不再只是停留在假设的基础上。[①] 只需要通过大数据技术对数据进行科学分析,从数据库中提取侦查任务所需的各类信息,并对其进行使用即可,而无须再像以前那样预设模型,提出假设。大数据时代为科学认知增添了新路径,也为案件侦查中的事实认定增添新的逻辑通道,更为数据挖掘技术的发展提供了有效的依据,为数据挖掘技术的发展提供了更多的可能。数据挖掘是开展数据预测的基础,主要使用科学归纳的方法分析数据规律,科学归纳法又细分为完全归纳法和不完全归纳法。完全归纳法是指将所有数据信息进行整理归纳,因此得出的结论更具有准确性和可参考性;不完全归纳法是指对抽样所得的数据或是对局部数据进行剖析的方法分析数据,因此最终得出的结论相对而言准确性不高,这也大大降低了其参考价值。建立在大数据技术基础上的数据预测,形成了新的科学研究数据理论。数据预测是指从数据海洋中提炼出有用的资源。[②] 数据预测分析并非具体性和细节性的探析数据信息,因此并不会导致公民隐私权与信息权受到侵害。[③] 同时,新时期的数据预测技术有效融合了完全归纳法和不完全归纳法两种方法的优势,既满足了完全归纳法所具有的可靠性,又吸纳了不完全归纳法所具有的可操作性优点。

3. 数据认知:事实认定的路径

中科院的方金云老师团队不断促进与地方纪委之间的合作,合力打造了大数据反腐系统,从而帮助侦查机关在碎片化的数据信息中找寻侦查腐败案件的线索。通过对接数据治理技术与电子政务系统,同时利用数据之间交叉验证、数据对比和叠加等数据处理手段,可以帮助侦查部门

---

① 参见[英]维克托·迈尔－舍恩伯格、肯尼思·库克耶:《大数据时代:生活、工作与思维的大变革》,盛杨燕、周涛译,浙江人民出版社2013年版,第89页。

② 参见李建利、李宇尘:《大数据在刑事侦查中的应用研究》,吉林大学出版社2017年版,第77页。

③ 参见[美]埃里克·西格尔:《大数据预测——告诉你谁会点击、购买、撒谎或死去》,周昕译,中信出版集团2014年版,第89页。

解决电子政务数据中可能存在的信息歧义、信息缺失等数据信息问题。在确保所收集的数据达到全面、准确的前提下，再建立从电子政务数据中找寻腐败线索的算法体系。方金云老师团队曾经参与过湖南省麻阳县的相关系统设计，后来还负责在怀化市推广该系统。针对国库支付中存在的诸如“监管缺位”等问题，以及审计工作中存在的“数据藩篱”等问题，方金云老师团队与地方纪委合作建立了专门应用于国库资金的分析规则和方法，可以帮助人们有效地分析民生资金中可能存在的腐败问题的线索。① 民生资金政策对资金的发放规定了很多限制条件，违规发放则表明突破了部分限制条件。因此，针对这一情况，可以运用数据互斥规则，通过数据认知这一技术，认定这种情形已经达到了腐败情形的标准，从而对相关证据进行锁定。换言之，如在日常生活中，开豪车的人达不到申领低保的要求，购买豪车和申请低保二者之间是不能同时存在的，属于互斥关系，因此购车名单与低保名单应当不存在交集，如果二者之间存在交集，那么交集中包含的部分就是违规领取城市低保的线索。就方金云老师团队对湖南省麻阳县设计的相关系统而言，公开资料显示，麻阳县监督系统主要由两个数据库组成：一个是人员信息库，另一个是民生资金信息库。通过两个数据库的对比，可以发现有的公职人员有房有车却还在享受租房补贴，有的公职人员既拿了国家工资又在领取贫困人员才能享受的补助等情况，平台检查到这些可疑的线索后会自动报警，并将线索提供给纪委进行追查。

过去在对腐败案件侦查的过程中，腐败分子一旦得知其犯罪行为被揭露，往往会立马烧毁账簿或是损毁电脑，通过这些行为毁灭犯罪证据。但是在大数据时代，这种做法已经不能阻碍侦查工作的进行。因为大数据技术将各种上下游之间的数据链充分衔接，即使犯罪分子销毁部分证据，通过大数据技术也能很快对缺失部分进行恢复，同时将证据进行固定。在对案件的关联分析上，可以通过大数据算法将侦查人员收集的有

---

① 参见陆琦：《让大数据成为反腐利器》，载《中国科学报》2019 年 1 月 15 日，第 4 版。

关被侦查人的职务、学历、年龄与案发时间、地点、涉案金额等数据信息进行整合,从这些数据信息中总结出不同职务犯罪在犯罪时间和犯罪空间上的规律性,从而揭示职务犯罪的犯罪特点,提高腐败案件的侦破率。

从数据认知的角度上看,可视化分析模式对于侦查事实的认定具有重要作用。可视化分析是对大数据进行剖析的基本要求之一。借助可视化模式可以避开对复杂的数字或拉丁字母进行分析,选择通过数字直观地总结事物的逻辑规律,形象地展现大数据分析的特点。同时,利用SPSS、SNA 等分析工具对案件进行可视化研究判断,可以减少反腐案件侦查过程中可能存在的遗漏区域,帮助侦查机关方便快捷地找到有价值的信息。操作流程:某个腐败问题被曝光→网络及社交媒体上披露与该腐败案件有关的大量信息→侦查机关相应获取这些数据信息→对这些海量信息进行归纳分析→将这些数据信息通过视频、图片或文字等数据形式进行表述→侦查部门使用 SPSS、SNA 等分析工具对案件进行可视化研究。通过这种技术手段的操作,直观并快速地找到案件的关键信息点。[①]

(三)大数据时代查办腐败案件数据分析模式

相比传统模式,运用大数据查办腐败案件的侦查模式,最大的思维模式转变就在于将数据作为整个侦查活动中的关键和主导因素。在这种侦查思维模式指导下,充分利用数据技术成为侦查人员查办腐败案件的关键与案件办理重点,利用所收集的大量相关数据,对案件进行整体、全面的分析,从而总结出可靠的、有体系化的分析结论。

1. 树立数据空间侦查思维

案件侦查模式的数据化是大数据时代侦查腐败案件的趋势,侦查人员应当充分认识到大数据技术在案件侦查过程中不可替代的价值,在今后的侦查工作中要转变侦查思维,接受大数据技术,同时运用好大数据技

---

① 参见欧阳爱辉:《大数据时代反腐情报收集的障碍及其解决途径》,载《廉政文化研究》2016 年第 1 期,第 48 页。

术,将证据收集从传统的物理证据形式转向数据形式,做到用数据分析案件,用数据处理案件,从而形成数据侦查思维模式。

在大数据时代,只要存在人们的社会活动,这些活动信息就有可能被捕捉到,并以数据的形式进行保存。对于腐败犯罪行为而言,在监控系统日益发达的今天,相关部门也可以随时随地将这些犯罪信息记录下来,并通过图片、视频等不同的形式进行保存。甚至在记录缺失某些关键信息的情况下,也可以通过所收集的大量数据,将各种数据进行合理拼接,并将拼接后的数据对犯罪过程进行还原。因此,在这种侦查模式下,侦查人员应做到以下三点:一是将数据信息作为侦查工作的出发点,以收集相关职能所记录的数据信息作为侦查职务犯罪的起点。二是树立侦查的量化思维。传统侦查模式不仅效率低,而且侦查人员缺乏明确的案件认定标准,导致最终的侦查结论往往不够客观准确。大数据侦查模式下,被侦查主体及其违法行为时间、地点以及手段等与案件定罪量刑有关的所有线索都可以通过数据筛选、云计算等大数据分析技术进行量化,这种明确的量化标准相比传统的经验分析而言更有利于提高侦查人员的工作效率,同时提高侦查结论的客观性与准确性。三是树立数据的可视化思维。将数据进行量化分析后,侦查人员在这一阶段的主要的工作是将量化后的数据结论通过图表、思维导图等生动形象的方式予以呈现。为案件分析提供更直观、准确的数据画像,①尽可能地还原犯罪经过,从而提高侦查工作的效率。

树立数据空间侦查思维需要加强对数据分析系统的开发力度,具体

① 目前在实务中,不少地区的侦查部门已经开始运用大数据画像技术。例如,江苏省某市检察院依托于2000余万条拷贝类信息库、10余条实时连线信息查询通道、10,000余条已办案件信息三大信息库组成基本的数据平台;在其查办的每一起职务犯罪案件中,侦查人员都会对嫌疑人进行基本的数据画像,选取其话单数据、手机数据、银行数据、房产数据、出入境数据作为画像的数据源;在此基础上,侦查人员通过大数据智能挖掘和人工分析研判,对每个嫌疑人的基本信息、人际关系、资产情况等进行画像。再如,福建省某市检察院的"智慧检察大数据分析平台",同样具有数据画像的功能,其能将有关犯罪嫌疑人的碎片数据收集整合,对其家庭情况、人际交往情况、消费情况等维度进行画像。参见王燃:《大数据侦查》,清华大学出版社2017年版。

阐述如下。

一是加快开发与运用智能化基础信息领域的数据分析系统。侦查机关应加快研发集信息存储、信息收集与信息分析于一体的数据信息分析系统，以此提高数据信息的分析效率和水平。例如，在将相关数据信息录入该系统后，通过智能分析功能，可以实现系统对相关数据的自动比对、自动串并等功能。此外，还应设置智能检索功能，即侦查人员只要输入被侦查对象的姓名、单位等个人信息，便可实现对此人的精确查找，此人在系统中的诸如个人基本信息、分管领导、联系方式等所有数据信息都可以被侦查机关掌握。通过这一系统，侦查机关可以对案件的最终分析结果进行案情再现。同时，在查询到关联信息后，侦查人员可以通过这一系统从不同侧面对初查对象的嫌疑程度进行评估，同时还可以判断案件的未来发展趋势。

二是完善话单分析系统。话单分析系统，是指全面分析涉案相关人员之间的通话时长、通话频率、异地通话情况等信息，进而对案件进行更深一步的线索挖掘，总结出这些人员之间的通话规律、交际圈、活动范围等关键信息。除此之外，侦查人员还可利用这一系统获取被侦查人员近期购物、出行、银行卡使用情况等数据，并结合通讯定位、卫星等资源，发现涉案人员的近期活动轨迹、会见人员以及常住地址等线索。建立在这一系统上的话单分析法，就是指在侦查工作中，借助系统分析犯罪嫌疑人的通话信息，从中帮助侦查机关发现犯罪嫌疑人的社会关系往来以及活动轨迹的调查方法。这种分析法可以帮助侦查机关在案件的初查阶段找寻更多案件线索、取得审讯工作的突破以及追逃其他犯罪嫌疑人等。具体而言：首先，根据话单统计可以调取已知的行贿对象的话单，调取与嫌疑人有密切联系的关系人话单。其次，通过关系分析法确定被侦查主体同事的电话号码，再通过自动碰撞功能，找出与被侦查人及其同事都有联系的号码。再次，通过与国家工作人员库等进行对比，确定这些号码是否存在重合，再通过查询社保库、人事信息等数据，确定上述人员的所在单位。最后，根据这些人员的工作岗位及其职权性质，分别查询其所在单位的信息平台,如执法信息数据库或者招标信息平台等判断其与行受贿人员是否存在密切接触。例如,在2017年温州市纪委对某设计院负责人郑某涉嫌行贿案件进行初查的过程中,以上方法就得到了有效应用。当时,温州市纪委调取了犯罪嫌疑人联系前50位的关系人话单,通过对话单进行分析,集合话单碰撞等方法,最终筛选出与犯罪嫌疑人因工作职权而交往的人群以及具有其他特殊关系的人群。通过查询相关人事信息,发现涉案人员中包括某区规划局科长以及某镇中层干部等重点人员,进而又运用大数据查办腐败分析模式结构中比对、关联等数据挖掘功能,分析他们与犯罪嫌疑人之间的交往情况,发现作为国家公职人员的李某经常与郑某一起前往KTV聚会,因此其具有职务犯罪的重大嫌疑。最后纪委将初查重点转移到李某身上,果真找寻到大量对侦破案件有价值的线索。因为话单分析法是大数据时代下的调查方法,基于大数据分析模式的特点,这种方法需要在收集足量数据的基础上,借助相应的技术条件才能完成,无法通过人工操作实现。有以下几个方面需要注意:首先,必须收集到足量的通话记录信息,这是话单分析法顺利进行的基础。随着信息时代的发展,手机等通信设备得到很大程度上的推广,我国第50次《互联网络发展状况统计报告》中的数据显示,截至2022年6月,我国网民规模达10.51亿人,互联网普及率达74.4%。这些用户每天都会产生数亿的话单,形成了亿万份通话信息,可见我国已经具备了话单分析法的基础条件。其次,取得的通话数据必须确保完整性。要进行话单分析,就要保证话单的内容尽可能的详细,碎片化的通话信息无法对还原案件事实起到实质性的作用。值得注意的是,当前中国电信、移动、联通三大运营商基于收取通信费用的目的都对用户通话及短信清单进行记录,记录信息主要包括主被叫号码情况、通话时间、通话时长等,这些信息在侦查机关对相关嫌疑人立案后,可以凭职权进行调取,这也为话单分析法的适用提供了现实可能性。最后,必须有专业软件能够对话单进行分析。最早的话单分析软件由温州市人民检察院在2008年成功研发,该软件具备话单自动整理导入、通话人关系圈分类、全国范围内的通话位置定位以及通话对象号码与基础人员库的自动比对等功能，软件的成功研发为应用话单分析法提供了技术基础。

三是建立账单分析系统。侦查职务犯罪的过程中，最关键的初查措施就是调查贪腐分子的资产，腐败分子的相关账单记录往往能够在一定程度上体现其资产情况。通过对银行账户的信息进行分析，可以发现嫌疑人财产转移的轨迹，知悉嫌疑人与其他相关人之间的资金往来等信息，这些信息不仅可以被直接作为侦查中发现的证据进行使用，而且还可以从中发现犯罪线索和案件侦破线索，从而快速侦破案件。在 2015 年江苏省泰州市人民检察院办理的一个案件中，检察院就成功通过对嫌疑人的账单进行分析发现了破案线索。检察院在对案件全部账单梳理的过程中发现关键嫌疑人黄某妻子的 6 张银行卡开户时间十分特殊，开户金额十分蹊跷，都是 1 万元或 2 万元的整额资金，且卡内存款取现十分奇怪，都是短期被异地取现或消费，总金额高达 60 余万元；顺着这一线索继续侦查，确定泰州通讯管理处曾多次将大笔资金汇入顾某的公司账户，随后顾某的公司又将该笔资金转至黄某的个人账户，侦查机关根据以上这些关键信息确定了黄某这一犯罪嫌疑人。从实践中的案例可以看出，账单记录对于侦查腐败案件具有重要价值，侦查机关应当对相关账单进行分析，以此满足侦查案件的需求。要对相关账单进行分析，一方面必须开发专门的账单分析软件，另一方面必须得到相关金融机构的支持，二者缺一不可。随着我国金融行业的高速发展，职务犯罪的犯罪嫌疑人通过银行等金融机构向他人转账的情形近年来不断增多，而且转账次数之多，转账金额之大也是过去所没有的。因此，在这种情况下，单靠侦查人员采用传统人工查询手段对被侦查人员的各种账单进行收集，同时通过人工对账单进行分析，已经成为几乎不可能完成的任务。只有运用大数据技术，利用大数据碰撞的方法对账单分析软件进行开发，才能适应当前的现实情况，更好地满足侦查工作的需要。除此之外，银行账单等信息往往由银行等金融机构记录，若是缺少金融机构的支持合作，账单分析工作不可能开展。在所建立的系统中，根据侦查的要求，输入案件所需的基本信息，同时以运算法则与运算模型等技术为系统提供科技支撑，再将各类基础信息导入系统后，通过在系统中设置智能化检索条件，可以快速检索出被侦查人员的相关银行账单的大额交易、现金或转账交易、重大收入或支出等信息，同时运用这一功能实现对所检索的信息进行查询、比对等分析功能。实践中，浙江省、江苏省无锡市等地区的办案部门就自行研发了这种账单分析软件，从而促进了腐败案件的初查工作由传统人力密集型的特点转变为科技密集型。

四是智能分析初查对象的活动轨迹。在获取以上步骤中的情报信息后，此时侦查机关已经掌握了足量的情报信息，接下来便是确定案件的初查对象。长期以来，侦查机关一直采取在被侦查对象的住宅或工作单位进行蹲点，抑或通过公安机关掌握嫌疑人住宿、行程等信息按传统方式将其抓获。诚然，通过传统方式可以控制犯罪嫌疑人，但是存在效率低、难以确定不断移动中的嫌疑人等缺陷。以卫星、通信定位为手段的现代搜索技术可以极大地提高工作效率。目前，侦查机关一般通过通信公司提供的基站信息对涉嫌腐败犯罪的犯罪嫌疑人进行手机定位，即使被侦查对象处于不断移动的状态，也可以通过定位交通工具前往所确定的移动路线对被侦查嫌疑人展开搜寻工作。

基于物质交换原理，只要是存在相关犯罪行为，那么相关行为就必然会留下相应痕迹，让侦查机关有据可查。① 更何况在大数据时代，每个人的一言一行都有可能被大数据记录下来。例如，涉案人员之间只要存在通话记录，就可以根据通话记录，通过手机运营商，查询到通话时相关基站的位置；此外，行贿人与受贿人之间只要存在共同出席社交活动的行为，双方同样会在出行过程中或是相关场所留下活动轨迹信息。近年来手机定位技术、地理信息系统（GIS）、犯罪制图②等技术的应用与发展都

① 参见马忠红：《刑事案件侦查中的轨迹分析法》，载《中国刑事法杂志》2012 年第 8 期，第 94～100 页。

② 犯罪制图（crime mapping）起源于西方犯罪地理学理论的实证研究，是指通过各类可能与犯罪相关的信息数据在地图中标注、显示，并采用各种技术分析手段，发现犯罪活动所蕴含的空间信息与时空规律。

为侦查机关分析初查对象的行为轨迹提供了必要的技术保障。掌握被侦查人员的活动信息对于侦查机关而言非常重要。因为,犯罪嫌疑人通常会在后来的侦查过程中为了尽快摆脱侦查机关的控制,或是为了尽快帮助自己与被侦查案件撇清关系,从而对其行为作出各种辩解,但是其辩解内容往往又与其活动轨迹自相矛盾。因此,如果侦查人员没有掌握嫌疑人的活动轨迹,则很难揭穿其谎言,很难掌握案件侦查的主动权。但是,如果侦查机关借助大数据技术进行案件事实相关数据的收集,并结合案情对案件进行初步判断,便可及时戳穿犯罪嫌疑人的谎言。同时,对其形成心理上的威慑力,使其在其后的侦查工作中如实交代自己的行为,重新掌握案件侦查的主动权。

职务犯罪案件侦查与普通犯罪案件不同,因为职务犯罪案件不但具有作案手段隐蔽的特点,而且从犯罪分子开始实施犯罪到最后腐败犯罪被揭发,这期间通常间隔的时间非常长,有的甚至相隔了几十年才被发现。很多案件的案发现场以及犯罪分子转移赃款等痕迹信息在侦查时就已被破坏,或者由于时间太长无法搜寻。因此,在这种情况下,如果通过传统的侦查方式,如犯罪现场勘察或是在犯罪现场搜集物证对于侦查工作已经没有太大意义。但是在大数据时代,通过大数据技术对当时的案发现场在一定程度上予以重现。基于卫星地图软件拥有的可以在一定空间内对相关案件进行回溯的强大功能,如 Google Earth、百度地图、高德地图等软件,侦查人员可以通过话单分析技术在卫星地图软件上回溯所侦查对象的活动轨迹,并借助这一工具查看案发时的案件现场的大致情况。这种卫星地图工具对于案件侦查意义重大,尤其是在征地拆迁、拆除违章建筑物等领域更是具有重大应用价值。例如,在对征地拆迁案件进行侦查的过程中,就可以运用 Google Earth、百度地图、高德地图等工具,不仅可以对近期该地区的地形进行查阅,而且还能查询到以前这一区域的地形地图。[①]

① 参见李长国:《浅谈 Google 地图在房屋征收档案管理中的应用》,载《电子技术及软件工程》2013 年第 19 期,第 98 页。

再结合软件的比例尺工具，侦查机关就可以掌握所拆迁的房屋的拆迁面积、楼层情况等关键信息。再对比所得到的信息与该幢房屋在拆迁资料上所记载的信息，如对测量面积等信息进行对比，就能够帮助侦查机关清晰判断拆迁过程中是否存在虚报房屋面积、该房屋是否存在违法扩建等情形。[①] 此外，还可以根据卫星地图这一系统，掌握案发时当地的周围地形、气候环境等信息，这些信息的掌握都会对未来侦破案件起到意想不到的作用。

2. 查办腐败案件数据分析思维导图

大数据时代，侦查思维的逻辑起点从传统的以“物质”转化为“信息”。[②] 随着社会的发展，新时期的职务犯罪存在现实和虚拟两个空间的特点。传统的侦查模式对于职务犯罪案件，主要是通过证人举报所得到的线索，通过这些线索开展后续的口供收集、调查访问等调查工作，带有明显的经验性特点，即案件的侦查基本上依赖侦查人员长期以来的办案经验。但是职务犯罪大多采取一对一的形式进行，犯罪现场几乎没有犯罪痕迹可查，也几乎不存在目睹案件经过的证人，同时物证痕迹也非常稀少，传统模式中“以供求证”的侦查思维遵循的逻辑是“先发生犯罪事实→再确定被侦查对象→根据其口供找到案件的其他证据”的认识路径。这一认识路径利用的是侦查人员与被侦查人员之间信息的不对称性，在这一侦查路径指导下，犯罪案件的嫌疑人既是侦查工作所需认识的内容，又是侦查工作得以继续进行的依据，因此具有明显的局限性。[③] 通过侦查机关所掌握的情报突破被侦查人员的心理防线，帮助侦查人员实现对案件的突破，是一种帮助侦查机关在侦查工作中发现并汇总犯罪信息，并对犯罪信息进行分析处理，从而还原案件真相、查明案件事实的侦查思维模式

---

① 参见张俊：《大数据时代职务犯罪初查工作转型探索》，载《辽宁警察学院学报》2016 年第 2 期，第 37 页。

② 参见马忠红：《信息化时代侦查思维方式之变革》，载《中国人民公安大学学报（社会科学版）》2011 年第 1 期，第 103 页。

③ 参见柴学友、朱武：《职务犯罪侦查逻辑》，中国检察出版社 2009 年版，第 85 页。

(见图4-4)。

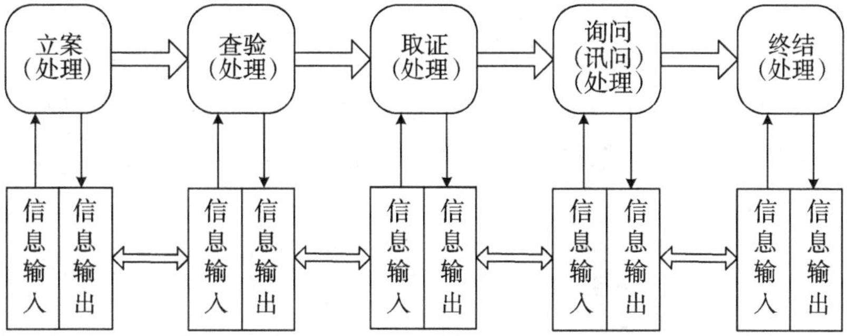

图4-4　传统查办腐败案件侦查逻辑思维模式

新时期的大部分职务犯罪通常是以现实和虚拟两种空间交错的形式出现,甚至有些案件的犯罪手段直接以虚拟形式发生。随着大数据技术的发展,国内和国际都十分关注大数据技术在司法实践领域的应用,我国甚至在职务犯罪侦查领域引入了信息化侦查的概念。虽然信息和数据二者在概念上有很大的区别,但是随着信息技术的高速发展,大数据时代全部信息都可以通过数据的形式进行表示,这一变化也为信息化侦查模式提供了技术条件支持。该侦查模式在国内经历了两个发展时期:第一阶段的特征是单一应用信息,也常被称为信息的嵌入阶段。① 此时,侦查机关会大力引进先进设备并构建相应的数据库。由于在这一阶段信息的共享机制未完全建立,再加上负责侦查的相关人员的专业素养不够全面,因此,导致获取的职务犯罪信息往往是静止的、片面的,这也决定了这一阶段所提供的数据技术手段对于促进职务犯罪侦查模式转型过程后劲不足。第二阶段的特征是综合应用数据信息。此时,侦查机关对于使用信息化侦查系统往往表现出极大的主动性,部分解决了信息共享水平不高的难题,促进了新旧两种侦查模式之间的有机结合。因此这一阶段侦查

① 参见马方、刘峥:《论侦查信息化建设的发展与创新》,载《净月学刊》2008年第3期,第16页。

职务犯罪案件最大的特点就是侦查机关开始广泛应用互联网通信技术，极大地提高职务犯罪案件的侦查效率。

在大数据时代，让静态的数据说话、通过数据表达信息是新时期侦查职务犯罪的一种新模式，即“收集数据→数据预判→初查犯罪→案件立案→研判数据→侦查终结”的全新侦查模式（见图4－5）。

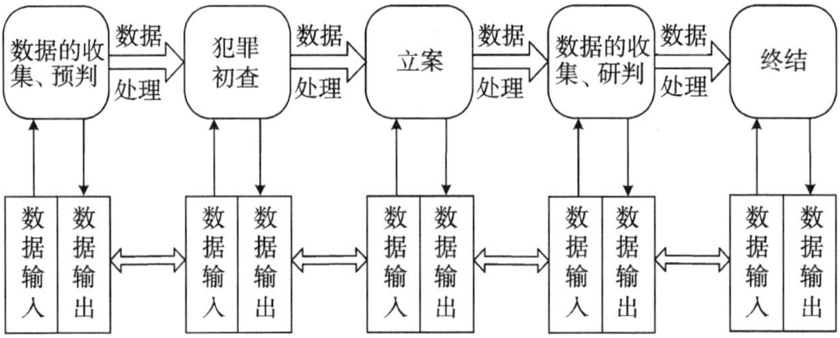

图4－5　运用大数据查办职务犯罪思维模式

信息引导侦查模式可以分成两个类型，一个类型是通过业务信息引导侦查模式，另一个类型是通过大数据驱动侦查模式。前者本质上依然能够被纳入传统侦查模式范畴，需要进行数字化改造，同时侦查结果受限于侦查人员的经验和逻辑。在大数据驱动侦查模式下，侦破职务犯罪案件的关键是侦查机关先收集相关数据，在所收集的海量数据的基础上，对其进行数据提取、数据储存与数据分析，对数据的利用贯穿整个侦查工作的始终。[①] 这种侦查模式全程围绕数据，使数据的处理利用与侦查工作有机结合，有利于帮助侦查机关拓展获取案件线索的渠道、突破犯罪嫌疑人的心理防线。此外，大数据侦查模式以证据为中心，相比传统的“由供到证”模式，这种“由证到供”模式，侦查工作更具有主动性、高效性；侦查结论更具有准确性；收集的数据更具有证据的固定性，同时能挖掘出更多

① 参见董邦俊、黄珊珊：《大数据在侦查应用中的问题及对策研究》，载《中国刑警学院学报》2016年第2期，第10页。

隐藏的证据，因此，这种新的侦查模式将成为职务犯罪侦查模式的必然选择和最终发展方向。

"让数据说话"这种侦查思维的关键是进行数据分析。数据分析是指将所收集的全部客观数据作为分析基础，利用云计算等现代技术，对相关数据进行数据归纳、数据排序、数据整理的数据处理思路，同时不再采用传统侦查模式下的零散分析和侦查人员的主观经验分析，而是对相关数据进行整体、客观以及系统的分析，这也是数据分析与传统侦查分析最大的不同之处。"让数据说话"这种侦查思维可以分为三个方面：第一，侦查过程中所收集的所有犯罪情节都可以通过数据化体现，即所谓的凡事皆可被数据化。① 不仅犯罪手段、犯罪行为、犯罪物品等有形物都可以被数据化，无形物也同样可以被数据化，如人的态度、情绪等。② 第二，数据信息在侦查工作中属于最基础的资源，是侦查工作得以继续开展的前提。大数据时代下的侦查工作实际上也就是对数据进行挖掘和分析的工作，因此，侦查工作能否取得最终成功在一定程度上也取决于是否可以获取到足量且实用的数据信息，取决于大数据提取数据和分析数据能力是否能够帮助侦查机关成功收集到所需的全部数据信息。③ 第三，数据信息贯穿于侦查工作的始终。侦查工作开始的基础是数据采集工作，侦查工作围绕的核心是数据分析技术。因此，整个案件的侦查工作，包括初期的侦查策略选择、侦查过程中的侦查研判以及侦查最后阶段得出侦查结论等所有环节都要以数据为中心予以推进。

3. 职务案件中数据的相关性分析

传统侦查思维是单一思维和平面思维，即侦查机关对案件的处理只

---

① 参见[美]道格拉斯·W. 哈伯德：《数据化决策》，邓洪涛译，世界图书出版公司 2013 年版，第 69 页。

② 参见何军：《大数据与侦查模式变革研究》，载《中国人民公安大学学报（社会科学版）》2015 年第 1 期，第 75 页。

③ 参见[美]道格拉斯·W. 哈伯德：《数据化决策》，邓洪涛译，世界图书出版公司 2013 年版，第 80 页。

在单一的平面上进行抽象分析。[①] 在传统侦查思维指导下,侦查人员对数据的收集与分析通常是根据数据之间的因果关系或是按照数据之间的结构进行。如治安警察一般而言只是记录社会中的基本违法行为信息,因此,这种收集数据的模式必然存在局限性,导致所收集的数据范围较小,数据并不全面。大数据时代侦查模式与之不同,大数据侦查模式的特点就是重视数据之间的相关性而非因果性,也正是因为这一特点,转变了长期以来的侦查思路。现代的大数据侦查思维重视对案件中所收集的各个数据之间的相关关系进行分析,以数据之间的相关性为主导。大数据技术的发展可以让社会放弃对数据之间因果关系的执着追求,而选择追求相关关系,即放弃了对为什么的追求,而侧重于追求是什么。在其中的一个数据发生变化时,另一个数据也可能随之发生变化,因此,一些看似毫无联系的数据通过相关性分析,有可能帮助侦查机关找到它们之间的联系。通过对这些数据进行多次分析研判,总会发现数据变化的规律,给侦查机关带来意外收获。因此,对于侦查机关来说,与案件有关的所有数据都不可以被忽视。

如上所述,侦查部门在大数据时代不需要依据传统侦查模式经验化的收集数据,利用大数据技术就可以收集与案件相关的所有数据。这种做法有利于帮助侦查机关分析利用数据之间的相关关系,进而为侦查机关获取侦查线索、发现侦查案件的突破口,提供更多的实用信息。需要注意的是,对数据标准的判断,需要满足法律证明和数据证明相结合的双重标准。法律证明强调证据之间的排他性,而数据证明重视数据信息之间的相关性。因此,两种证明标准在逻辑上存在一定的互斥性,因而,在运用大数据进行侦查的模式下,要以法律证明为侦查工作的目的,将数据证明作为侦查工作的方法。换言之,在这种理念下,大数据应当追求广义上的相关性,即侦查机关既要收集与案件有关的全部数据信息,又要收集与案件相冲突的可以用来否定案件事实的数据信息,使得出的侦查结论可

① See Viktor M-S, Kenneth C., *Big Data*, John Murray, 2013, p. 105.

以达到排除一切合理怀疑的标准。

在侦查职务犯罪案件的过程中，侦查机关可以采用大数据技术，利用不同技术来源渠道所收集的不同形式的各种数据对案件进行可视化分析（见图4－6）。通过可视化将被侦查人的基本情况、人际关系、行踪轨迹等信息直观地展现出来，促进办案效率的极大提升。

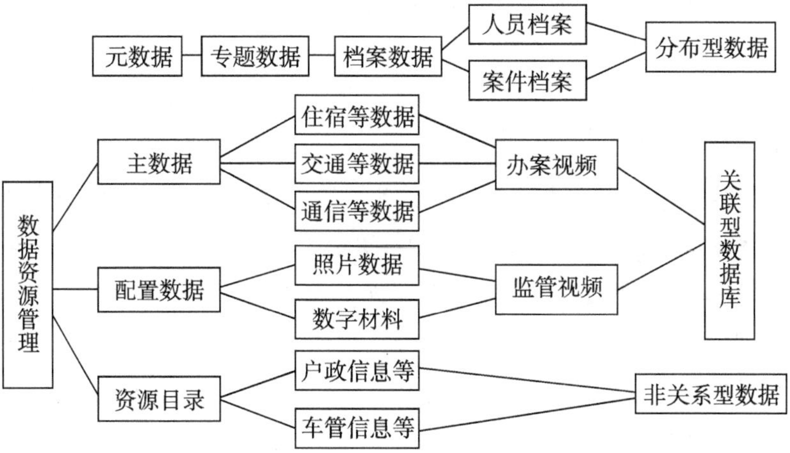

图4－6　大数据查办职务犯罪可视化数据

可见，关联分析是指综合各类数据并对其进行分析的数据分析法，是大数据侦查模式的发展方向，其内容既包含了人口信息等各种社会公开信息，也涵盖了侦查机关内部数据等。因此，数据量相较于单一分析法所使用的数据大大增加，更能反映大数据在多个领域的运用情况，同时能够在侦查过程中对所收集的全部数据进行关联分析，并对犯罪嫌疑人的画像及案发经过进行一定程度的还原，在侦查应用中发挥越来越重要的作用。对于案件的初查，可以引导侦查人员全面收集有关被侦查主体职权、资产以及行程的各种数据，并运用轨迹分析、资金流向分析等多种分析方法对案件进行关联分析。帮助侦查机关找到案件的突破口，甚至可以在犯罪嫌疑人身份不明的情况下找到案件的切入点。例如，泰州市纪委办理的一起药品回扣案中就曾成功运用这一分析方法。2017 年,泰州市纪委收到了一封关于当地某医院一科室负责人的举报信,信中提及该负责人多年来从一个叫陈某的账户中定期收取相关药品的回扣。接到举报信后,侦查部门立即开展相关侦查工作,经初查发现,被举报的账户中资金总额已经超过 6000 万元,但系统显示开户人却是一名普通的农村妇女,因此,侦查机关初步断定这一账户明显是被他人冒用了。该犯罪嫌疑人为了躲避追查,只通过线上转账且行程复杂多变,使传统追查方法在本案中几乎不可能运用。侦查人员紧扣网银交易这一线索,秘密查询到网银交易所使用电脑的 IP 地址,同时找到同步的手机线上的浏览数据,确定了具体的设备使用人和地点。最终侦查结果显示,设备的使用人是某医药公司的总经理,设备的具体使用地点竟是远在千里之外的武汉。从一案件可以看出,通过围绕案件的相关数据拓展线索,侦查人员无须实地走访调查就可以远程掌握案件的基本情况,并将收集的全部数据通过思维导图软件进行分析。案件中数据之间的关联关系通过可视化简洁明了,运用大数据实现精确侦查,为这一案件的成功侦破打下了坚实基础。

四、构建以"人"为中心的数据挖掘技术

"以人立案"是大数据侦查模式的主要思路,指的是通过大量数据再现被侦查人的交际圈、生活圈以及活动轨迹等基本情况。加上近年来微博、微信等社交软件的出现,通过网络再现人与人之间的关联越来越便利,而且现在的社交软件大多需要实名认证,实名制有利于帮助侦查机关准确确定用户的身份信息。因此,"以人立案""侦查工作以人为中心"越来越具有可行性。根据政府提供的投资信息等,可以帮助侦查部门判断相关人员在投资项目中的地位;根据社交软件、移动通信提供的数据,可以挖掘有关被侦查主体的全面信息;根据房产登记、银行开户等公开信

息，可评估相关主体实施犯罪的可能性①（见图4－7）。

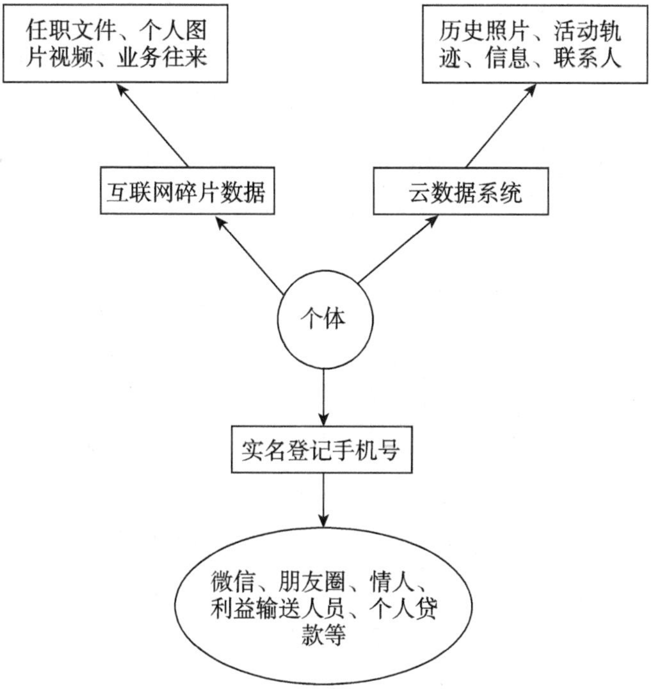

图4－7 以“人”为中心的数据挖掘

信息化已逐渐成为新时期社会发展的一大趋势，职务犯罪行为同样开始具备信息化特征，无论是公职人员不合理的利用权力抑或不正常的经济往来等情形，很大程度上都不会再像以前一样在现实社会中直接表现出来，而是会通过更加隐蔽的形式表现。因此，若要有效侦查职务腐败案件，就必然需要在技术层面上进行突破，以高科技侦查技术对抗高科技职务犯罪手段。如图4－7所示，以个体为中心产生的碎片化信息看似对于侦查工作毫无价值，一旦对其进行归纳汇总，分析所收集信息的共性，将“大数据”转化为“精数据”，那么这些碎片化信息的价值就很大了。数

① 参见程宏：《大数据背景下反贪侦查模式的转型》，载《中国检察官》2015年第3期，第56页。

据挖掘技术恰好就是这样的先进数据手段,作为一种专门从数据库中提取侦查机关所需信息的大数据技术,数据挖掘技术可以从纷繁复杂的数字信息中快速提取案件的“关键词”。如其可以从数据库、图片、视频等信息中搜集侦查机关所需的信息,[①]因此,大数据时代应充分认识到数据挖掘技术对于侦查工作的重要作用,并将其广泛应用到侦查领域,这与现行《刑事诉讼法》的立法精神也是相吻合的。该法第 150 条[②]规定了人民检察院在必要情形下可以采取技术侦查措施。

实际上,传统侦查措施也在随着时代的发展不断更新变化。例如,传统侦查模式下的部分职能,如犯罪案件网络关系分析职能等,就随着大数据技术的发展转化成大数据侦查模式下的相关措施继续发挥作用。大数据技术的发展使得即时通信软件拥有了庞大的用户群,通过对用户群中用户的个人信息进行可视化分析,结合分析结果,社交网站会根据用户的需要推送用户可能感兴趣的消息或是产品,从而达到软件的商业用途。例如,QQ 的“特别关心”功能,根据这一功能可以确定与该用户之间保持“亲密关系”的另一主体。[③] 犯罪网络关系分析的原理也是如此,即对群体性数据进行收集整理,并对之进行分析,在立足个人数据的基础上,分析描述个人数据与群体数据之间的关系。[④] 在对腐败集团进行挖掘时,侦查机关可以使用社交图谱关系分析技术,实现对案件的侦破。社交图谱,是一种可以反映个人社交关系的图谱,在社交网络系统对于社交关系判断的标准上,个人用户一般分为三类社交关系:第一类是强社交关系,这类关系中通常包括用户的家人、亲戚、同学等稳定关系的联系人;第二类是弱社交关系,即联系不够频繁稳定的群体,如朋友的朋友等;第三类

① 参见谢秦川:《数据挖掘技术在经济犯罪侦查中的研究与应用》,载《信息网络安全》2012 年第 12 期,第 36~38 页。

② 《刑事诉讼法》第 150 条第 2 款规定:“人民检察院在立案后,对于利用职权实施的严重侵犯公民人身权利的重大犯罪案件,根据侦查犯罪的需要,经过严格的批准手续,可以采取技术侦查措施,按照规定交有关机关执行。”

③ 参见王燃:《大数据侦查》,清华大学出版社 2017 年版,第 98 页。

④ 参见任惠华:《论侦查效益的概念》,载《政法学刊》2007 年第 3 期,第 36 页。

是临时社交关系，也就是现实中可能不熟知但在网络上与之互动并建立临时的社交关系的联系人，即常说的网友。基于大数据技术，并运用社交图谱关系分析法帮助侦查机关对犯罪嫌疑人的网络图谱进行分析，即对犯罪嫌疑人在网络上所产生社交强关系、弱关系甚至临时关系的联系人进行分析，从而实现对犯罪嫌疑人背后腐败集团的挖掘。[①]

构建以“人”为中心的数据挖掘技术需要注意以下4个方面的技巧：一是使用智能搜索引擎的技巧。使用智能搜索引擎，第一步关键是要选择合适的关键词，如果关键词选择不当，则会导致最终的搜索结果出现过多或过少的情况。第二步是要学会利用关键词之间的连接逻辑词。在案件涉及多个关键词时，适当使用逻辑词或是逻辑字符可以帮助侦查机关精确搜索范围。[②] 第三步是有针对性地从相关公开网站中检索侦查所需的信息。通常情况下，可以采取定位搜索或进阶搜索等方法。例如，侦查机关若是需要检索有关铁路方面的信息，就可以利用国家发改委官网中的铁路官网进行定位搜索。二是网络抓取技巧。[③] 通过这一技巧可以帮助侦查机关获取大量社会中的基础信息。利用互联网获取社会的基础信息主要有两种方式，一种是人工采集，另一种是自动采集。人工采集指的是通过人工掌握使用搜索引擎的技巧，而自动采集指的是侦查机关通过与专门技术人员合作或是与专门的软件技术公司合作，获取相关政府官方网站中公开的数据信息，甚至是获取相关官方文件、重大项目实施情况以及法规政策等信息，自动获取的相关人又被称为“网络蜘蛛人”。[④] 三是运用互联网企业平台的技巧。随着互联网企业的快速发展，许多知名互联网企业，如腾讯、阿里巴巴等互联网企业平台存放了大量用户的数据信息。因此，侦查机关应充分认识互联网企业在大数据时代对侦查工作

---

① 参见赵刚：《大数据：技术与应用实践指南》，电力工业出版社2013年版，第79页。

② 参见王莹：《网络搜索引擎使用技巧》，载《河南科技》2010年第14期，第95页。

③ 网络抓取技术也即网络爬虫技术（crawler），其通过自动采集由计算机自动系统自动访问网络中的各个站点，记录其网址，抓取其网页，标引其内容，建设索引文档，形成数据库以供检索。它会持续地在因特网上搜索，发现所需信息就把它抓取下来，放到自己的数据库中。

④ 参见孟宪文：《公安信息学》，中国人民公安大学出版社2006年版，第102页。

的重要性。通过建立特别许可获取信息机制，形成可以通过互联网平台全面采集大数据的数据聚集效应。① 除此之外，在移动互联网领域，三大通信运营商如中国电信、中国移动以及中国联通同样存储了大量客户的数据信息，这些数据还包括有关客户的消费习惯、社交圈甚至活动范围等信息，这些数据也可尝试通过以上模式进行获取。四是个性化初查技巧。因职务犯罪案件存在不同的案件类型，同一类型案件中又存在不同的作案手段、不同的犯罪客体。因此，职务犯罪案件之间无论是外部形态方面抑或内在规律方面的特征均不相同，侦查机关在面对不同的职务犯罪案件时，应实施不同的侦查手段。此外，还需要对初查工作进一步精细化，在侦查过程中尽可能地多收集与案件有关的数据信息。②

根据长期以来的侦查实践，可以将实践中的职务犯罪案件分为渎职、贪污、贿赂三类。对于不同的案件类型，侦查工作也应当给予不同的侧重点与侦查方法，侦查机关应当根据侦查案件的类型实施个性化而非普遍化的初查措施。例如，在对贿赂类案件进行初查的过程中，应将案件的重点放在对行贿方的侦查上，此时，侦查机关应当重点收集有关行贿方的企业信息、相关个人信息以及是否存在银行资金存取异常情况、是否存在偷税漏税等情形方面的信息。并通过卫星定位、话单分析、卫星地图等技术手段对相关人员的行踪进行掌控，分析其近期的活动轨迹、交往人员等情况，为接下来的侦查工作打下坚实的基础。

五、大数据侦查腐败案件侦查思维过程实操

（一）调查公共数据

拥有公共资源的机构或部门贮存了有关公民身份、消费、房产、医疗

① 参见程宏：《大数据背景下反贪侦查模式的转型》，载《中国检察官》2015 年第 3 期，第 54 ~ 56 页。

② 参见尹立栋：《职务犯罪初查标准化体系》，中国检察出版社 2014 年版，第 97 页。

等不同种类的大量信息。通过分析这些数据库中的数据，可以了解相关人员的单位、财务往来以及任职履历等基本情况。如通过分析银行交易信息，可以了解相关人员资金流水的情况；通过分析通信话单，可以获知通话信息与相关联系人；对出行与住宿信息的分析，可以发现同行者以及相关人员的活动轨迹。这些数据同样可以应用到侦查领域，其对案件的侦查具有重大意义，可以拓展犯罪案件侦查的方法。通过这些数据可以找到案件的关键线索，帮助侦查部门实施侦查、审讯等工作，从而实现案件的侦破。例如，曾经发生的某集团公司董事长的一起涉腐案件就充分说明了公共数据对于案件侦查的作用。案件中的犯罪人赵某因涉嫌经济问题被群众举报，随后侦查人员进行了线索核实与分析，初查后认为该举报可信，案件具有可查性。于是通过信息查询系统以及电信、移动等通信部门获取了赵某及其家人的基本个人信息、存款、房产、通话记录等信息。同时，侦查人员假借调查其他案件之名，秘密调取该集团的公司账目。侦查人员将举报信息与侦查信息进行比对，发现赵某的个人银行账户与单位账户之间存在资金往来，具有挪用公款的嫌疑，最终通过追踪单位账目，发现赵某曾经将公司的3000万元资金用于炒股，同时将炒股所得的200万元收益私吞的犯罪事实，最后将赵某抓捕归案。在大量证据面前，赵某如实供述了自己职务侵占犯罪行为。

（二）提取个人存储信息

随着信息化时代的发展，基本上每个人出行或是与人交往都离不开手机、电脑等信息电子设备。对于侦查机关而言，被侦查对象往往将个人最重要、私密的信息存储在这些设备中。因此，这些电子设备对案件的侦查有着关键作用，甚至还会在其中发现职务犯罪行为的案件经过。例如，某市发生的一起案例就是通过利用犯罪嫌疑人的电子设备侦破了案件。白某是当地政府的副秘书长，同时曾经兼任当地大型国有酒店的领导职务。经过初步侦查，获知市财政局曾经根据该酒店一份申请政策优惠的报告返还给该酒店土地收益金，金额达数百万元。依据国务院出台的《关于规范国有土地使用权出让收支管理的通知》,已经对土地收益金返还进行了明确禁止。因此,侦查机关高度重视这份申请报告及相关电子版,发现其修改日期是2006年12月,而负责土地收益金管理职责的副市长签字时间却显示为当年3月。换言之,同意在前,而实际报告完成反而在后面,这与正常的审批流程相背离,具有职务犯罪的重大可能;而且副市长的签署意见中不涉及土地收益金返还的内容,显然报告是经过篡改的。在获取这一重要线索后,侦查机关立即对相关当事人进行询问,证实土地收益金的返还确实是被篡改加上去的。白某将该土地收益金通过应收账款的形式偿还了个人的银行贷款,这个线索的发现为整个案件侦查打开了缺口。专案侦查小组最终查清了白某与市财政局原副局长相互勾结,篡改报告,非法套取政府土地收益金586万元的犯罪事实。

(三)运用技术调查措施

《监察法》第28条第1款规定,监察机关调查涉嫌重大贪污贿赂等职务犯罪,根据需要,经过严格的批准手续,可以采取技术调查措施,按照规定交有关机关执行。但对于什么是条文中所规定的"技术调查措施",《监察法》并没有明确规定。有学者认为,第28条第1款所规定的"技术调查措施"是特指监察机关根据案件的实际需要,在经过指定机关严格审批的情况下,以相关科技作为调查中的技术支撑,使其调查行为秘密进行而不被调查对象所知晓的调查技术;简言之,特指一种秘密调查措施。司法实务中,不同于传统调查方式,在秘密调查措施的进行过程中,当事人完全不知道其处于被调查中,这种秘密调查手段主要有电子监控、秘密跟拍等方式。之所以这样做,是为了避免某些案件中的犯罪嫌疑人故意破坏犯罪证据的情形发生,同时相较于传统侦查措施,秘密调查手段还能更直观地还原案件事实,确保证据的可靠性。另外,这种技术调查工具与方法能够与犯罪发生保持同步,能够覆盖犯罪的各个阶段,并将嫌疑人的言行举止及具体犯罪事实及关键证人等信息全都记录在内。例如,在某市的一个案件中,监察机关在贴吧上关注一条有关当地教育局局长王某涉嫌职务犯罪的帖子后，开始对案件进行初查，在掌握确凿证据的基础上，决定立案并对该局长展开抓捕工作。在抓捕过程中，监察机关根据案件需要并经过相关审批决定对本案采用技术调查措施，请有关部门对王某进行卫星定位，同时利用住宿信息系统，秘密查询王某的落脚点，顺利抓获了犯罪嫌疑人王某。[①]

本章小结

要实现侦查工作的智能化、先进化，侦查人员必须及时改变落后的侦查观念，以发展的眼光看问题，理智看待侦查技术的发展，接受新技术。运用大数据查办腐败案件以数据主导侦查、全景式侦查和预测性侦查理念构建以“人”为中心的大数据侦查模式，为大数据技术在侦查领域的应用奠定认识基础，促进大数据侦查模式的良性发展、智能发展。当然，重视新技术也不等于片面放弃传统。大数据技术等新型技术的出现提高了侦查工作的效率以及侦查的准确性，也提高了侦查机关的侦查效率。但与此同时，新型技术的出现，使得实践中部分侦查机关利用新技术的智能化片面追求破案率，以此来完成量化考核指标，这种趋势容易导致违法滥用侦查措施等问题，造成侦查机关产生对大数据侦查技术的盲目崇拜心理，为大数据技术的合理应用埋下了隐患。事实上，传统侦查思维对于新时期侦查工作的开展仍然具有相当大的重要性。因为侦查工作很大程度上是对侦查机关已经掌握的事实，并在此基础上进行逻辑思维的逆推，由此形成最终的案件事实。因此，对大数据的应用切忌盲目崇拜新技术手段的智能性，切忌对新技术形成技术依赖，而片面丢弃长期以来传统侦查实践中所总结的珍贵经验，导致技术与实践之间关系的割裂。

任何人都不能也没有理由否认大数据的有效性，但同样应当认识到

① 参见刘东平、曲海舰：《职务犯罪侦查信息化研究》，载《菏泽学院学报》2016 年第 3 期，第 98 ~ 99 页。

大数据技术也并不是万能的。正如人类处理数据方式的演进过程一样，数据的变化速度永远先于数据处理的理念和技术的提升。时至今日，人类社会中的数据总量且数据的增长程度已经超越了人类的任一时期，数据增长的速度以及新的数据类型不断出现，这些也都对未来数据处理技术形成了巨大挑战。从当前的技术条件来看，能够被人类所存储、掌控以及分析的数据对于整个数据总量而言只是沧海一粟。数据分析能力在今天虽然得到了极大提升，但是这种分析能力仍然无法匹配当前数据总量的量级和全新的数据种类。实际上，数据分析技术的滞后性在很多领域早已存在，这种滞后性使我们在对数据进行处理分析中得到了相当多的数据垃圾，因此过于盲目地追捧大数据技术，或是过于盲目地信任大数据技术的分析结果，反而会影响侦查机关作出明智的判断与决策，甚至在一定程度上还会阻碍侦查机关掌握相关数据信息。

数据对于侦查机关作出最终决策具有重要参考作用，但应当明确，虽然数据所提供的参考价值十分重要，但是参考始终也只是参考，绝不应当成为侦查机关作出决策的全部依据。[①] 此外，传统侦查模式与大数据侦查模式从来都不是也不应当是对立的关系，更不是非此即彼的关系。二者只是不同时代以及时代背景下不同科技水平的产物。传统侦查模式所具有的优势也正是大数据侦查模式具有的缺陷，同时大数据侦查模式所拥有的优点也正好是传统侦查模式无法完善的地方。因此，二者应当是一种相辅相成的关系，只有将二者的独特优势进行有机结合，并将这些不同优势进行灵活运用，充分发挥各自优势，才能最大程度地发挥侦查工作的效能。[②]

---

① 参见黄升民、刘珊：《"互联网思维"之思维》，载《现代传播（中国传媒大学学报）》2015年第2期，第1～6页。

② 参见聂江波：《信息化动态化条件下侦查措施拓展研究》，载《江苏警官学院学报》2015年第2期，第73页。

第五章　大数据时代查办腐败案件的域外考察

反腐败不仅是中国治理的重点,在全世界也具有重要意义。成立于 1995 年"透明国际"(Transparency International,TI)这一非政府、非营利的国际性民间组织就是致力于有效和可持续地打击和遏制腐败,推动全球反腐。透明国际最大的成就在于把贪污问题提上了国际议程。2003 年,全球 140 多个国家通过并签署了《联合国反腐败公约》(UNCAC),中国于 2003 年 12 月 10 日签署公约。①

一、域外大数据侦查腐败案件机构与制度比较

(一)欧洲大数据侦查腐败案件机构类型与制度

1. 英国:设立国家犯罪情报局

20 世纪 90 年代末期,英国政府为了更好地防范和打击犯罪建立了国家罪案调查局,并将之置于内政司法

---

①　《联合国反腐败公约》是迄今为止关于治理腐败最完整且具全球性、综合性和创新性的国际法律文件,对腐败犯罪的界定、腐败利益的剥夺及反腐败国际合作的严谨规定,不仅为国际社会反腐败提供了基本法律指南,而且在世界范围内倡导了治理腐败的科学理念和长远策略。

部之下,发展到2004年,该机构又与当时的国家打击组织犯罪局进行合并,由政府直接提供全部的运作经费,并在英格兰、苏格兰、北爱尔兰都建立了分支办事机构。该局的主要职能范围涵盖情报收集、分析趋势研究等诸多方面,同时也涉及犯罪情报的相关处理工作;并对犯罪形态与趋势进行深入描述与探讨,为各级警局工作提供框架设计与原则指导;对司法系统与相关合作方之间进行资源协调,让国家犯罪情报工作高质效开展;确保司法系统在打击犯罪方面的协同运作。

该局采取各种手段广泛收集信息,包括针对目标对象实施一定条件的窃听;线人情报机制;警察部门情报机制;非警察机构情报机制如海关、金融机构等。在完成情报收集后,该局内部机构会依据情报类型进行汇总整理,并列入相关信息库,探讨当前犯罪形态与未来趋向,并构建协同性和共享性的全覆盖系统,实现中央与地方侦查机构的情报共享,对重要侦查活动进行整体统筹协调,提高侦查效率,控制司法成本,目前该国每个警察局都配备了一个情报机构,且该机构人员占比维持在3% ~5% 。①

英国公职人员的职务犯罪多被称为腐败犯罪或者欺诈犯罪,尽管两者的范围不尽相同,但腐败犯罪(欺诈犯罪)包括了主要的职务犯罪,比如普通法中的受贿罪、制定法中的贪污罪、滥用职权罪等。英国职务犯罪侦查权目前并不集中而是分散在各个不同机构,主要机构包括反严重欺诈局(the Serious Fraud Office,SFO)、警察局(包括地方警察局、国防警察局、严重有组织犯罪侦查局等具有警察性质的机构)、投诉警方独立监察委员会、海关和税务局等承担职务犯罪侦查职能,其中反严重欺诈局管辖需要由检察官指导侦查的重大复杂欺诈犯罪(包括职务犯罪),比如涉案金额在100万英镑以上的欺诈、腐败犯罪案件;投诉警方独立监察委员会管辖警察职务犯罪;其余较轻的职务犯罪由警察局负责侦查。目前,英国正在修订统一的惩治腐败犯罪法,职务犯罪侦查权的配置也有统一化的

---

① 参见伊文:《英国国家犯罪情报局概况》,载《公安研究》2005年第8期,第92页。

趋势,即改革后将所有的腐败犯罪案件都归反严重欺诈局负责侦查。英国的侦查机关高度重视情报信息工作,已经形成了信息主导侦查的国家情报模式(NIM)。他们认为,情报信息对于打击和预防犯罪是有着关键作用的。因此十分重视对情报信息的利用,在实战中也特别注意对情报信息系统的建设,对信息的收集、储存、保管和使用都制定了严格的规范制度。英国的职务犯罪侦查主要由检察与警察分工负责,因此其信息化建设也由检察机关与警察机关共同承担。英国在2005年颁布《国家情报模式指导手册》,2006年颁布《警务信息管理指导手册》,使英国的国家情报信息模式得到了确认,也大力推动了其信息化发展进程。NIM的目的主要是强化信息收集、制定打防犯罪策略,确定以管控犯罪分子、控制发案和失控热点、侦查系列犯罪案件、采取预防措施为重点的工作目标,并形成统一的控制战略。在该模式框架下,对犯罪信息处理建立了一套逻辑严密且程序完善的操作流程,有效抑制了调查与侦办过程中不确定性影响程度。①

2. 德国:公务员特别岗位评估制度

德国在反腐败的制度设计方面有着体系严谨与规范具体的特点,形成了完备的反腐败法律体系。除对腐败犯罪的惩治外,德国特别重视腐败的预防,制定了预防腐败法律,并设计了特别岗位评估制度,强调将公务人员的权力关进制度的笼子。德国联邦议会设立的特别岗位评估制度大致的规则为,将联邦议会内部的各个职位,根据出现腐败机会和频率的大小,以及有可能产生腐败的工作量占整个工作量的比例划分等级,大于50%的就被认为是特别风险岗位。德国联邦议会内部共有105个部门,经过评估评出7个部门、200多个岗位的腐败风险较高。②

---

① 参见[英]杰瑞·莱特克里菲:《情报主导警务》,崔嵩译,中国人民公安大学出版社2010年版,第74页。

② 参见吴纪树:《德国法治反腐的实践与启示》,载《领导科学》2015年第12期,第54~56页。

对于被评估的腐败发生概率较大的岗位，为了提高公职人员的道德修养与法律意识，预防与减少腐败，每一个入职的公务人员都被进行严格审查。对入职人员入职前进行相关廉政教育培训，提供“防腐行为准则”，增强其抵制腐败的自觉性和主动性。在思想教育的基础上，联邦议会还辅之以制度设计提供强制力保障：第一，形成数据体系。公务人员的工作步骤都必须在法律规章的框架下执行并将过程形成书面材料，既是存档也是证据，以供有需要时进行查阅及监督。这使每一个程序都有源头可追寻，工作的过程完全处于监督之下，有利于预防腐败；同时在大量的书面材料的整理与归档实施上已经构建了一个行政事务数据管理系统，从而极大地方便了证据固定，也提高了相关案件的侦办效率，可以实现反腐的调查与惩治。第二，避免任期影响。德国的公务员具有固定的任职时间，一般规定不得超过5年，针对已经被评估出的高风险岗位还有特别的任期限制，一般必须少于3年，以降低公务员在岗身份的影响，防范腐败行为。第三，强调多眼监督。在被评估的易腐败工作范围或职务领域，如补贴发放岗位等，必须多人共同履职，在执法过程中实现监督；同时还规定公共管理事务的整个处理与决策过程都需要按照要求对外公开，让公权力始终处在各界的监督中。①

3. 俄罗斯：建立综合电子数据库与编制易受贿赂职位名册

俄罗斯的腐败现象错综复杂，严重阻碍了其发展，在经历了艰难的反腐后，俄罗斯将职务犯罪列为系统性的政治难题。为解决这一难题，俄罗斯将反腐败列入国家计划，②并基于该计划建立了全国性反腐与纪检机构，颁布了《俄罗斯联邦反腐败法》。并且辅之以明确公职人员财产申报与公示制度、建立预防职务犯罪综合电子数据库以及严格选拔公职人员等措施，逐步走向制度反腐与系统反腐。

---

① 参见王晖：《德国：有成效的公务员反腐败管理》，载《中国监察》2004年第13期，第58~59页。

② 参见庞大鹏、金哲：《俄罗斯的“反腐败国家计划”》，载《俄罗斯中亚东欧研究》2009年第3期，第24~30、95页。

值得一提的是其全国性的综合电子数据库的建立，为防控职务犯罪提供了技术支持。通过电子政务系统的开发，俄罗斯政府官员的收入申报与实际资产的透明度提高，使政府可以及时掌握政府官员个人的资产变化情况、家庭成员状况与工作生活状况等信息。这样庞大的信息数据库为惩治和预防职务犯罪工作奠定坚实的基础：一是严格监督，将政务的内容、规则、标准等硬性制度要求固化于程序之中，运用电子程序严格依照既定程序运行的“刚性化”特点，实现对权力运作的严格规制与监督，堵塞腐败漏洞，防止腐败行为的发生；二是提供预警，借助互联网运行“实时化”功能和信息搜集“全面化”的能力，提升信息更新速度与系统透明程度，广泛搜集网上舆情，为各部门的预防工作提供预警信息；[①]三是发现线索，通过数据库对比分析技术，及时跟踪并整理官员的廉政信息，发现职务犯罪线索，并固定证据，第一时间介入调查。[②]

除此之外，俄罗斯还采取编制易受贿赂职位名册的技术措施，开展职务犯罪惩罚防治工作。这项措施的主要内容是“俄罗斯联邦政府机构中的各个部门，结合各自职责分工和权力运行特点，查找在工作中容易受贿赂的职位，进行分析、归类，并编制出易受贿赂职位名册”。[③] 这些掌握权力、在易受贿赂职位中担任要职的公务人员领取的工资更高、享受的优惠待遇也更多，但与此对应的是需对其日常生活方式和交往对象等方面进行监督。也就是说俄罗斯政府在廉政风险的防控中，结合各部门权力行使的特点，查找权力运行过程中易发生腐败行为的廉政风险点，[④]进一步分析可能包括的教育不足、制度缺位与监督乏力原因。据此运用风险管

---

① 参见迟连翔、齐晓安：《俄罗斯反腐败措施及其启示》，载《东北亚论坛》2012 年第 3 期，第 91 页。

② 参见苏东民：《俄罗斯职务犯罪研究》，黑龙江大学 2015 年硕士学位论文，第 59 ~ 63 页。

③ 迟连翔、齐晓安：《俄罗斯反腐败措施及其启示》，载《东北亚论坛》2012 年第 3 期，第 95 页。

④ 廉政风险点是指权力行使流程中可能出现因教育、制度、监督不到位和公务人员不能廉洁自律而产生廉政风险的具体环节。

理的技术对这些风险进行评估,进而采取针对性的高薪养廉与多方监管的举措,保证权力运行的规范有序。

强化并规范官员财产申报及公开制度,俄罗斯官员有义务申报本人及其家庭成员的收入、财产和具有财产性质的证券等。同时按照法定程序进行公示,以便公众进行查阅、发现腐败行为并进行举报。为保护举报人的合法权益,政府起草制定了专门法案保护举报腐败违法行为人权利和合法利益免遭被举报人侵害。为举报人提供人身安全保障,保护其合法权益,同时还为举报人确立了提供物质与非物质奖励的法律依据,有助于更有效地预防职务犯罪。

4. 丹麦:不断完善监督机制

丹麦廉政建设举世公认,这与它大数据时代下完善的监督机制密不可分。第一,丹麦的税务部门对财产进行监督。丹麦具有完善的个人所得税与财产税征收体系,每个人需要如实申报以保证税款的征收,这要求税务部门对包括公务人员在内的所有丹麦民众和公司的财产状况进行了解。丹麦人的住房、财产、土地都经过所有者注册,在电子信息时代任何人都无法瞒报资产。第二,丹麦独立的机构——国家审计局对公共财政与开支进行监督。国家审计局负责对公共部门的预算和开支进行调查、研究,通过对有关财政数据的专业研究分析,检查是否有违规和滥用的情况发生,保证公共财政和公共开支透明化、公开化。同时,这些公共开支信息在互联网公开供社会监督,以便更好地发现问题,使权力在阳光下运行。①

(二)美洲大数据侦查腐败案件机构与制度

1. 美国:设立美国联邦调查局情报(FBI)中心库与国内税收署

美国联邦调查局的十大核心任务之一就是全方位打击贪污腐败,为

---

① 参见许春华:《丹麦为什么不腐败?》,载《决策探索》(上半月)2012 年第 12 期,第 75 ~ 77 页。

联邦、州、市相关机构和国际组织以及国内外合作伙伴提供指导和刑事司法服务，为此其于 1992 年建立刑事司法服务处。该处直接隶属于美国联邦调查局，是联邦调查局最大的内设处，目前向全美 19,000 个执法机构提供刑事司法信息服务，发挥着联邦调查局所有刑事司法核心和情报中心库的作用。[①] 该机构基本能够覆盖所有执法机构的司法服务需求，发挥刑事司法的核心作用，同时也部分履行情报中心库职能。美国还针对不同类型的犯罪，构建了不同的情报信息平台系统，如国家刑事犯罪信息中心（NCIC）、美国金融犯罪执法网络（FINCEN）、埃尔帕索毒品情报中心、国家执法电子通信系统（NLETS）、美国犯罪历史记录中心（CHRI）等。[②] 为使原始信息能够服务于情报信息平台的建设，联邦调查局对情报人员进行了严苛的选拔与培训，主要包括情报分析员、语言分析师、跟踪监视人员以及特工四大类，分工合作以辅助平台运转。同时，为了加强情报收集的途径，情报中心通过人工情报、信号情报、影像情报、测量和信号情报和公开来源情报等多种信息来源进行收集，尤其重视收集来自基层的信息，加强与国内外同行、私营企业和学界的联系。这些措施的结果是建立了完善的数据网络，从而为打击贪污腐败奠定了基础。

此外，隶属于联邦财政部的国内税收署的犯罪调查处和稽查处都对贪污贿赂案件负有一定的调查职能。犯罪调查处下设调查、情报等科，主要负责涉及收入、不动产、税收等领域的犯罪案件的调查。稽查处下设内部审计、内部保安等科，主要负责贿赂、贪污公款、泄露税务机密等犯罪案件的调查。该署现有拥有极高的效率以及庞大的队伍，该署在美国各地建有 7 个地区办事处，有特工数千人，且多数是具有财会或法律专业资格的专业人才。[③]

---

① 参见邱斌：《“9 · 11”后美国联邦调查局的情报建设介绍》，载《上海公安高等专科学校学报》2014 年第 1 期，第 85 ~ 89 页。

② 参见孙长国、金翌昀、陈宝琨：《中外职务犯罪侦查情报信息工作比较》，载《人民检察》2009 年第 13 期，第 56 ~ 58 页。

③ 参见何家弘：《美国反腐败法律制度》，载《外国法译评》1998 年第 4 期，第 32 ~ 51 页。

在美国的法律框架下,对职务犯罪管辖相关的问题规定得较为模糊,目前涉及该方面的只有一些单行法或部门规章进行约束。总体来看,美国公职犯罪侦查的主要负责机构有两个,一个是美国检察机关,另一个是联邦调查局,通常都是由两个机构共同负责。但是也有少量地方公职犯罪,直接由当地检察机关负责。在部分州也有特殊规定,总巡视员也拥有该方面权限,能够对特定腐败犯罪案件展开相应的调查。美国职务犯罪侦查权主要可以从横向视角进行总结,即警察系统配合检察系统再加法庭大陪审团机制模式。[①] 基于此,美国职务犯罪信息化建设的主要承担者和参与者也就是警察系统和检察系统,其中也涵盖了犯罪侦查信息化,两个系统间在该方面的合作也为犯罪侦查信息化共享提供了有利条件。目前美国已经构建了一个情报主导警务战略(comp stat),其中主要强调的就是犯罪情报的系统分析。该侦查信息系统目前包括诸多刑事司法信息体系,如国家犯罪信息中心(NCIC)、国家执法电讯系统(NLETS)、指纹自动鉴定系统(AFIS)等,这一体系的主要功能有三个,一是案件指挥,二是案件分析,三是情报支持等。[②] 数据量最为庞大且内容涵盖最丰富最完整的警务数据库,其中包括通缉信息、失踪人员库、被盗物品库、不明身份人员库等。[③] 这些准确、及时、有效的信息可以说对美国的各类型犯罪侦查起到了很大的作用,大大提高了美国的侦查效率。值得注意的是,美国侦查情报信息网络并非仅存在于警察与检察系统内部,而是涉及社会的各个方面,有联邦调查局、国安局、金融犯罪调查中心等国家机构,[④]也有一些高校、研究机构或社会组织被纳入其中,这两方面机构或组织都会与警察以

---

① 参见王晓霞:《职务犯罪侦查制度比较研究——以侦查权的优化配置为视角》,中国检察出版社 2008 年版,第 64 页。

② See Marilyn Peterson, Intelligence-Led Policing, *The New Intelligence Architecture*, Washington D. C.: Bureau of Justice Assistance, 2005.

③ 参见朱宏:《美国国家犯罪信息中心浅析》,载《公安学刊·浙江公安高等专科学校学报》2005 年第 6 期,第 65 页。

④ 参见张强:《对美国公共管理框架内治安与警务的若干思考》,载《江西公安专科学校学报》2008 年第 2 期,第 103 页。

及检察系统保持密切联系，随时向他们提供所需要的情报数据。[①]

2. 加拿大：利用现代科技提高反腐水平

加拿大强调对腐败的有效侦查与严厉查处，积极利用现代科技的有利条件大幅度提高侦查反腐水平。第一，采用现代财务监控分析技术进行反腐。加拿大反腐机构能够准确、及时、高效地监控公职人员的个人财务变动状况，如公职人员刷卡消费数额明显高于其个人支付能力的情况能很快被有效掌握。第二，引入现代技术图像识别技术进行反腐。通过加拿大开发的新式软件可以绘制、检查人脸，每个人的独特性数据档案共同构成一个庞大的数据信息库，借助这种图像识别技术在数据库中进行比对，如果发现同一个公职人员拥有不同的名字和身份，则很有可能涉及腐败案件。上述技术措施有力地促进了反腐工作的全面、深入开展。[②]

（三）亚洲大数据侦查腐败案件机构与制度

1. 日本：检察机关设立特别搜查部与发展电子政务

日本在东京、大阪、名古屋三个主要核心城市建立了特别搜查部，其主要职能就是对逃漏税、经济犯罪、职务犯罪等进行侦办，在行政上受地方检察厅管辖，但实际侦办工作系完全独立，仅需要向国家检察总长负责。特别搜查部下面有 4 个分支机构，包括特殊事务科及资料科、财政经济科、特殊直告班等。涉及腐败及职务犯罪、侵占等类型案件主要由特殊直告科负责；财政经济科主要负责处理经济类案件；特搜事务课负责经办部内的总务。特别搜查部资料课在这样的机构设置下最为重要，因为其职责是负责收集案件情报，为其他部门提供案件线索来源。这是特别搜查部广受赞誉的调查力的源泉——检察官通过调查银行户头、跟踪嫌疑

---

① 参见曹恒：《职务犯罪侦查信息化研究》，西南政法大学 2013 年硕士学位论文，第 15 页。

② 参见陈群民、李显波：《加拿大反腐经验对我国反腐倡廉的启示》，载《探索与争鸣》2011 年第 6 期，第 78 ~ 80 页。

人、住宅搜查等手段获取数据与信息,并整理与分析资料得出有价值的信息。除了广泛的调查收集手段与权限外,特别搜查部的人员组成也是其调查力享有赞誉的重要保障。在“以老练的检察官为中心,配以新进检察官、副检察官和检察事务官,以成立智能犯的搜查班,并使其在某种程度上成为专门的组织,以应对重大的、专业性犯罪”的方针指引下,检察官都是由日本全国各地选拔的侦查专家组成,大多为三四十岁的,有10年以上经验。除检察官专业化外,其数量也十分庞大,以东京特别搜查部为例,其人员编制有116名,包括检事、副检事与各类检察事务官,其编制大约相当于我国一个地级市检察院的规模,为侦查案件提供了充足的人力保障。上述的制度设计使日本的特别搜查部制度以其组织的大型化、专业化、严密化而见长,在“洛克希德事件”中发挥了重要的作用,也使得诸多大型侦查作业的顺利完成。①

目前日本电子政务持续推进,已经构建了全国性的电子政务系统,同时也对政府及各部门门户网站建设进行了规范与约束,使政府行政与监督的开放度与公开度越来越高,也为腐败预防与惩治提供了新渠道与新助力。另外,日本设置了有条件的财产申报制度,对公务员与国会议员的财产申报范围、类别、管理审查以及申报责任进行了详细规定。申报财产的公开和查阅是财产申报管理的重要环节,只有对公务人员申报的财产实现公开和查阅制度,才能使公众进行实际有效的监督,对公务人员形成心理震慑,达到预防腐败的功能。②

2. 韩国:大检察厅下设中央搜查部,地方检察厅设特别搜查部

韩国涉腐案件主要侦办与调查责任都是由检察系统承担的,特别设置了肃贪反腐败事犯中央搜查本部及位于各地的特别搜查分部。该部门职权集中度非常高,兼有情报、侦查、起诉等权限,内设一个搜查企划官

---

① 参见万毅:《特搜部:日本检察体系的反腐利器》,载《中国法治文化》2016年第6期,第63~64页。

② 参见刘志勇:《日本财产申报制度及其启示》,载《理论探索》2012年第5期,第116~119页。

室、三个搜查科、科学搜查指导与运营科等，共计 6 个部门。①

中央搜查部与地方特别搜查部分工协作，由中央搜查部负责的案件类型有全国性案件、影响特别大的涉腐案件、总检察长督办的案件等，其他案件几乎都属于地方特别搜查部的职能范畴。不正腐败事犯特别搜查本部配备人员约占韩国大检察厅总人数的 21%，同时中央搜查部还具有紧急人员调动权，能够从各地临时抽调 30～50 名检察官。据文献记载，在涉腐案件侦办与破获方面，各级不正腐败事犯特搜部都取得显著成绩，仅在 1993 年 3 月至 1994 年 7 月底的一年多的时间内就查处了不正腐败事犯 8269 人，其中不乏高级公务人员，还包括国会议员、各军参谋总长等高级军官。②

3. 新加坡：设立反贪污调查局

独具特色的反贪污专门机构——反贪污调查局是新加坡依法治理腐败的核心力量，其主要职责就是负责调查公务人员涉嫌贪污腐败及舞弊的行为。在新加坡的反腐败管理体系中，反贪污调查局具有高权威性、高独立性以及完备的机构设置，其高权威性体现在享有广泛的职权，高独立性体现在由总理直接领导工作、独立于其他部门，这都为所设置的各个机构发挥作用奠定了基础。③

反贪局内部下设专业调查部门、信息搜集部门和行政服务部门。其中调查部门是该机构的核心部门，下设若干分部，包括政府特别调查组、企业特别调查组与金融调查组，分别负责各自职责相关的公私领域的重大涉腐犯罪；综合调查组主要承担普通类型罪案；调查政策处主要承担对当前犯罪态势与趋向的研判工作，对涉腐案件发生机构或组织进行管理

---

① 参见孙安权：《大数据背景下贪污贿赂犯罪侦查情报体系的建设构想》，载《南海法学》2018 年第 1 期，第 73～80 页。

② 参见高荐辑：《韩国检察机关及其反贪机构》，载《人民检察》1995 年第 5 期，第 60～61 页。

③ 参见韩洋：《新加坡法治反腐的经验及启示》，载《上海党史与党建》2015 年第 8 期，第 60 页。

漏洞弥补督促;调查训练处主要承担该机构的内部成员训练与培训工作。[①] 这些部门各有侧重,从不同领域腐败犯罪的专业分工调查工作到犯罪趋势的分析与调查人员业务素养的训练,真正在腐败犯罪调查领域实现了专业化、精英化建设。信息处为调查行动提供信息支持与服务,下设信息组,主要职能是对所有公职人员的人事信息进行核查;同时还有研究组和情报组,前者主要的职能范围是对政府反腐败机制不足进行研究,后者主要承担为调查部门负责收集和整理腐败犯罪所需的一切情报信息。[②]

新加坡的反贪污调查局一直处于高效运转状态中,保持较高的办案效率。新加坡贪污调查局官网显示,2012～2016 年,该局的结案率除 2013 年为 67% 外,其他年份均保持在 75% 以上,对贪污调查局移送的案件,法院审判定罪率均在 96% 以上,[③]反贪工作取得了丰硕的成果。值得注意的是,不同于其他国家的调查机构人员设置众多的情况,新加坡反贪污调查局的规模较小,初期编制只有 30 余人,扩充后也不满百人。也就是说新加坡取得举世瞩目的反腐成绩,不是因为大量人力的投入,而是得益于科技方式在反腐败建设中的快速应用。在科学的方法指导下,新加坡运用先进的侦探技术,适应了信息和通信技术快速发展的情况,最终实现了提升反腐败案件查处质量与效能的美好愿景。[④]

4. 印度:设立中央调查局(CBI)

在印度,中央调查局是从事职务犯罪侦查的主要机构。总部在德里,其他地区都设有分部,以便在全国范围对中央政府下属公务人员贪污贿赂

---

① 参见王小光、谭艺渊:《新加坡贪污调查局调查程序运行及借鉴价值》,载《犯罪研究》2019 年第 6 期,第 97 页。

② 参见董礼胜、刘作奎等:《发达国家电子治理》,社会科学文献出版社 2012 年版,第 93～131 页。

③ 参见王小光、谭艺渊:《新加坡贪污调查局调查程序运行及借鉴价值》,载《犯罪研究》2019 年第 6 期,第 102 页。

④ 参见董礼胜、刘作奎等:《发达国家电子治理》,社会科学文献出版社 2012 年版,第 93～131 页。

行为及犯罪案件进行调查。中央调查局内设有6个分部:(1)侦查与反贪污部;(2)技术部;(3)犯罪记录与统计部;(4)研究部;(5)法律与协调部;(6)后勤部。其中第一个部门最为重要,其职责就是对政府及国有部门及机构职务犯罪进行调查并侦办,同时还承担后续的起诉事宜。它的情报来源于三种途径:一是来自官员本身,包括有关人员的公开发言与财产状况申报。[①] 二是来自普通群众,通过群众积极检举腐败行为以及对新闻媒体报道下的公开评论等方式发现情报、获得线索。三是来自政府各部门间的信息传递,对部门传递的信息予以追踪和挖掘,也可以发现腐败分子。

除侦查与反贪污部外,其他部门也发挥着重要作用。技术部通常主要为其他各个部门提供技术支援;犯罪与统计部主要承担全国犯罪记录保留工作,并整理全国犯罪动态以及邦际犯罪信息;研究部的主要职能范围是对特殊犯罪与警察犯罪诱因等问题进行研究。如不同地区犯罪趋势及根源探讨、现行法律不足、侦办模式的优化等问题。[②] 可以看出,内设机构各有工作内容,且各部门协作,将收集的数据纳入信息库并进行数据分析,形成了有序的运行机制。

(四)我国香港特区大数据侦查腐败案件机构与制度

1974年,香港地区成立廉政公署(ICAC),始终坚持执法、预防、教育三者合一的反贪策略,这三大职能分别由廉署内部的执行处、防止贪污处以及社区关系处负责。[③] 执行处作为廉政公署的执法部门,负责对涉嫌

---

① 中央调查局注重掌握公务人员的财产状况。根据《全印文官行为条例》的规定,印度文官人员在第一次被任命时及以后每隔12个月应按政府规定的形式申报财产;在政府或政府授权机关可随时下达命令的指定期间,文官人员也需按命令指明的内容完整阐明他本人及家族成员拥有和取得的动产与不动产。这些文官人员的财产状况无疑也成为中央调查反贪污的可靠情报之一。

② 参见金泽刚、康均心:《论印度反腐败的法制历程及其启迪》,载《国家检察官学院学报》1998年第4期,第57页。

③ 参见姜云惠:《香港廉政公署"三管齐下"肃贪倡廉模式研究》,北方工业大学2018年硕士学位论文,第13~19页。

贪污贿赂类案件开展调查，发现贪污腐败行为，进而将腐败人员绳之以法，执行处是廉政公署最重要、最核心的部门。① 该处按照接受举报、展开调查、实施逮捕、进行检控4个程序设计打击贪腐。鉴于其需展开调查的工作职责，该处也是腐败犯罪专职情报机构。并下设4个分支机构，分别应对4个不同类型机构或组织的情报收集工作。通过整理报纸杂志上的有关贪腐案件的线索和资料、接收群众举报信息等方式进行情报收集；随着新兴技术的兴起，现代先进科技工具包括网络举报、电话窃听、传音窃听、人脸识别等也被应用于信息收集。

同时，香港特区还成立专门的特情情报网络，主要目的就是加强情报掌握效率与范围，特情人员规模已经破万人。同时，执行处也依照欧美模式实行分工调查机制，即将案件进行分类，再分派给负责不同方向的调查组进行侦办，并且根据社会的发展、新事物的出现，调查组不断进行扩充与整合。如1999年其设立财务调查组、电脑资料鉴证小组，主要提供专业知识及各种技能技术的支持工作。廉政公署有着独立性强、调查权限大、反腐力量集中与对腐败零容忍的执法态度等特点，这保证了各调查组各司其职、分工负责、通力合作高效率打击贪腐，也成功实现了行政人员“不敢腐”的廉政建设目标。②

二、域外大数据查办腐败案件典型案例分析

（一）国外大数据查办腐败案件典型案例分析

大数据技术的发展正推动着全球的反腐行动，也改变了反腐机制与反腐模式。各国纷纷构建基于自身国情与数据基础的反腐数据分析系

---

① 参见朱超然、王杰：《对香港特区廉政公署制度设计的思考与借鉴》，载《河南社会科学》2018年第3期，第85～89页。

② 参见张然、孙乾：《透视香港及新加坡反腐廉政之路》，载《京华时报》2014年8月28日，第4版。

统,全方位、全渠道搜集涉腐数据与信息,并进行深度挖掘和信息整合,发现腐败犯罪信息、揭示腐败活动规律,同时积极构建预防预测机制,开始对职务犯罪构建打防一体犯罪惩戒机制。①

2016 年 8 月 31 日,巴西总统迪尔玛·罗塞夫总统遭到弹劾,原因是他被指控挪用了政府预算,但这一指控并不为大众认可,人们普遍认为他主要是想掩盖政府公共财政虚空的事实。这一腐败案件的线索发现得益于巴西信息的公开,非营利组织"开立账户"通过审查巴西联邦预算网与透明门户网这两个主要政府透明门户网站上公开的预算数据和文件,率先发现了这些违规行为。随后该组织将发现的这一信息传递给巴西联邦审计法院,之后法院调查与政治程序几乎同步展开,此外,数据公开还暴露了巴西石油公司逃税和回扣方面的多项丑闻及案件。这两个事件让巴西民众对腐败问题由来已久的不满集中爆发,加之巴西经济衰退等诸多原因,最终导致罗塞夫总统的下台。从罗塞夫弹劾案可以看出,随着大数据技术广泛应用于政务领域,政府层面强制性地公开重要领域的信息数据,使公务人员企图通过掩盖腐败证据逃避监管和处罚的空间被大大压缩。同时,公众在反腐败斗争中可以起到极大的作用,数据透明行动显著刺激了大众对政治的热情并提高了参与大数据反腐的机会,促使公民监督权更为健全地履行,促进国家廉洁政治的建设。

2016 年上半年,在国际调查记者联盟(ICIJ)的主导下进行了一次全球范围的富人逃漏税及隐瞒财产的揭露活动,共计有 76 个国家的记者参与其中。记者和数据科学家通过对位于巴拿马的专门从事财富管理和"税收优化"活动的一家律师事务所泄露的大量数据进行挖掘与专业分析——这些数据出自大量离岸银行账户和皮包公司,账户数量达到了 21.5 万个,同时涉及公司文件达到了约 1150 万份,记者披露了近 40 年来全球范围内的避税行为,包括避税公司客户用以隐藏他们合法或非法获

① 参见彭文龙、李珍珍:《从网络反腐到大数据反腐:基于信息流建构的反腐模式创新》,载《廉政文化研究》2017 年第 5 期,第 17 ~ 23 页。

得财富的不透明离岸公司、信托和基金会信息，也包括犯罪集团和非法武器交易等黑色产业收入等。无处不在的大规模腐败正在对全世界产生影响，巴拿马文件丑闻体现了数据分析揭露腐败的强大能力，为全球反腐提供了新的思考：通过专业的数据挖掘技术、强大的数据计算能力以及数据可视化工具将信息串联起来，腐败变得更易于识别、追踪和预测，大数据运动可充分发挥反腐新优势，让腐败无处遁形。①

在科技发展的背景下，人类活动趋向于数字化，产生了让个人生活有据可查的数据。基于数据的有记录、可分析的特点，大数据对贪污贿赂犯罪原因进行深入、系统、科学的分析，发挥了除传统的打击犯罪作用外的预测与预防犯罪的作用。美国在利用大数据进行犯罪预测方面作出了很多努力，科研机构专门研发大数据预防犯罪技术。罗格斯大学的研究人员开发的犯罪预防应用程序 RTM Dx 已经被科罗拉多州、得克萨斯州等 6 个州的执法机构使用。它使用地理位置信息和历史犯罪数据评估犯罪发生的空间相关性，确定各种地理位置和犯罪率之间的相关度，在此基础上进行后续的持续监测和深度研究内容；LexisNexi 致力于通过社交媒体收集信息，包括犯罪分子客户端的状态更新、电子邮件、配置文件等，从中发现破案线索，监控和追踪犯罪行为；洛杉矶警方利用基于余震预测的模型对犯罪进行预防，通过庞大的数据集展现洛杉矶的犯罪热点所在，并预测犯罪行为可能发生的地区，服务于警方的日常工作；纽约和圣地亚哥等城市利用大数据预测犯罪，通过分析数据，查明犯罪可能发生的区域，进行警力部署的优化，加强区域的巡逻，增加视频监控，更好地维护公共安全。大数据分析可以帮助调查人员分析通信、社交、落脚点等痕迹数据，发现犯罪线索，并从以往的痕迹线索中，发现同类犯罪的趋势和犯罪手段，可以进一步预测犯罪。②

---

① 参见［西班牙］卡洛斯·桑迪索、［英］本·罗塞斯：《看看世界各国是怎样用大数据反腐的》，载澎湃新闻 2017 年 11 月 10 日，https://m.thepaper.cn/newsDetail_forward_1859299。

② 参见张培：《美国应用大数据预防犯罪》，载《检察风云：社会治理理论专刊》2015 年第 4 期，第 95 ~ 96 页。

(二)我国香港特区大数据查办腐败案件典型案例分析

香港特区廉政公署自成立至今,在打击腐败犯罪上保持着较高的水准,已经实现了政府从普遍腐败到廉洁政府的转变。这与调查人员的事无巨细的调查精神无法分开,他们通过数据信息的全面调查、收集,实现了对腐败犯罪的精准打击。

1998 年,廉政公署截获情报,怀疑政府产业署一名总产业经理徇私,涉嫌收受物业管理公司利益,不当获得价值上亿元的政府合约,遂展开调查。廉政公署经调查后发现在 1994 ~ 1998 年,有一家中型保安公司获产业署其中一名总产业经理力荐,先后获取产业署的预先审定资格、2 份总值过亿的管理合约、总值 1300 多万元的短期合约。然而这家中型保安公司即诚信公司并不具备获得预先审定资格的条件,但总产业经理要求下属修改诚信的审核报告,最终使其获取预先审定资格,并在其后的多次竞选中获得总价值逾亿元的合约。廉政公署找不到这位总产业经理收取利益的证据,但该情形确实令人疑惑。在苦无头绪的情况下,廉政公署追查诚信董事局成员和总产业经理的个人背景,最终从入境处的人事登记科发现诚信公司的董事总经理兼大股东原来是这位总产业经理弟媳的哥哥,二人为亲属关系。廉政公署认为该产业经理的偏私行为严重破坏了政府的公平投标制度,律政司最终决定以普通法的公职人员行为失当罪名检控这位总产业经理。这名总产业经理辩称自己没有贪污,亦没有收取第三者提供的任何利益,而且他不知道诚信董事是他亲属,所以并没有按公务员事务规条申报利益。调查员对此辩称进行查证,分析如果他们相识很可能有机会一起外出游玩,于是去查他们的出入境记录,最终查到 10 年内的记录时,查到了能够拆穿他谎言的记录:1993 年 9 月 20 日 14 时 31 分,总产业经理与他声称不认识的诚信公司老板在同一天、同一时间、同一出入境服务台从红磡离境,并于第二天晚上先后回港。因此,在 1994 年总产业经理在处理诚信的预先审定资格和随后的几份产业合约时,没有理由不知道诚信的董事就是自己的弟媳的哥哥。最终总产业经理被判刑入狱。可见信息的发掘在案件的调查取证中发挥着举足轻重的作用,直接影响着案件最终的走向,决定着正义能否得到伸张。[①]

在科技发展一日千里的当代,资讯科技世界瞬息万变,近年又以大数据、云端运算、区块链和加密货币等一系列创新科技的发展最为快速。面对资讯科技迅速发展带来的挑战,廉政公署更加重视信息的收集分析,成立电脑资料鉴证小组并迅速发展。仅于2017年及2018年,小组便参与了190次搜查行动,检查的数据量达798兆位组,用人工智能技术分析资料,以更先进的技术及器材,更有效率地检查和分析这些创新科技所搜集的数据。

廉政公署在调查一宗牵涉贪污的诈骗保险赔偿案时发现,2014~2017年,一名曾任保险代理并熟识保险索偿程序的警务人员多次与同党串谋,向数家被保险公司讹称在海外旅游时失去手机等财务,并作出虚假索偿,二人因而获得共约18万元的赔偿。此案的调查是在专业的电脑资料鉴证组的协助下,寻获部分电脑档案以证明两名被告如何虚构失物事件。由于证据充分,两名被告均承认控罪。最终前保险代理及同党因犯欺诈相关罪行和报假案而裁定14项罪名成立,分别被判监11个星期与8个星期,并向保险公司归还全数款项,受到严正的法律制裁。在一起维修工程贪污案中,调查人员对贿款进行调查时,仔细比对了大量银行记录与商业文件,把大量银行数据整理为有用的证据,抽丝剥茧地追查到两名嫌疑人之间的可疑贪污交易,调查所得的文件证据最终亦成为指证保险经理的有利罪证。[②] 可见数据线索尤其是科技发展下利用电脑收集、整理与分析数据可为贪污贿赂犯罪侦查决策和侦查办案服务。

---

① 参见《亿万合约(产业总经理滥用职权案)》,载香港特别行政区廉政公署网,http://www.icac.org.hk/icac/landmarkcase/misconduct/chi/index.html。

② 参见《香港特别行政区廉政公署执行处双年报2017—2018》,载香港特别行政区廉政公署网,https://www.icac.org.hk/tc/about/report/annual/index.html。

三、域外大数据反腐侦查的经验与启示

腐败是全社会共同的难题。随着大数据技术的逐步发展,其在信息收集与处理方面的显著优势日益引起人们的重视,并在反腐领域得到积极引入。2014 年以来,国家治理与反腐败领域都在积极探索大数据的实际利用问题,[①]域外在此方面已多有建树,可供我们学习借鉴。

(一)采取多种途径提升政府的大数据反腐能力

目前世界各国和地区都在不断探索大数据反腐的新形态与新方法,以便有效提高大数据反腐质效。针对各国和地区相对成熟的做法进行考察后发现,各国和地区在运用大数据查办腐败案件主要从两个方面着手。一方面,努力升级并优化自身数据分析能力,并在教育系统发力,大力培养数据分析人才并开展数据分析团队建设。目前政府所属的数据分析团队模式,已经在丹麦、英国、巴西等国家建立,这些国家利用数据分析结果,并据此作为反腐败相关法律法规制定的技术支持与数据依据。另一方面,持续进行分析方法的创新,新式算法及数据软件的研发。如印度凭借其丰富的计算机人才推出了一款“我行贿了”软件,主要面向有过行贿行为的公民,这一软件成为反腐败数据与信息的重要来源;哥伦比亚也有类似功能的软件,主要针对的是公共工程的经费问题,鼓励民众开展监督活动,从数据来看,自该程序面世到 2015 年年底,已经揭发了 83 项存在违规行为的公共工程,违规金额统计达到了 5 亿美元,该软件在反腐败领域发挥了显著作用。[②]

---

① 参见李后强、李贤彬:《大数据时代腐败防治机制创新研究》,载《社会科学研究》2015 年第 1 期,第 29 ~ 36 页。

② 参见张厚明、赫荣亮:《借鉴国外经验加强我国大数据反腐败能力建设》,载《中国经济时报》2018 年 7 月 9 日,第 5 版。

(二)扩大数据覆盖范围提升数据质量

大数据着重于信息的收集、挖掘与开发利用,对腐败案件线索的发现与调查处理是反腐败的中心环节,利用大数据信息源与信息渠道丰富的特性,不少国家和地区已实现了反腐模式的创新。一是反腐败专门机构的设立。各国和地区设立的独立调查机构大多具有如下特点:极高的独立性,不受其他机构的影响;广泛的调查权限,拥有反贪工作所需的诸项权利,部分国家和地区还享有调查特权;完善的内设组织,主要包括负责调查案件的各职能部门、信息收集的情报部门与其他辅助部门,这其中又以负责线索发现整理的情报部门为核心,各部门各司其职,通力合作打击腐败。二是信息收集渠道的拓宽与共享。大数据反腐拓宽了信息收集的来源,除通过官员个人财产申报、公民网络检举等进行数据信息输入外,各平台产生的揭发、投诉信息,公开传播的涉腐线索、新闻、文章、报告和舆论以及隐匿而未申报的各类登记、申报、统计、审计、交易、消费乃至上网行为、出入境行为等记录都是重要的信息资源。以上全国性综合的电子数据库形成共享共治的局面得益于全国各个领域的相关信息互融互通的实现。[①] 三是数据分析平台的建设。大数据反腐可以充分利用大数据技术建立大数据分析系统。分析已收集的电子数据库中的内容,对公职人员的各项非正常行为予以记录,尤其是对其中的重要事项如个人收入、房产、经商、出境、民主测评等进行自动预警。[②] 在数据库中的信息足够多、时间足够长,且孤立的、分散的情报信息被归纳整理后,便可打破信息孤岛,使公务人员个人行为从纵向维度看有时间变动脉络,从横向维度看与其家属联结成关系网,呈现出一定的规律性,两者

---

① 参见彭文龙、李珍珍:《从网络反腐到大数据反腐:基于信息流建构的反腐模式创新》,载《廉政文化研究》2017 年第 5 期,第 17 ~ 23 页。

② 参见傅跃建、王冲、贾妙景:《大数据辅助腐败犯罪防控的若干思考》,载严励、岳平主编:《中国犯罪学学会预防犯罪专业委员会会议论文集》,中国法制出版社 2018 年版,第 906 ~ 912 页。

相交形成清晰的行动轨迹，构成个人的“数据画像”，对于追踪其贪污腐败行为起到最大限度的作用。目前，已有部分国家和地区建立了政府层面的数据分析团队，利用数据分析结果对反腐方案进行修改，完善相关法规政策。[①] 四是人才队伍的发展。大数据技术的发展，关键在于人。纵观信息技术发达国家和地区的建设，都支出大量经费支持互联网教育与大数据人才的培养。这其中包括信息收集人员、信息分析人员与特情人员等对数据进行收集、处理分析的专业人才，他们使海量的、粗糙的原始数据成为可供决策的信息产品；同时也包括技术设备开发人才，他们进行数据平台的建设、维护与升级，反腐软件与信息收集软件的开发，使大量的数据可以被完整保存、快速标记与正确运算。

在这样的机构保障、信息互动与人才助力的背景下，腐败案件的线索发现与调查取证变得更为容易，贪腐行为无处遁形，能够给公职人员以心理震慑，令他们不敢贪腐，真正遏制腐败蔓延之风，让廉政建设更加深入人心，最终实现反腐败斗争的胜利。

（三）发挥公众监督增加数据的透明度

目前很多国家和地区已经意识到反腐领域的重要路径是政务数据公开，时刻接受外部监督。2009 年，英国政府就已经开始进行官方及公共网站建设，并在该平台上发布 7 个部门的各种政策文件与数据信息，共计 8633 条。美国时任总统奥巴马任期内也在大力推进数据公开，并首次对公众开放，接受外部监督查阅。巴西正是由于数据公开而导致其政坛一度陷入混乱，巴西的非营利组织 Contas Abertas（意为“公开账户”）通过审查政府透明门户网站——联邦预算网等公开的预算数据和文件，发现了巴西总统迪尔玛罗塞夫挪用政府财政预算资金的犯罪行为，助力巴西联邦审计法院执行反贪行动。在这个案例中，政府层面强制性地公开重要

① 参见张厚明、赫荣亮：《借鉴国外经验加强我国大数据反腐败能力建设》，载《中国经济时报》2018 年 7 月 9 日，第 5 版。

领域的信息数据起到了至关重要的作用。同时,该案例也证明信息量大而范围广泛的数据透明行动,能够有效地促进公众参与到大数据反腐行动中,行使监督权力。

“没有人民的帮助和支持,政府不可能独自驯服腐败。”①公众参与控制腐败是《联合国反腐败公约》所明确规定的,在各国和地区也广为适用。目前全球超过9成的国家都在官方渠道开通了在线腐败举报方法或渠道,已有29%的国家利用网络监督公职犯罪活动,②取得了丰硕的成果。首先,向公众宣传腐败危害。很多国家和地区均通过多种途径向公众宣传腐败犯罪的危害,以降低公众对腐败行为的容忍度,鼓励公众进行监督。印度从20世纪70年代起就非常重视提高公众的反贪污意识,通过电影、广播、互联网等多种媒介对腐败犯罪的危害进行宣传,激励公众积极举报腐败行为。③ 我国香港特区设有专门的社区关系市民咨询委员会,向公民传播反腐信息,争取公民的支持。其次,拓宽公众参与监督渠道。公众的举报、申诉是电子数据库中信息的重要组成部分与案件线索的重要来源。随着信息技术的发展,各国和地区都建立了腐败信箱收取举报信息,规范举报案件受理和处理程序,完善线索运用和反馈制度;开通政务透明网站让权力在阳光下行使,综合运用多种反腐渠道,促进公众参与反腐渠道的畅通。再次,完善公众举报保障与奖励机制。④ 为了解决公民的后顾之忧,很多国家和地区出台了举报人保护制度,包括:对实名举报人予以严密及时的人身安全保护与财产安全保护;建立举报信息保密制度,保护举报人的身份信息安全,避免公众迫于各种压力而不敢举报的情形。此外,设立举报奖励制度,对举报内容属实、对打击贪污腐败

---

① 杜治洲:《公众参与反腐倡廉的影响因素及其挑战》,载《理论视野》2013年第3期,第39~43页。

② 参见唐红玉:《大数据背景下廉洁政治生态建设研究》,湖南大学2017年硕士学位论文,第37页。

③ 参见金泽刚、康均心:《论印度反腐败的法制历程及其启迪》,载《国家检察官学院学报》1998年第4期,第57~63页。

④ 参见苏东民:《俄罗斯职务犯罪研究》,黑龙江大学2015年硕士学位论文,第139页。

犯罪有贡献的人予以物质奖励与精神奖励，大大提高了群众的举报效率与质量，也提升了公民参与反腐工作的意愿。最后，提升公众的参与能力。在反腐参与度解决的基础上，各国和地区也不断加强公众基本素质与培训反腐倡廉的专门技能，提高公众网络道德意识和法律意识，引导公众进行理性反腐。避免出现因个人情绪导致的虚假信息填报，对此进行法律规制，实现大数据时代公民对腐败进程的有序参与。①

本章小结

腐败是全球共同的毒瘤。随着大数据技术的逐步发展，其在信息收集与处理方面的显著优势日益引发各国和地区的重视，英国的国家犯罪情报局、德国的公务员特别岗位评估制度、俄罗斯的综合电子数据库、丹麦的个人所得税与财产税征收体系、美国的联邦调查局情报中心库、加拿大的现代财务监控分析技术和现代技术图像识别技术、日本的特别搜查部、韩国的肃贪反腐败事犯中央搜查部、新加坡的反贪污调查局、印度的中央调查局及我国香港特区的廉政公署在大数据查办腐败案件的机制与技术上的创新性实践值得借鉴。一是采取多种途径提升政府的大数据反腐能力；二是提升数据质量，扩大数据覆盖范围；三是增加数据透明度，发挥公众的监督效应，在全社会形成反腐败的共识，形成反腐倡廉的合力。

---

① 参见杜治洲：《公众参与反腐倡廉的影响因素及其挑战》，载《理论视野》2013 年第 3 期，第 39～43 页。

第六章　大数据时代查办腐败案件的中国实践

反腐倡廉是新中国成立以来党和国家的不懈追求。在不同的历史背景下，腐败案件形态各异，治腐措施与时俱进。尤其是伴随信息技术的不断发展，腐败手段日臻“智能”，呈现衍生化、隐蔽化、多元化的特点，传统的查处模式已是捉襟见肘。因此，有必要以新中国成立以来查处腐败案件的模式为研究对象，以新中国成立到改革开放前、改革开放到党的十八大、党的十八大以来为时间段，梳理各个阶段我国“查处腐败”案件的模式，探索科技时代下，传统反腐模式到大数据反腐模式的转变历程。

一、新中国成立以来查处腐败案件模式的转变历程

（一）第一阶段：1949～1978 年运动反腐模式

1949 年新中国成立后，中央领导人在不断探索整治国家内部贪腐风气的新路径。在新中国成立到改革开放前这段时期，“发动群众运动”成为开展反腐败治理工作的主要方式。1950 年 5 月 1 日，中共中央领导的“整

风整党运动”；1951年12月至1952年10月在全国范围内开展的“三反”运动——反贪污、反浪费、反官僚主义；1963年在农村基层范围内开展的“四清运动”；1963年在城市开展的“五反”运动……这些反腐模式以“整风运动”为物质载体，在党纪法规的指引下，积极鼓励广大群众参与到揭露腐败分子的行动中，在全党内部进行思想政治教育整顿，倡导清正廉洁、抨击贪污腐败。①

不可否认的是，运动反腐模式对遏制当时历史时期的腐败现象具有积极意义。有关数据显示，“三反”运动期间查处的贪腐分子共约120.3万人，其中89.5%已作处理；贪腐分子中的中共党员人数约有19.61万人，占总人数的16.3%。② 但是依靠发动群众查处腐败的模式毕竟没有深挖腐败产生的根源，没有从国家层面进行反腐败制度建设，治标不治本；缺乏明确的规范、依赖性强、不确定因素多、损耗巨大，难以持久。③

（二）第二阶段：1978～2012年权力反腐到制度反腐模式

党的十一届三中全会拉开了我国改革开放和社会主义现代化建设的大帷幕，中国特色社会主义市场经济制度的确立以及对外贸易的发展为权钱交易提供了得以生存的土壤，腐败问题只增不减。以邓小平同志为首的党中央在反思“治标不治本”的反腐模式基础上，立足从源头上挖掘腐败产生的原因、解决腐败问题，提出解决腐败问题还是要靠法制，自此走上了“不搞群众运动，而靠改革和制度建设”的“制度反腐”新路径。④然而，制度的建设与发展并非朝夕之间顷刻实现，因此，在“运动反腐”被彻底抛弃，“制度反腐”又尚未建立起来的改革开放初期（1978～1992

① 参见杜治洲：《走出反腐困境》，新华出版社2014年版，第28页。

② 参见中共中央文献研究室编辑：《建国以来毛泽东文稿》（第3册），中央文献出版社1989年版，第386页。

③ 参见王侃：《中国共产党反腐败模式的发展变迁与理论研究》，载《浙江社会科学》2009年第8期，第2～7页。

④ 参见中共中央文献研究室编辑：《十三大以来重要文献选编》（上册），人民出版社1991年版，第54页。

年),“权力反腐”模式发挥了“承上启下”的过渡作用。这一时期的反腐模式一方面,以领导人的“权力”为助推力,加大对某些要案的查处力度;另一方面,重整原有的权力配置,推进国家治理工作与党务工作分离,加强纪检监察机关的监管职能。[①] 如在查处经济领域腐败案件方面,1982年1月5日,中纪委接到一份《信访简报》,反映广东某些地区走私活动猖獗,时任中央纪委第一书记陈云得知此事后,怒批定要严惩不惜判刑,并予以登报公示。同年1月11日,中共中央书记处就召开会议,贯彻落实陈云等中央常委的批示,决定严厉打击经济领域犯罪活动。[②] 从这一案例可以看出,此时期的反腐治理工作不同于新中国成立初期的依靠群众力量,亦没有配套的法律制度为依据,高层领导的重视度和权力效应在这一过程中起着推力作用。

党的十四大在北京胜利召开,会议上进一步提出“反腐工作贯穿整个改革开放过程,国家和党的廉政建设不容忽视……反腐败工作的开展需要教育,也更离不开法制”。[③] 为贯彻大会精神,中纪委在会后提交的工作报告中,又进一步明确了推进制度反腐建设的具体方向和重要举措。基于此,有学者认为党的十四大以后,我国的反腐倡廉工作进入了“制度”时期,[④]“权力反腐”向“制度反腐”的转型已经完成。在这一时期,反腐治理工作重点转向“制度”建设,通过完善的制度规范,预防和查处腐败行为。相较于“运动反腐”、“权力反腐”模式,尽管“制度反腐”具有稳定性、合理性、规范化等独特优势,但其仍旧没有摆脱制度执行力低下、查处不够灵活、治理被动等缺陷。

---

① 参见杜治洲:《走出反腐困境》,新华出版社2014年版,第31~32页。

② 参见王谦:《陈云与恢复重建后的中纪委》,载《文史精华》2008年第7期,第9~10页。

③ 王从虎:《中国政府反腐败30年》,载张成福、孙柏瑛主编:《社会变迁与政府创新:中国政府改革30年》,中国人民大学出版社2009年版,第339页。

④ 参见胡鞍钢等主编:《第二次转型:国家制度建设》(增订版),清华大学出版社2009年版,第341页。

（三）第三阶段：党的十八大以后"法治＋大数据"反腐模式

以党的十八大为转折点，中国特色社会主义进入新时代，同时在党中央的强力推进下，我国反腐败力度保持高压态势，当代中国的反腐倡廉建设和反腐败斗争在指导思想、目标要求、发展理念和基本框架等方面有了进一步创新发展。[①] 2022年1月18日，赵乐际在十九届中央纪委六次全会上的工作报告中指出，中央纪委国家监委立案审查调查中管干部63人；全国纪检监察机关共立案63.1万件，处分62.7万人，其中处分国有企业5.9万人、金融系统1.2万人、政法系统6.4万人；留置行贿人员5006人、处分4806人、移送检察机关2822人；全国有3.8万人向纪检监察机关主动投案，10.4万人主动交代问题。[②] 在从严治党以及大数据时代的新形势下，腐败手段趋于隐蔽化、衍生性、科技化，腐败线索的获取和案件查处的难度大大增加，仅凭传统"经验式""碎片化"的治理模式已是举步维艰。腐败行为的新形态倒逼反腐模式的创新发展，信息化时代的来临为反腐治理提供了新视角，"大数据反腐"不仅是现状使然，更是大势所趋。

1. 大数据在反腐工作中的技术优势

大数据技术是科技革新的一大成果。如本书第二章所述，较之于传统的数据，大数据具有"5V"的特点：数据基数大、处理迅速、种类多样、精确性高、可利用性强。[③] 大数据反腐就是在大数据特有的技术优势之下，以信息技术、通信技术和网络技术为主要内容，以各大信息数据库平台为依托，利用云计算等科技手段将碎片化的信息整合，进行关联性分析，以

---

① 参见张玲：《十八大以来对反腐倡廉"中国方案"的探索与实践》，载《科学社会主义》2017年第4期，第71页。

② 资料来源：《赵乐际在十九届中央纪委六次全会上的工作报告》，载新华社网2022年2月24日，https://www.ccdi.gov.cn/toutun/202202/t20220225_174328.html。

③ 参见漆海霞：《大数据与国际关系研究创新》，载《中国社会科学》2018年第6期，第168页。

实现预防腐败、实时监控和惩治腐败的效果。相较于传统的反腐败治理模式,大数据反腐败具有其独特的技术优势。

第一,海量的数据信息,可以实现碎片化腐败信息的系统性整合。传统的反腐查处模式之下,各地方各领域之间的反腐情报数据分散,纪检机关、监察部门往往需要依靠长期形成的办案经验、感性认识等传统思维对这些信息进行挖掘、筛选、整合。在大数据时代,腐败的发生过程难免会留有“数字脚印”,这些数据看似毫不相关、互不关联,但在集纳了大量的信息之后,采用互联网、物联网、云计算等大数据技术对所获信息进行筛选、比对、研判,能够通过链接这些琐碎的信息数据,找到各数据之间的相关性,全方位地查清腐败人员复杂的人际关系网,绘制贪腐行为轨迹图以及资金资产流向图等。调查人员凭借这些数据指向,顺藤摸瓜开展调查,能够快速准确地获取关键线索、外围联系进而查处贪腐人员。

各地打造的“纪检监察大数据系统”的内在逻辑就在于将数据库中的数据信息进行碰撞对比,一旦数据异常,系统平台自动警示,线索随即提交至有关部门。纪检监察大数据场景相较于以往的场景模式,具有数据形式多样、信息源广、挖掘性强等优势。基于此,我们亟须此种科技手段,能够自动识别归类不同来源、不同结构的数据,将其相互贯通,破除信息壁垒,将这些数据链接起来形成合力。由此可见,大数据技术在追寻线索方面更为高能。例如,北京市纪检监察机关在对公车私用情况的监督中,凭借数据库中的车辆信息和行使轨迹,运用信息技术对选中数据进行智能对比,仅耗时 5 分钟就可完成检查。再如,厦门市纪委监委通过线上大数据系统,将可疑人、事、物的有关信息进行关联性对比链接,以便发现端倪。有些地方干部利用职权侵吞扶助金,顺藤摸瓜进行线下核查,揪出腐败“蛀虫”。

第二,传播迅速的大数据信息能够做到实时监控,敏锐捕捉到腐败行为的数据痕迹,将查处腐败关口前移。在传统的反腐模式下,腐败线索的来源往往具有随机性和滞后性,纪检机关和监察部门往往是被动地接受腐败情报。大数据平台的构建以及大数据技术的应用,突破了传统查处方式的时空局限。通过大量信息在云计算系统之间的高速传递和对比碰撞,一旦发现异常数据,平台会在第一时间反馈,作出风险预警,以实现查处打击官员腐败行为的及时性。以湖南麻阳县联合技术公司打造的“互联网+监督”大数据平台为例,其核心由两大数据库组成:一是人员信息库,二是民生资金信息库。通过这两大数据库之间的对比碰撞,如出现有人本就有车有房还享受廉租房待遇的“并集”,根据数据之间的互斥规则就会亮起红灯,平台自动进入预警模式,成为纪委追查的线索。[①] 这一系统极大地克服了传统手段的滞后性缺陷。

第三,精确化的信息提供强大的数据支撑,能够实现精准化反腐。传统模式下,获取的腐败情报往往涉及方方面面,杂乱无序,需要先采用“人海战术”在海量的情报中排查出笼统的有效信息,再采用“地毯搜查”模式,从海量的信息中二次筛选出精确的信息。大数据凭借信息准、覆盖面广、涉及多领域的反腐优势,透过大数据编织的“大网”,能够迅速地从大容量的数据中,通过系统化的行为轨迹分析精准“定位”到有用的腐败数据信息,进而能够快速准确地锁定腐败分子,从“广撒网”变为“精准打击”。如以往在查处公车私用时,往往采用人海战术、在各个路口蹲点的老办法。如今,在大数据技术的加持下,运用北斗或 GPS 导航系统的精准识别,对辖区内的公车车辆位置、方向、速度、状态、实时轨迹、里程等进行全方位、立体化、数据化的动态监管,一旦公车偏离预定轨迹,问责警报随即触发。

2. 大数据反腐的发展历程

“大数据反腐”并非从来就有,亦非凭空产生,我国运用大数据手段查处反腐案件的发展可以分为以下三个阶段:大数据反腐的预热阶段、大数据反腐的兴起阶段以及大数据反腐的推广阶段。[②]

---

① 参见谭畅、李馥含、桂天舒:《揭秘大数据反腐》,载《东西南北》2019 年第 15 期,第 16 ~ 19 页。

② 参见徐敏子、程竹汝:《大数据反腐的发展历程、优势和阻力》,载《秘书》2019 年第 6 期,第 11 ~ 18 页。

(1)预热阶段

大数据反腐可谓电子政务技术发展到一定阶段的产物。早在1999年,中国政府开始将"互联网"技术运用到行政管理中,这一技术的运用标志着我国的公权力开始步入信息化时代。紧接着2002年国家信息化领导小组下发文件就电子政务的发展提出了进一步的指导意见,要求围绕"两网一站四库十二金"展开建设。[①] 虽然,此时电子政务并非严格意义上的"大数据"运用,但在此时期,数据库和各系统的建设为后续的大数据反腐提供了条件基础。

(2)兴起阶段

2013年,在信息膨胀、网络技术飞速发展的背景下,数据的运用较之过去有了进一步的提升,大数据时代开启。这时,真正的大数据技术才逐渐运用到腐败工作的治理中。早在2015年中央反腐败协调小组国际追逃追赃工作办公室启动的"天网行动"中,大数据就已发挥作用:采用大数据技术收集外逃人员的运动轨迹、手机短信、资金流动、通话记录等,走访、追踪与逃犯有关联的人员以获取数据信息,丰富境外在逃嫌疑人信息数据库,依托大数据平台分析,划定在逃官员的可疑行踪轨迹,再利用ID面容识别、指纹配对验证逃犯身份信息,最终将逃犯缉拿归案。[②]

除了在"境外追逃"中大数据技术得以运用外,国内各地方陆续开始了对大数据技术在反腐应用中的探索。2015年1月贵州省贵阳市启动的"数据铁笼"计划,其本质就在于依托贵州省大数据产业发展优势和互联网技术开展网上政务平台建设,实现"人在干、云在算",通过系统内部的数据的关联性整合对异常信息实时反馈,确保权力在阳光下行使。[③]

---

① 参见汪向东:《我国电子政务的进展、现状及发展趋势》,载《电子政务》2009年第7期,第44~68页。

② 参见杨钰恬、鲍梦若等:《大数据时代反腐败研究——以我国的"天网行动"为例》,载《领导科学》2016年第26期,第53~55页。

③ 参见谭海波、蒙登干、王英伟:《基于大数据应用的地方政府权力监督创新——以贵阳市"数据铁笼"为例》,载《中国行政管理》2019年第5期,第67~71页。

贵阳市的反腐数据显示，截至2017年年底，“数据铁笼”运行累计产生约计34.35亿条数据信息，排查潜在风险2777处，布控防护措施2942件，上报异常数据23.7万条，预警约谈1329人，纠正54,549余人次的错误行为。[①]

除此之外，2015年6月，在查处湖南省怀化市麻阳县谷达坡乡白羊村村委会主任段某文侵吞扶贫资金腐败案时，麻阳县纪委总结和反思此次的办案经验，提出尝试探索一条运用大数据监管的新路径。随后，2015年，麻阳县纪委同中国科学院计算技术研究所在内的技术方联合首创“互联网+监督”大数据平台，并在2016年1月交付使用。该平台的工作机理在于通过把本地区干部的数据信息录入数据库中并予以公示公开，后台再运用大数据云分析、云计算技术对录入数据库中的信息进行联动共享和对比碰撞，最终实现将来源于不同途径的线索进行区别化处理，实时反馈给有关部门。[②]

贵阳市研发的“数据铁笼”和麻阳县探索出的“互联网+监督”平台都是将大数据技术运用到反腐领域的创新之举，他们为后续大数据如何应用于腐败的预防和治理提供了可鉴之路。2016年12月湖南常德市澧县在借鉴麻阳县平台的技术后，也打造了一个大数据反腐平台，名为“澧州智慧监督云”。自2017年运行以来(数据截至2019年)，平台通过数据碰撞对比，发现各类疑似问题线索9100条，涉及资金近2000万元，澧县纪委已责成相关单位清理核实各类违规问题3720条，立案查处334人，收缴违纪资金810万元，澄清不实线索932条。[③]

(3)推广阶段

近年来，随着大数据反腐技术的不断推广，各地也开始陆续搭建大数

---

① 参见大数据战略重点实验室:《中国数谷》，机械工业出版社2018年版，第36页。

② 参见陶富林、王敏:《大数据时代基层反腐的治理路径研究——以“互联网+监督”为例》，载《河南科技学院学报》2020年第3期，第1~6页。

③ 参见谭畅、李馥含、桂天舒:《揭秘大数据反腐》，载《东西南北》2019年第15期，第16~19页。

据平台开展腐败治理工作。依托大数据分析和麻阳县的成功探索,2017年11月,湖南各地充分运用“互联网+监督”思维,不断升级、拓展、延伸,该平台开始在全省并网运行。[①] 2018年,“贵州省民生资金监督系统”在贵州省推广开来,已覆盖省、市、县、乡四级纪委。截至2018年,该系统通过比对发现问题数据18.8万余条,涉及金额5.9亿元,核实发现违规问题5568个,立案49件,追缴资金73万余元。[②] 2018年2月,沈阳市纪监委与中科院计算所联合建立“正风肃纪监督平台”,仅在8个月的时间里,借助该系统已有3288条可疑线索被挖掘,移送有关机关立案调查案件数达1475件,其中约24人被留置,总计挽回损失高达4.05亿元。[③] 2019年7月12日,内蒙古自治区纪检监察大数据实验室正式揭牌成立。[④] 在《中央纪委国家监委信息化工作规划(2018—2022年)》的指示下,各省开始建立“智慧纪检监察大数据平台”,推进纪检监察工作相关信息资源共享利用,快速筛查异常数据、锁定问题线索。

据不完全统计,2020年,包括湖南麻阳、宁乡、怀化,江西修水,辽宁沈阳,浙江建德等在内的30个县(区、市),已在探索应用大数据监督系统,发现疑似问题线索31万条以上,挽回损失8亿多元。[⑤] 虽然各地方大数据平台的形式不一,但本质上都是在信息数据之上依托大数据技术进行智能碰撞和自动比对,发现异常数据,提供精准的线索。

---

① 《湖南积极探索“互联网+监督”——大数据助力群众身边腐败问题查处》,载中国共产党新闻网2018年6月8日,http://fanfu.people.com.cn/n1/2018/0608/c64371-30046392.html。

② 参见《省纪委监委召开“贵州省民生资金监督系统”建设推进工作汇报会》,载中共贵州省纪律检查委员会官网2018年5月3日,http://www.gzdis.gov.cn/ztzl/fplyjdzjwzgz/jdzr/201902/t20190211_2250503.html。

③ 参见《正风肃纪用上大数据(关注改革最后一公里)》,载人民网2019年3月24日,http://politics.people.com.cn/n1/2019/0324/c1001-30991821.html。

④ 参见《内蒙古纪检监察大数据实验室揭牌成立》,载中共内蒙古自治区纪律检查委员会官网2019年7月12日,http://www.nmgjjjc.gov.cn/single/2019/07/12/19071220162334428565-18050210073909710005.html。

⑤ 参见《越来越多“微腐败”无处遁形 大数据开启反腐新的“探照灯”》,载中国共产党新闻网2020年1月17日,http://fanfu.people.com.cn/n1/2020/0117/c64371-31553239.html。

大数据时代的开启,为反腐倡廉工作的治理提供了科技助力。科学技术的运用转变了以往依靠“一张纸一支笔”的被动查处手段,突破传统“地毯式排查”“人工反腐”的经验模式,实现对海量数据信息的自动挖掘、比对碰撞,为反腐部门安上了一双主动、及时、精准发现腐败线索的“千里眼”和一对能够听取群众反映问题、提出意见的“顺风耳”,提高了反腐效率、节约了治理成本,做到查处腐败既要治标又要治本。但“大数据技术”只是手段,反腐工作的进行也离不开国家的法治建设,在依法治国的时代背景下,大数据反腐亦是要在法治的轨道上运行。大数据反腐虽不能解决当今的所有问题,但实践证明,反腐倡廉工作的开展已经离不开“大数据技术”的加持。

二、中国运用大数据查办腐败案件的实践与经验

(一)运用大数据分析技术揭示腐败发生规律

“单个年份、地区的分散性数据可能杂乱无章,但是随着跨年份、各地方数据的不断积累,通过海量的数据之间的共性,能够发现和总结出这些行为背后的内在联系,进而实现有律可循。”[①]依托各领域收集的数据,运用大数据技术可以探寻腐败现象背后的发展规律,以此作为政策调整的依据进而提升我国现有的公共事业治理水平。任何腐败现象都有其背后的发生规律,腐败都有一个相通的“密码”,找到这个“规律”,就抓住了反腐的关键所在。在从严治党、深入推进我国反腐败工作治理的新形势下,与之相关的数据也愈加丰富,数据中反映的一些共性问题无疑为腐败工作得以顺利展开提供了技术支撑。

受疫情影响,特别是数据的特殊性,本书将采集的数据中的一小部分已公开的案例进行深入分析。本书选取自党的十八大以来5年(2012年

① 涂子沛:《大数据》,广西师范大学出版社2013年版,第50页。

12 月至 2017 年 7 月)法院审理的 84 名中管干部职务犯罪案例作为研究对象,通过统计分析方法研究其中的基本特点与规律。本书数据包括党的十八大后落马的省部级中管干部的个人数据、被调查原因、犯罪领域、职务犯罪腐败程度、处理情况的统计数据。样本资料包括落马官员的姓名、年龄、工作任职年限、任职来源、落马时间、落马原因等(见表 6 – 1)。

表 6 – 1 统计指标

总体概括	分类指标
主体基本信息	性别、民族、年龄、学历、政治信仰、职务、任职地区
案件规模	涉案金额、涉案年龄、涉案时长
案件基本情况	涉嫌罪名、刑种、法定刑期、领域

从表 6 – 1 数据样本中可以分析出省部级中管干部职务犯罪的基本规律。

1. 职务犯罪落马高官的总体概况

从广泛查询国内的主要新闻媒体、报纸、重要网络和书籍上公开的信息获取的资料,时间自 2012 年 12 月至 2017 年 7 月已经判决审理的 84 个职务犯罪腐败案例。[①]

其中,2012 年 12 月至 2017 年 7 月共审查省部级中管干部 177 人,法院审理判决 84 人,2017 年 1 ~ 7 月案发的 24 人。提拔为省四大班子领导共计被查处人数达到 48 人,其中正省级被查处 2 人,中央政治局委员被查处 1 人,兼任市委书记被查处 5 人,兼任市长被查处 1 人,总计占比约为 57%;市委书记被查处的 14 人,总计占比约为 17%;市长被查处的 5 人,总计占比约为 6%;调任省直机关和企事业单位领导后被查处的 33 人,总计占比 39%;省人大常委会副主任被查处的 10 人,总计占比 12%;市政协主席被查处的 11 人,总计占比 13%;法院院长 1 人,总计占比 2%(见图 6 – 1)。

① 该数据分析由课题组成员湖南大学法学院 2016 级张格同学进行资料收集、整理。

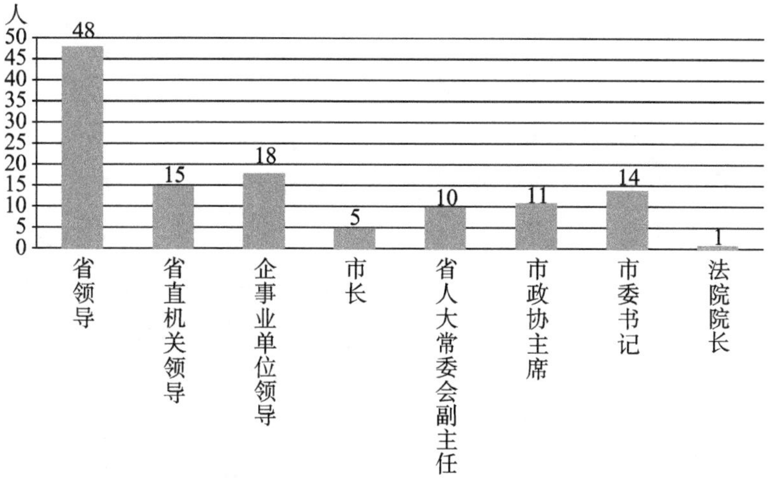

图 6－1　总体概况统计

查处时的职位：担任过市委书记的有 41 人，占 49%；市长、书记连任的 56 人，占 67%；担任市长的有 52 人，占 62%。这说明市级权力主要集中在党委书记手中，其次掌握在市长手中。由此可见，“一把手”是腐败犯罪的高发群体，不能掉以轻心、必须重拳出击。党的十八大以来，中央在突出地方党政主导地位的同时不忘加强对其的监督限制，通过一系列的强制措施限制“关键中数”权力滥用问题。

查处时的年龄：年龄最大的 68 岁，是全国人大环资委原副主任、云南省委原书记白恩培，职务犯罪腐败时间达 13 年；年龄最小的 48 岁，是海南省原副省长冀文林，职务犯罪腐败时间也长达 13 年。样本调查的 84 位高官的平均年龄为 56 岁，案发年龄逐年增大。其中 45～49 岁 3 人，占 3.6%；50～55岁 18 人，占 21.4%；56～60 岁 34 人，占 40.5%；61～65 岁 20 人，占 23.8%；65 岁以上的有 9 人，占 10.7%。由此可见 50～65 岁是主要案发年龄段，这体现出党的十八大以来查处职务犯罪的一个信号，各级政府对腐败行为保持零容忍的态度，反腐没有时间限制，退休不是避风港，退休官员发生腐败行为同样要追究责任。

从样本调查的数据结果可以看出，党的十八大以后查处的省部级中管干部初次涉案年龄最大的61岁，是江苏省委原常委、原秘书长赵少麟，在其任职期间担任其子赵晋实际控制的公司总顾问时进行职务犯罪，腐败时间达7年；最小的31岁，是国家统计局原党组书记、原局长王保安，在其担任国家税务总局办公室秘书时就开始受贿，职务犯罪时长22年。

从样本调查的数据结果中可以看出，首次犯案的平均年龄为44.61岁。其中35岁以下占2%；35～39岁占14%；40～45岁占29%；46～50岁占34%；51～55岁占15%；56～60岁占2%；60岁以上占1%；不详的占3%（见图6－2）。由此可见，40～50岁是初次涉案的主要年龄段，因此在预防官员职务犯罪时应加大此阶段的监督教育防控力度。

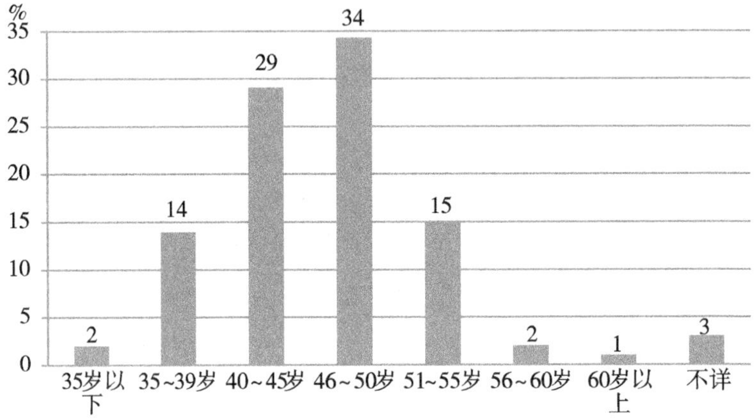

图6－2　初次涉案年龄段统计

查处时的性别：在调查的84名落马省部级中管干部官员信息中，其中男性81人，占96%；女性3人，仅占4%（见图6－3）。该调查数据和中国人民大学国家发展研究院此前的研究报告结果大体一致。

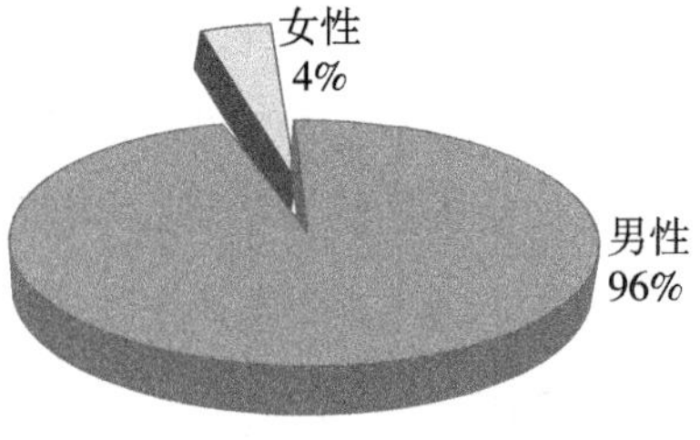

图6－3　查处时性别比例

事实上，一直以来，整体上我国的男性公务人员占比较高，尽管女性参与社会行政管理的人数在不断增加，新录用的一批公务员中女性的占比也有所提高，2013 年中央机关和直属机构的录用数据显示，女性占比已经达到 47.8%。[①] 但是，由于受传统观念、家庭结构、孕育后代等多方观念的影响，总体而言，女性工作人员的占比还是偏低，领导干部层级的女性特别是担任“一把手”的女性更是少之又少。

查处时的学历：在经济发展的过程中，人均受教育程度在不断地提高，公务员作为高素质教育群体中的一员，其学历更是领先于其他行业，对数据库 84 名已知学历官员进行统计（含在职学历），其中大学本科学历有 12 人，占 14%；研究生学历 32 人，占 38%；研究生以上学历 40 人，占 48%（见图 6－4）。调查结果显示，高文凭成为腐败犯罪中“中层管理干部”的一大特征，防范腐败犯罪的重点落在了这批高学历、高智商的领导干部身上。

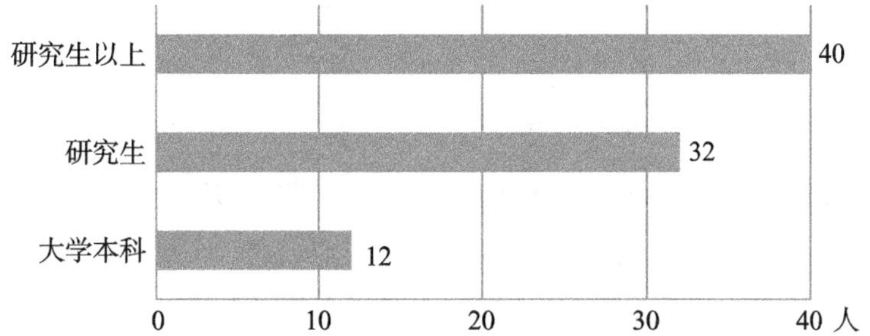

图 6－4　查处时学历统计

查处时的政治信仰：从数据库的调查数据来看，信仰中国共产党的中管干部有 83 名，占 99%；民主党派仅有 1 名，占 1%（见图 6－5）。

① 参见中华人民共和国国务院新闻办公室：《中国性别平等与妇女发展状况》，载《人民日报》2013 年 8 月 25 日，第 7 版。

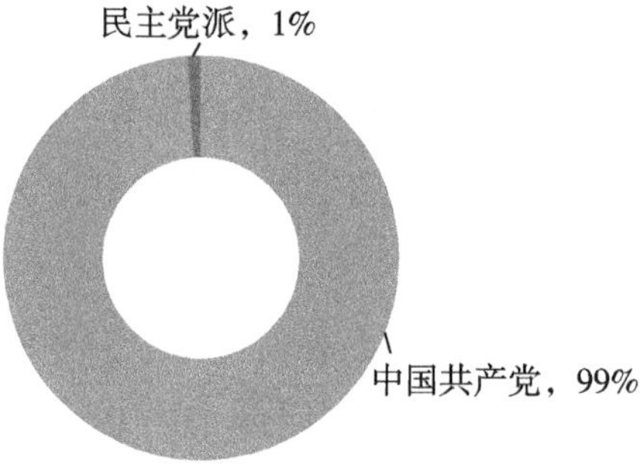

图 6－5　查处时政治信仰比例

这一现象与我国的政党结构有关,我国的政党体制是中国共产党领导的多党合作制。在整个公职人员群体中,相较于民主党派人员,共产党党员的人数占比较高,并且,民主党派人员一般不居正职,手中权力较小,所以在贪腐犯罪中占比低。

2. 省部级中管干部职务犯罪的类型分析

省部级中管干部职务犯罪涉案金额巨大:职务犯罪涉案金额规模可以反映出职务犯罪腐败的严重程度。本书在数据样本的选取时,以一年为时间段,剔除了部分没有公布涉案金额的案件数据,将该年份中的腐败案件涉案金额由低到高进行统计排序,并以这些涉案金额的平均值和中位数为研究对象。为了避免较为极端数据对样本平均值带来的偏差,在统计年份涉案金额的平均数时,将过亿元数额的数据作为特殊值对待,予以剔除(见表 6－2)。

表 6－2　涉案金额汇总

年份	最小值（min）	最大值（max）	平均数	中位数	极端值
2013	283 万元	7967 万元	1878.4 万元	1477 万元	超过 1 亿元
2014	710 万元	9541 万元	2183.6 万元	2569 万元	超过 6 亿元
2015	752 万元	4366 万元	1055.4 万元	1002 万元	超过 3 亿元
2016	186 万元	9817 万元	2152 万元	2303 万元	超过 7 亿元

根据汇总的信息,2013 年职务犯罪涉案金额最低的为 283 万元,最

高金额为7967万元，剔除一个特殊值，即国家发展和改革委员会原副主任刘铁男非法所得1.5亿元，其余案件平均金额位1878.4万元，中位数为1477万元。2014年职务犯罪涉案金额最低的为710万元，最高金额为9541万元，剔除5个特殊值，剩余案件均涉案金额计算得到数据为2183.6万元，其中中位数计算得到的数据为2569万元。2015年，职务犯罪涉案金额最低的一个数据值是752万元，涉案金额最高的一个数据值是4366万元，排除一个特殊值，平均涉案金额计算得出数据为1055.4万元，中位数计算得出数据为1002万元。进入2016年，该年涉案金额最低的一个数据值是186万元，最高金额为9817万元，剔除3个特殊值，其余案件平均金额为2152万元，中位数为2303万元（见表6-2）。由中位数可知，近年来省部级中管干部职务犯罪的涉案金额总体基数大且涉案金额也呈上升趋势。根据84名高官集中的涉案金额统计，涉案金额有9成高于300万元，均属于涉案金额特别巨大，仅有2人涉案金额少于300万元。涉案金额在300万～1000万元数额区间内的有6人，1000万～5000万元的有45人，5000万～1亿元的有35人，1亿～5亿元的有10人，超过5亿元的有2人（见图6-6）。通过对84位省部级"一把手"中管干部的涉案金额的统计，数据基本呈现官员职位越高，职务犯罪涉案金额越大的规律，这一点也印证了职权越大，职务犯罪腐败现象越严重。

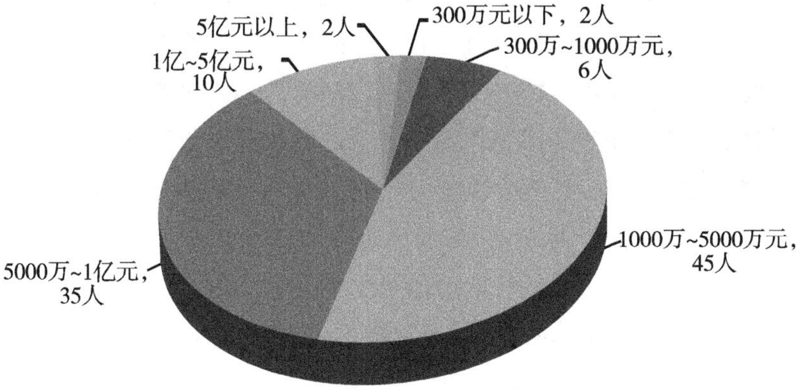

图6-6　涉案金额比例

省部级中管干部职务犯罪情形解析：高官职务犯罪主要涉及的罪名有贪污罪、受贿罪、行贿罪、渎职罪等。将在库数据中公开犯罪情节的案件为样本进行分类统计，有 76 人被判受贿罪，15 人被判行贿罪、65 人被判贪污罪、52 人被判滥用职权罪、1 人被判故意伤害罪、4 人被判挪用公款罪（见图 6-7）。

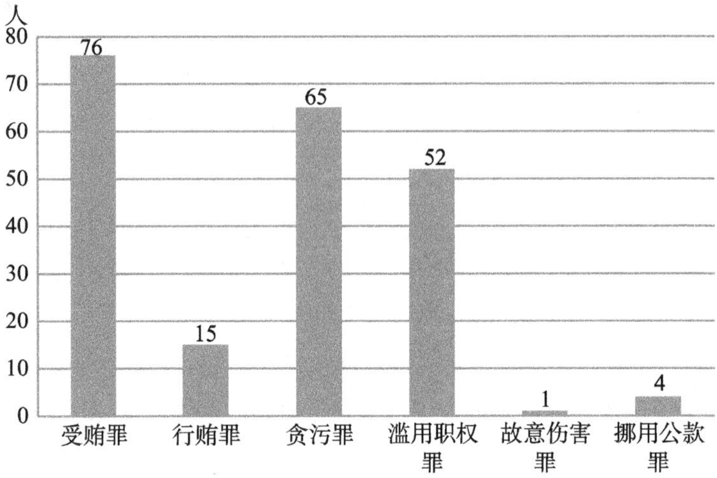

图 6-7　职务犯罪领域统计

（1）犯罪案件中主动索贿占少数

根据受贿人的行为状态和主观目的将受贿分为主动索取型和被动接受型两种。从数据库的统计可以看出（见图 6-8），受贿罪所占比例最大。根据数据库统计，职务犯罪领域中，受贿罪涉及大多数且大多数职务犯罪属于被动型受贿。因为作为中管干部的省部级中管干部都主政某地，具有较大的影响力，地位特殊，工作收入较高，往往不会主动索贿，多表现为被动型。此外，数据显示，省部级干部犯故意伤害、向他人行贿的比例也较低。相反，基层领导干部往往权势不高、地位略低，他们在职务犯罪中往往表现为主动向他人索取贿赂的特征。

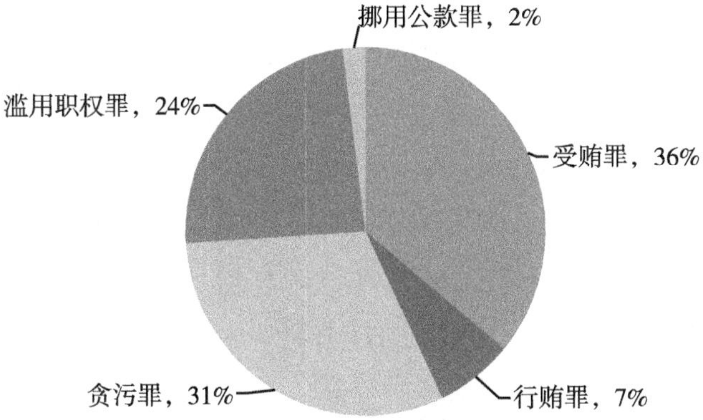

图 6－8　职务犯罪领域比例

(2)存在婚外异性不正当关系的现象也要重点关注

2013～2016 年的数据统计显示，落马的高官中，与婚外异性保持不正当关系的官员共计 32 人，占样本调查总人数的 28%，其中 2013～2016 年的人数分别 5 人、9 人、8 人和 10 人(见图 6－9)。

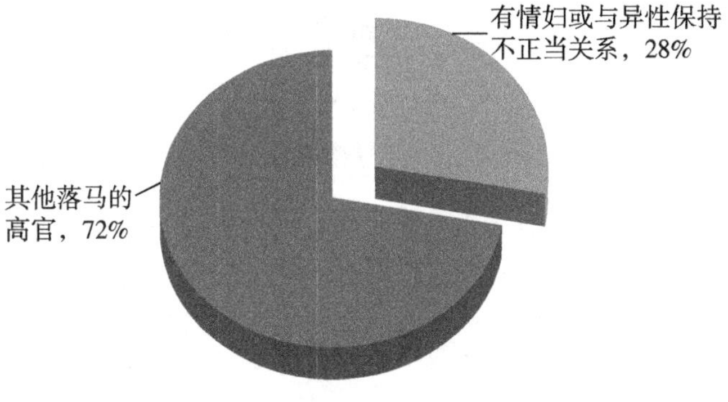

图 6－9　落马的高官中婚外异性不正当关系的比例

在库统计调查数据显示，落马的高官中存在一定比例的婚外异性不正当关系，但由于该类案件隐蔽性强，侦办较为困难，部分案件的案情不适宜对外公开，存在数据不全面的现象。但是，此类人群在库数据比例超过 15%。

(3)违法处罚程度高达死刑

涉及职务犯罪的案件往往需要经过多道司法程序,辗转多个机关,从一开始的纪委监委发现有关线索,立案侦查后再到移送检察机关审查起诉,最终交至法院定罪判刑,耗时往往长达数年。本书对已判决的 84 个案件进行了统计梳理,据报道,84 名落马高官都被“双开”,其中判处有期徒刑 10 年以下的有 4 人,10～15 年的有 42 人,16～20 年的有 22 人,无期徒刑的有 13 人,死刑的有 3 人(其中 1 人判处死刑立即执行,2 人判处缓刑)(见图6－10)。

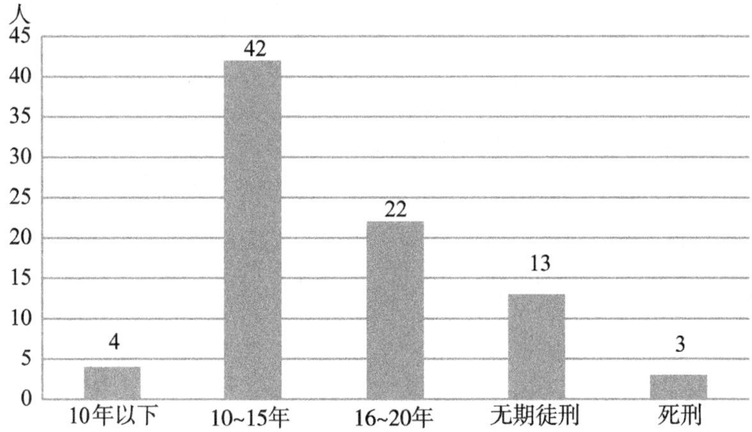

图 6－10 不同刑期的人数统计

我国现行《刑法》[①]对贪污、受贿罪处罚情形规定以及 2016 年《关于办理贪污贿赂刑事案件适用法律若干问题的解释》[②]对贪污受贿罪的相

① 《刑法》第 383 条第 1 款规定:“对犯贪污罪的,根据情节轻重,分别依照下列规定处罚:(一)贪污数额较大或者有其他较重情节的,处三年以下有期徒刑或者拘役,并处罚金。(二)贪污数额巨大或者有其他严重情节的,处三年以上十年以下有期徒刑,并处罚金或者没收财产。(三)贪污数额特别巨大或者有其他特别严重情节的,处十年以上有期徒刑或者无期徒刑,并处罚金或者没收财产;数额特别巨大,并使国家和人民利益遭受特别重大损失的,处无期徒刑或者死刑,并处没收财产。”

② 《关于办理贪污贿赂刑事案件适用法律若干问题的解释》对贪污受贿罪的相关刑数作了进一步的规定,明确数额较大指 3 万元至 20 万元,数额巨大指 20 万元至 300 万元;数额特别巨大指 300 万元以上。

关刑数作了进一步的规定。从数据库的统计可以直观地得出，高官职务犯罪被判处无期徒刑和死刑的人数仅占总人数的24%（见图6－11），尽管有3人被判处了死刑，但是被判处死刑立即执行的人数仅占1%。由此可见，在我国，省部级中管干部职务犯罪被判处极刑的情形很少，有期徒刑超过10年以上的人数占很大比例。

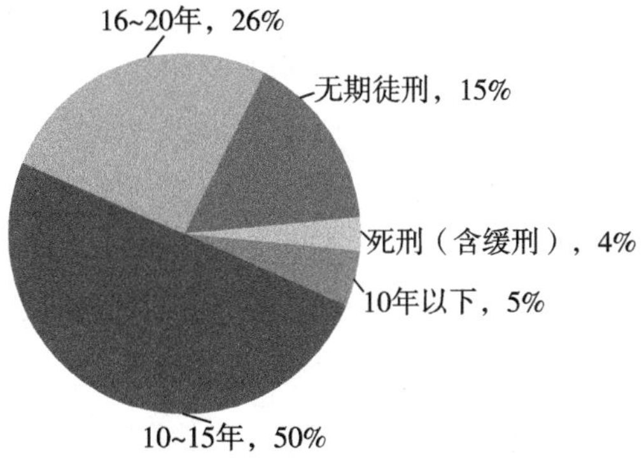

图6－11　不同刑期所占比例

（4）家风对官员职务犯罪影响大

根据在库的数据统计，在职务犯罪中家人参与作案的有48人，占总人数的57%。通过统计可以发现，父子共同犯罪、夫妻共谋圈钱、全家一起敛钱的现象较为突出。同时，由于有关公务人员及其家庭的资金状况备案制度尚不完善，目前还没有对官员及其家庭成员的财产进行监控的举措。高官职务犯罪中涉及家人的比例如此之高，需要引起各方的重视。

3. 省部级中管干部职务犯罪领域分析

本书对数据库中84名官员涉案的领域类型进行分类，具体可分为：建设工程与项目招标、规划国土与房地产开发领域、企业经营项目、人事调动与职务升迁、专项资金领域5个方面，这5个方面为高官职务犯罪的高频犯案领域。为纪检监察机关提供了调整、制定政策的数据依据。

（1）建设工程与项目招标漏洞较多

根据在库数据统计，涉及建设工程与项目招标的高官落马的有41

人,占总人数的49%。

众所周知,建设工程和项目招标是大型的经济活动。由于此类活动涉及资金量大、利润高,招投标程序方面容易出现漏洞。这些大型工程的投标方为了获取高额的利润和充盈的资金,往往会通过旁门左道“以钱诱权”,争取获得承包大型工程项目的优先权。

(2)国土资源与房地产建设涉及大量资金

84名中管干部中有36人涉及此类领域,占比43%。我国政府前几年土地交易模式主要有两种:一种是划拨,另一种是订立协议。可以看出,此阶段对于土地这一宝贵资源,国土部门享有决定权,一些领导干部以自己手中的审批权为筹码官商勾结获得不正当利益,致使土地领域腐败现象增多。市场化改革的推进,为国有土地使用权转让模式的转变带来了契机,具有竞争特点的招拍挂牌形式使转让土地使用权变得更为公开透明,在一定程度上遏制了权钱交易腐败行为的发生。然而,由于国土资源和房地产领域涉及资金巨大,“资金”往往成为入门的隐性条件,小企业由于财力不足一般无法参与其中。这些大企业凭借雄厚的资金和人脉的优势有机会与政府高官接触,为了获取巨额的不正当利益,进行权钱交易。

(3)参与企业经营项目,涉案资金巨额化

根据在库数据,2013年查处的国家发展和改革委员会副主任刘铁男利用职务便利伙同其子通过非法经营获利约1.1亿元。2014年查处的山西省原副省长任润厚在2001~2013年担任山西潞安矿业集团董事长期间非法经营所得1266余万元。江苏省委原常委、原秘书长赵少麟在充任其子实际控制的公司总顾问期间,伙同其子获利4170万美元。国家行政学院原常务副院长何家成在担任华星物业集团总裁、董事长期间获利711余万元。2015年查处的新疆维吾尔自治区人大常委会原副主任栗智在担任新疆轻工股份有限公司董事长期间非法获利1320余万元。2016年查处的河南省原常委、洛阳市委原书记陈雪枫在担任永城煤电集团总经理期间非法获利1025亿元且造成国有公司损失2024亿余元,致使国家利益损失严重。由于官员拥有公权力,特别是领导干部位高权重,倘若允许他们参与市场经营活动,极易造成滥用公权力谋取私人利益,扰乱市场经营秩序,危害性极强。

(4)人事调动与职务升迁频发

组织人事是产生官员职务犯罪较为严重的领域。由于人事任免与官员自身职位有着密切关系,涉及其收入水平的高低、权力的大小。因此,我国政府一直以来对人事问题高度重视。在库高官中有68名均涉及这一领域的职务犯罪,占总人数的81%。尽管国家也出台了不少政策,但是在一些程序环节仍然成为高官职务犯罪的高频重灾区。

(5)专项资金使用管理不规范

专项资金是指有关上级财政部门为了公共建设、经济发展、社会福利等事业的专项用途拨付下级政府的资金,必须专款专用。在库数据中有9名高管涉及私自挪用专项资金,占总人数的10%。从占比10%来看,与前面所述4种情况相比,涉及该领域职务犯罪的人数虽然不多,但是涉及金额均过亿元。在此类领域的高官有两种情形,要么清正廉洁一分不贪,要么一贪则金额巨大。

(二)大数据为腐败线索的发现、查处提供了技术助力

反腐倡廉工作的流程一般分为:腐败线索的初步发现、启动调查程序和惩处腐败行为三个阶段。如今科学技术日臻成熟,凭借各大高科技设备和较为完善的数据库,腐败线索发现和腐败调查过程中的数据采集难度大幅降低,信息技术为反腐工作的推进提供了科技助力。例如,实践中,许多贪官借其家庭成员之手搞贪污腐败,具有极强的隐蔽性,难以被发现。2014年中央巡视组在第一轮的查处整改中,将巡视过程中发现的有关违法情况进行了通报,报告显示:在巡视的14名官员中有半数地方、单位的干部配偶子女因违法经营企业等原因而被判违规。[①] 山东省有"公务人员利用

① 参见《中央亮剑官员"亲缘腐败"》,载中国共产党新闻网2014年10月23日,http://theory.people.com.cn/n/2014/1023/c49150-25892445.html。

职权便利由其亲属出面介入项目招投标、土地使用权转让”问题；河南省有“市、县领导层的配偶子女开设与领导干部权力相关的企业”的问题；宁夏回族自治区查到“有的高官配偶及其亲属在他们权力辖区内违规操作，开办公司企业，涉及城镇基础设施建设、园林护理等问题”。由此看来，领导干部为了规避纪检监委的检查，往往与其配偶子女等亲属互相勾结进行腐败活动。可以依托大数据技术，构建公职人员和其亲属的信息数据库，通过数据之间的关联性弄清他们之间的关系，通过大数据技术实时监控他们的资产动态，一旦账户信息出现异常，立即进行预警，并快速反馈给有关部门，达到预防监督的效果。大数据信息技术在腐败调查阶段也发挥着不可或缺的作用。如今，“天眼”遍布在各个道路、住宅区、餐厅、商场、酒店、娱乐场所，官员到过的场所都会被监控摄像头拍摄下来并存档记录。另外，人们的日常电子设备等也会随时记录公职人员的一举一动。利用这些“数字痕迹”将涉案官员的行踪轨迹还原，为查处腐败提供有力证据。

在技术设施层面，大数据已在商事领域广泛运用，技术日臻成熟。其中，反腐工作运用大数据技术的优势，开始将大数据融合其中，建立了一系列的基础设施，如政府外网由原来的省与省之间互不相通到现在已连接了 31 个省。除此之外，一些乡镇也开始与省、市的政府外网接轨。① 我国“五金”②等大型电子政务项目陆续有了建设进展，信息化基础工程设施，如无线网、电子通信设备网、因特网、物联网的建设有了重大突破，为调查官员资产信息提供了外在技术条件基础。

在法律层面，将大数据技术运用到反腐败的治理工作中具有法律的支撑和民众的支持。2003 年我国加入了《联合国反腐败公约》，并于 2005 年 12 月 14 日生效。该公约对无法律保留的任何缔约方具有同等约束力，且缔约方不得以该公约的内容违反其国内法为由拒绝履行该公约的

---

① 参见常红：《中国电子政务网络已覆盖 90% 的市和 80% 的县》，载人民网 2013 年 6 月 5 日，http://politics.people.com.cn/n/2013/0605/c99014-21748975.html。

② 指“金税”“金财”“金审”“金质”“金安”。

义务,该公约可以作为裁判依据直接予以适用。该公约第 14 条规定,无论是自然人还是公司法人,只要其在金融机构办理了有关财产移转的业务,都应受到国内的全面监督,包括但不限于登记顾客的身份信息。① 为了加大腐败的打击力度,该公约第 50 条为各缔约国有关管理部门采用特殊侦查手段提供了法律依据。② 为了顺利追回流向境外的资产,该公约第 52 条规定,加强对担任过要职的官员及包括其家庭成员在内的相关人员的银行账户的审查监督力度。除此之外,各缔约国应当在其国内法的基础上建立官员的财产申报制度,便于后续的管理。该公约第 52 条第 6 款在监督国内账户的基础上增加公职人员还需将其在国外的银行账户报备给主管机关的内容。为了加强国际反腐合作,该公约第 58 条规定,建立金融情报机构,该机构能将存有疑点的金融交易向各国金融情报机构传递。③ 除了国际公约作为数据反腐的法律基础,我国国内法对此也有规定。以《公务员法》为例,第 91 条规定:"公务员辞职或者被辞退,离职前应当办理公务交接手续,必要时按照规定接受审计。"此外,《审计法》就具体的审计内容、审计对象、审计程序作了进一步的规定。以此为据,可以依法查清这些在职官员的财产信息状况。

在民众支持层面:人民网 2013 年公布的民意调查数据显示,"对外公开公务人员资产信息状况"得到大多数民众的赞同,成为社会共识。④ 2013

---

① 《联合国反腐败公约》第 14 条规定:"各缔约国均应当对金融机构,包括对办理资金或者价值转移的自然人或者法人,建立全面的国内管理和监督制度,对客户身份和实际受益人身份验证、记录和报告。"

② 《联合国反腐败公约》第 50 条规定:"为有效地打击腐败,各缔约国均应当在其本国法律制度基本原则许可的范围内并根据本国法律规定的条件在其力所能及的情况下采取必要措施,允许其主管机关在其领域内酌情使用控制下交付和在其认为适当时使用诸如电子或者其他监视形式和特工行动等其他特殊侦查手段,并允许法庭采信由这些手段产生的证据。"

③ 《联合国反腐败公约》第 58 条规定:"缔约国应当相互合作,以预防和打击根据本公约确立的犯罪而产生的所得的转移,并推广追回这类所得的方式方法。为此,缔约国应当考虑设立金融情报机构,由其负责接收、分析和向主管机关转递可疑金融交易的报告。"

④ 参见童斌:《民调显示:公众最希望政府公开"官员财产情况"》,载《中国青年报》2008 年 5 月 12 日,第 2 版。

年国家社科基金——“保持党的纯洁性”课题组以2013年为时间范围，以615名省级、县级干部为对象展开问卷调研，剔除掉无用数据，调查结果显示，99.34%的公职人员赞同对外公开自己的资产信息。[①] 近年来的各种调研结果均表明，无论是民众还是公职人员都赞同对外公开公职人员的资产状况。

在相关制度构建层面，各项政策为大数据在资金流转监控方面筑牢了制度基础。从宏观层面出发，习近平总书记在党的十九大指出，现代化社会建设过程中，需要推动国家互联网、大数据、人工智能发展，要善于运用互联网技术和信息化手段提升党的执政能力；“十三五”规划后，大数据产业持续发力。到了“十四五”阶段，大数据产业融合进程加速，这为大数据在反腐败工作中的运用提供了技术支持。从中观层面出发，国务院陆续出台了实现信息化建设、政务公开的有关条例和指导意见。2015年9月，国务院发布《促进大数据发展行动纲要》，2017年年底实现各行政部门间的数据共享，2018年年底构建行政统一平台。这些为加强对大数据的运用提供了政策支持。如此种种都为大数据助力反腐工作的开展提供了政策支撑。从微观层面出发，目前，我国检察机关已经建立了涵盖建筑工程、金融信托、教育医疗、政府采购等多领域的职务犯罪信息查询系统；最高人民法院联合20家全国性银行打造了网上资产信息查询和控制系统，地方各级人民法院可以借助该“总对总”的平台对被执行人在这20家银行内的总资产进行快捷查询和控制。[②] 在制度设计上搭建“个人税收管理系统”，该系统将自然人资产状况全国联网，借鉴纳税人识别号制度。税务部门为每个纳税的自然人设置唯一且不变的识别号，通过对“识别号”的管理了解纳税人的资产信息和缴税状况。如果没有识别号，自然人则无法在银行开立账户，也就无法享

① 参见斯阳：《反腐倡廉新思考：制度 科技 文化》，法律出版社2014年版，第288页。

② 参见《人民法院工作年度报告(2014)(白皮书)》，载搜狐网2015年3月18日，http://news.sohu.com/20150318/n409978764.shtml。央行于2004年建立中国反洗钱监测分析中心，监控和分析全国大额、可疑资金交易数据。

受福利待遇和税收优惠政策。[1] 我国积极进行“个人征信”建设，“个人信用信息基础数据库”已经在全国范围内推广，尽管此数据库分散于各个部门，如央行、公安、法院、海关、市场监督、税务、劳动保障、人事部门以及一些非政府组织，如商业银行、公用事业、邮政、电信、移动通信、保险等。在此基础上，只需对这些系统收纳的数据信息稍作扩充，打通机构间的信息壁垒，进行系统性整合，较为完备的“公务人员资产监督系统”就可初见雏形。总而言之，我国已经具备了构建“公务人员资产监督系统”的条件，在技术设施、法律基础、制度政策等软硬件层面，都有了一定的基础，时机已成熟。党的十八届三中全会通过的《中共中央关于全面深化改革若干重大问题的决定》中也明确提出搭建“个人收入和财产信息系统”，运用大数据构建“公务人员资产监督系统”已是弯弓之箭，刻不容缓。[2]

（三）依托大数据技术查办腐败案件的地方经验

哈尔滨市持续推进大数据反腐倡廉建设，力图打破当地政府及国有企事业等相关政务数据与社会大数据间的隔阂和壁垒，实现数据与信息一定程度的共享，构建了一个数据平台，下设 11 个模块，覆盖全市党员干部与公务员的基本信息，实现了身份、财产、企业注册、银行变动等信息的一站式查询，目前已经积累了 312 亿条数据。得益于大数据平台，反腐倡廉取得了较好成绩，在该市人大预算工作委员会原主任朱某腐败案中，其实际拥有房产 11 套，为了规避纪委监委的巡察，这些房产并未登记在朱某名下。通过大数据比对发现，这 11 套房产的各种日常费用开支如水电物业费用等，缴纳来源都出自朱某名下的账户。哈尔滨市纪委网站发布，当地公安交警支队考验处原处长侯某光在任职

---

① 参见郭美宏：《个人财产信息联网，腐败立马现形？》，载《检察日报》2014 年 10 月 27 日，第 3 版。

② 参见刘筱勤：《大数据与廉政制度创新》，载《中国行政管理》2015 年第 12 期，第 115 ~ 116 页。

前后消费水平明显变化,例如,侯某光在担任处长职位后的5年内乘坐飞机出行54次,其中有24次坐的是头等舱,而在这之前的4年仅有19次乘坐飞机出行,并且都是经济舱。这些异常的数据波动引起了纪检监察机关的注意,并以此出发展开调查,最终查到了侯某光的违法违纪行为。

根据数据之间的对比碰撞,审计工作人员发现内蒙古呼和浩特铁路局社保处财务科原科长王某文利用死者的账户信息侵吞“养老保险金”共计2323.66万元。审计部门将审计App中导出的养老保险金发放信息同公安部门的公民人员信息进行比对,惊奇地发现“将近有100多名死者仍在领取养老保险的记录名单上”。[①] 根据数据结果顺藤摸瓜,发现这些异常领取账户很多都归属于呼和浩特铁路局,再通过查询银行账户流水,找到这些养老保险金最后都收入王某文的囊中。通过大量的数据比对和追踪最终锁定并揪出侵吞社会保障金的“蛀虫”。

包头市公路管理局原副局长杨某因受贿罪、财产来源不明罪被判处5年6个月的有期徒刑,包括包头市水资源管理局原处长魏某在内的3名官员因贪污罪被判处刑罚。侦查机关在对此类案件事实展开调查时发现,这些犯罪嫌疑人主要依靠手机、电脑、互联网进行职务犯罪,这些电子设备的信息记录和网络浏览痕迹成为案件侦破的关键。包头市检察院的统计数据表明,2011年以来,通过数据的相互共享,查处了城乡一体化建设、精准扶贫、民生补贴等工作中的职务犯罪案件数共计43件涉及70名农村干部;查处看病就医、拆迁补贴、教育教学、行政司法等工作中的职务犯罪案件数共计27件涉及42人。与此同时,市场监督管理、公安人口、交通车辆管理、房屋管理等行政部门、银行信托等金融机构、移动电信通信企业联合打造的一体化全覆盖数据库,为侦查机关获取犯罪嫌疑人的有关身份信息、侦破案件提供了较为系统、精确的帮助。

---

① 《揭秘审计署:半数人不超过40岁 审计数据查办大案》,载新华网2015年2月10日,http://news.xinhuanet.com/legal/2015-02/10/c_127477857_2.htm。

河南省南阳市唐河县检察院联合有关技术工作人员依托大数据分析技术，打造了“职务犯罪侦查信息系统”，借助“发散式”查询模式，从大量碎片化信息中搜索到关联性信息。该分析系统借助图表数据库、信息可视化等科技手段，根据侦查工作的需要变换不同的调查方向，从时间、地区、接触人员、财产等角度，对获取的零散信息进行整合及关联性分析，输入系统，系统会根据这些信息智能化绘制出嫌疑人的人际交往图、行踪轨迹、银行账户资产流动信息等，进而为侦查机关提供搜索证据的大致方向。有关数据显示，该分析系统运行的半年来，搜索到各种相关数据信息 115 个，侦查机关立案展开调查的 21 件、涉及 24 人，破案率高达 100%。[①]

江苏省盱眙县升级了大数据系统，并不断完善数据库信息，打通各政府部门的信息壁垒，利用数据库构建统一数据平台。数据库信息的完善，一方面为职务犯罪案件的侦查提供了后备力量，另一方面也便于加强对各大线索的管理。[②]

湖南省安仁县依靠“互联网 + 监督”官网平台，接到渡口乡渡口村民众的投诉举报，称该村存在违规领取低保的行为，引起了有关部门的重视，并展开行动进行核查，发现 7 户人家违规领取，遂取消了他们的领取资格，并对有关人员进行追责。这是湖南省“互联网 + 监督”平台运行中查处的一起典型案例。如今，该平台已经成为群众较为信任、使用较为得心应手的监督途径。湖南省推广的“互联网 + 监督”平台自 2017 年 11 月全省并网实施以来，截至 2018 年 2 月 22 日，数据显示仅在 3 个月的时间内，官网平台及官微的访客量就高达 5.94 亿人次，全国范围内有 62.46 万人关注该官方微信公众号，受理民众举报 2477

---

① 参见牛凌云：《河南唐河：大数据分析为职务犯罪侦查提供技术支撑》，载中华人民共和国最高人民检察院官网 2015 年 7 月 17 日，http://www.spp.gov.cn/zdgz/201507/t20150717_101490.shtml。

② 参见《大数据破案，数据库侦查出新证据》，载新华网 2016 年 2 月 19 日，http://www.36dsj.com/archives/23330。

次。据悉,“互联网+监督”平台是在湖南省的辖区范围内实现了省、市、县三级并网运行的互联网监管平台,依靠全省一体化的“互联网+政务服务”平台,以民生保障监督为切入点,着重强调对本省内社会保障、精准脱贫、村支财务等民生问题的督促管理。平台在收集待核查领域相关数据信息的基础上,依托这些相关数据信息的对比碰撞,挖掘异常数据,进而发现问题。

湖南省鼎城区的李某,在其过世后的一年内还先后领取了900元的社会保障金。诸如此类的现象在大数据的碰撞对比下,都能被精准定位,得以纠正。本研究在调研中发现,湖南省及其下辖的市凭借大数据的碰撞分析技术,共发现349,146条可疑线索,省一级检查出8645名已过世人员仍在领取残疾人“两项补贴”、违规发放资金共计360.4万元,并及时纠正贫困人口认定不准确线索8926件。目前,这些大数据系统发现的可疑问题线索已被移送有关部门核实处理,及时追回违规发放的补贴,利用“互联网+监管”平台进行政务管理模式已经步入正轨、初见成效。

贵州省检察院也在不断摸索如何将大数据技术运用到职务犯罪的侦查中。在借鉴和总结各地大数据运用经验的基础上,研发了“大数据分析App”,该App能够在较短的时间内通过嫌疑人的基本信息查询到其人际交往关系、轨迹信息等,节约了办案时间和人力成本,极大地提高了办案效率。①

2014年,F检察院在查处涉嫌基层补贴金发放的贪污腐败案中,充分发挥大数据的优势,在初查阶段,侦查人员从有关政府官方网站检索搜集各类与农村补贴发放政策的有关文件、涉财政补贴的项目名称和所涉金额、人员基本信息等数据,以此展开,再将检索搜集而来的补贴资金项目输入系统进行比对分析。结果显示,2012年Y生猪养殖企业就其“污水

① 参见《贵州检察院:“大数据分析”助力职务犯罪》,载正义网2014年9月10日,http://tech.jcrb.com/zbdt/201409/t20140910_1464449.shtml。

处理”的项目获取了两部门补贴；随后，通过手机信息通讯和基站技术，对Y公司的法定代表人进行了详细的分析，盘查出2014年5月该法定代表人与农林系统相关涉案人员多次进行通话、见面的信息。这些数据分析技术的运用，能够对嫌疑分子的账户资金流动、人员交往关系的自动化、智能化进行研判分析，为案件最终的侦破筑牢证据基础。①

此外，大数据在境外追逃中也大有所为。域外追逃追赃最怕的就是无迹可循。在互联网、物联网等信息技术的发展过程中，打击腐败工作获得科技力量助力，利用大数据信息分析技术，不仅能够定位到“隐形人”，还能将“隐形财产”追缴回来。上海市长宁区检察院创新性地在域外追逃追赃工作中运用“大数据思维”，将大数据手段与传统的侦查手段完美结合，采用大数据技术收集外逃人员的运动轨迹、手机短信、资金流动、通话记录等，走访、追踪与逃犯有关联的人员以获取数据信息，丰富境外在逃嫌疑人信息数据库。长宁区检察院依托大数据平台分析，寻找共性和交织点，划定在逃官员的可疑行踪轨迹，利用人脸识别、指纹配对验证逃犯身份信息，最终将逃犯缉拿归案。以上海市查办的一起贪污案件为例，某一外贸公司员工王某借其配偶金某之名在我国香港特区开立银行账户，进而以交易为名骗取公司佣金。在案件进入侦查阶段后，本案的关键人物金某甚至抛下家中无人照看的小孩不知所踪，其家人均无法与她取得联系。就在本案一筹莫展，没有任何头绪时，办案人员以金某名下的一辆车为突破口，查询、搜集各类数据信息，通过对行车轨迹的分析发现了一个规律，即金某经常由延安路高架向外环行驶。办案人员通过金某的行驶路径初步判断犯罪嫌疑人暂时住在青浦区。于是，办案人员以徐泾为“圆心”进行逐步排查，最后锁定了青浦新城。在一步步缩小排查范围后，办案人员走访各大小区，调取监控录像。终于，在大量

① 参见张俊：《新时期职务犯罪初查工作路径转型初探——以大数据技术为视角》，载《中国检察官》2015年第24期，第57页。

的视频监控中发现了金某的影子……[①]上海长宁区检察院以此行动为契机，借力于职务犯罪侦查数据系统，发挥本院"侦查一体化"的技术优势，保持对外追逃追赃的高压态势，取得了显著成效。

近年来，在反腐高压态势下，腐败官员为了躲避制裁，纷纷逃往境外，这为腐败案件的侦破以及贪官的追捕增加了难度。尤其是"裸官"的大量外逃，不但使我国经济蒙受巨大的损失，而且给反腐倡廉工作施加了更大的压力，更有损我国的国际形象。2014 年，中央反腐败协调小组就"追逃追赃"计划决定展开"天网"行动。中央反腐败协调小组国际追逃追赃工作办公室于 2015 年 3 月 26 日决定启动"天网"专项行动，这是在国内反腐治理工作基础上的又一行动。"天网"专项行动主要由四大部委各自分工、相互配合，它们分别是中央组织部、最高人民检察院、公安部、中国人民银行。公安部负责发布通缉令，继续展开对域外在逃官员的追捕工作，并同央行相互配合，查处和打击地下钱庄、境外公司账户利用非法资金从事非法交易的活动。在"天网"专项行动开展的过程中，国际合作间数据的交流发挥了非常重要的作用。我国运用大数据技术建立了防逃预警和应急联动机制，着力消除管控"真空"，构筑牢固的"堤坝"，防逃成效明显。[②] 在境外追逃中，初步利用跨境数据规划追逃路线。追逃机关依托大数据分析技术，获取潜逃官员的行踪轨迹、通信信息、出行记录，乃至微信聊天记录、社交平台分享、资金账户流水等跨境数据。借助大数据监控平台捕获异常的出境信息、异常的人际交往、异常的资金流入等，实现对潜在可疑行为的预警监测，在第一时间察觉异样、作出评估。计算机系统出具的评估报告能够直接且全面地反映外逃人员潜逃国家、所处地区的概率可能性。相较于以往以行政区域和案件金额作为潜逃国的判别标准，大数据技术更具高效性和可靠性，实用性更强。[③] 同时，综合利用

① 参见黄峥、谢伟：《"大数据"下的追逃行动》，载《检察风云》2016 年第 1 期，第 13 页。

② 参见窦克林：《从成功案例看反腐败国际追逃追赃新突破》，载《中国纪检监察》2019 年第 4 期，第 40 ~ 41 页。

③ 参见赵宇、张凯晨：《大数据在境外追逃中的应用》，载《中国人民公安大学学报（自然科学版）》2015 年第 2 期，第 33 ~ 37 页。

跨境数据对逃犯进行精确定位。跨境流动数据的使用可以为境外追逃工作降低工作难度,提高工作效率。将外逃人员的综合信息导入大数据分析系统进而能够判断其最有可能潜逃的国家、地区及谋生手段。此外,借助大数据技术对出逃人员的资金账户进行实时监控,一旦发现异常,预警随之产生。在跨境追逃追赃中,执法人员可以借助 GPS 系统定位到潜逃官员的坐标位置,借助爆炸式数据获取其出行记录、社交网站的分享、电子设备通讯记录,资金账户流水等有用信息,进而判断犯罪嫌疑人的大致逃向。同时可以运用已收集的数据信息不断丰富境外在逃嫌疑人信息数据库,为今后大数据分析技术的运用提供数据支撑。①

在启动"天网"和"猎狐"行动后,中央及全国各地方相关部门齐心协力,紧密合作,设置层层"机关",用海量数据揭开腐败"隐身衣",让贪腐分子无处遁形。海量的反腐数据给腐败分子布下了一张巨网,在缉拿贪腐官员时,可借助各大交通路口和海关监控信息,结合犯罪嫌疑人数据库中的信息实现对在逃人员的查找和监测。反腐数据种类繁多,主要包括视频监控信息、卫星定位、酒店住宿信息、出行记录、银行流水、电子通信记录、聊天记录和网络 IP 地址等,各个领域零散的数据信息错综交织,实现实时监控,腐败分子稍有松懈,必定会露出马脚,落入大数据编织的大网中。"在逃人员信息管理系统"全国联网,存储了在逃的通缉犯的有关信息,此外公安部门发布通缉令,全面围堵,实时更新在逃人员的信息库,直至将其抓获为止。

(四)基于党的十八大以来 300 个全国腐败案例的数据分析②

笔者通过中国裁判文书网和北大法宝网站,检索了 2015 ~ 2020 年近

---

① 参见杨钰恬、鲍梦若等:《大数据时代反腐败研究——以我国的"天网行动"为例》,载《领导科学》2016 年第 26 期,第 53 ~ 55 页。

② 由于案件的特殊性,本研究中的数据分析均是已公开的案例。

5 年的相关案例，共检索到 8892 个案例，通过按年份等比例抽样调查的方式，筛选整理了 300 份案例作为数据库的样本基础。① 笔者设计了年份、腐败人员、腐败职位、腐败领域、腐败手段、涉案金额、腐败行为持续时间、案件查处时间、判决结果、涉案类型、地域共计 11 个维度。通过对各维度数据的归纳整理，在如下维度下设置了相应的指标，具体如下：(1)腐败职位共设 6 个指标：厅局级干部；县处级干部；乡(镇)科级干部；基层站所工作人员；村两委成员；国有公司领导成员。(2)腐败领域共设 5 个指标：征地拆迁；扶贫工作；国有企业单位资产；国有事业单位资产；政府部门单位资产。(3)腐败手段共设 8 个指标：违反规定，失职渎职；追求利益，吃拿卡要；贪图享乐，挥霍浪费；与民争利，虚报冒领；截留挪用，骗取侵吞；优亲厚友，以权谋私；暗箱操作，弄虚作假；截留私分，个人获利。(4)涉案金额共设 5 个指标：1 万～10 万元；10 万～50 万元；50 万～100 万元；100 万～500 万元；500 万元以上。(5)腐败行为持续时间共设 4 个指标：3 年以下；3～7 年；7～10 年；10 年以上。(6)案件查处时间与腐败行为终止时间之间的差值共设 4 个指标：1 年以下；1～2 年；2～3年；3 年以上。(7)判决结果分为主刑、附加刑(罚金)两个部分，主刑部分设 5 个指标：拘役；缓刑；有期徒刑 3 年以下；有期徒刑 3～10 年；有期徒刑 10 年以上。附加刑(罚金)部分设 5 个指标：无罚金；10 万元以下；10 万～30 万元；30 万～50 万元；50 万元以上。

通过对样本数据库中的各维度及维度下各指标数据的统计，梳理出近年来的腐败查处力度效度，可以总结出一些基本规律。

1. 反腐效果显著

通过对样本数据库中的各年份判决书的统计(见图 6－12)可以发现，近年来反腐败成果已见成效，腐败案件数量呈现显著下降趋势，2018 年《监察法》通过，监察委员会设立之后，腐败案件数量更是从 69 件显著下降至 26 件，足见监察体制改革的成效之显著。

① 该数据分析由课题组成员湖南大学法学院 2019 级法律硕士郝剑男同学进行资料收集、整理。

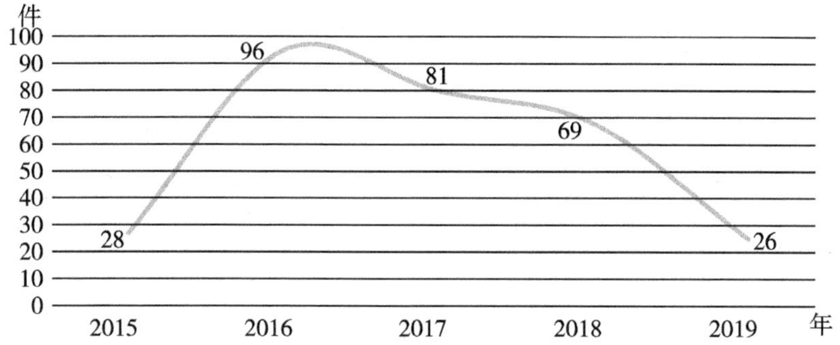

图 6－12　腐败案件数量

2. 腐败查处之全方位

(1)从全国地域分布看,通过对数据库中的地域维度进行统计分析(见图6－13),当前基本是全国范围内的全地域反腐败,可见法网恢恢,将全国各地区腐败行为一网打尽。与此同时,应当重点加强对腐败行为高发省份的关注力度。

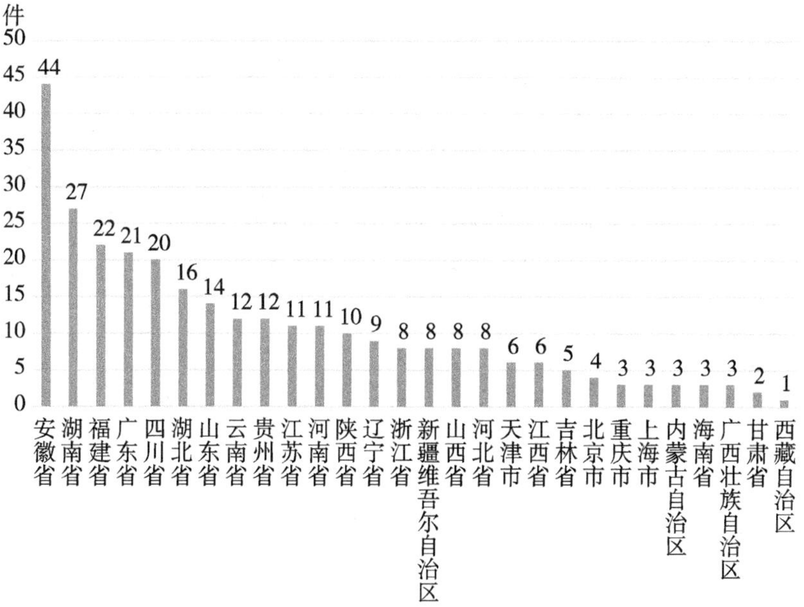

图 6－13　腐败行为的地域分布

(2)从腐败人员的职位看,通过对数据库中的腐败人员这一维度进行统计分析(见图6-14)可以看出,当前反腐败查处力度从上到下遍及各个职位,其中属于村两委成员这一指标的共计89个案例,占到了全部数据库比例的30%,可见当前反腐深挖基层领域,查处了大量基层中的腐败人员,"老虎苍蝇一起打",任何一个领域都不放过。

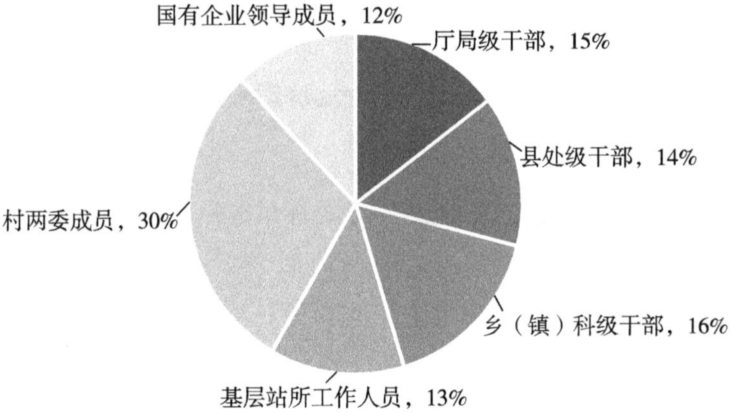

图6-14　腐败行为的职位分布

此外,通过对各腐败人员职位类型按照每个年份所占比例进行统计(见图6-15),可以看出厅局级干部这一职位类型腐败呈现下降趋势,基层站所工作人员和国有企业领导成员这两个职位腐败占比呈现上升趋势,应当在以后的反腐过程中,重点加强对此两种职位类型的重点监测。

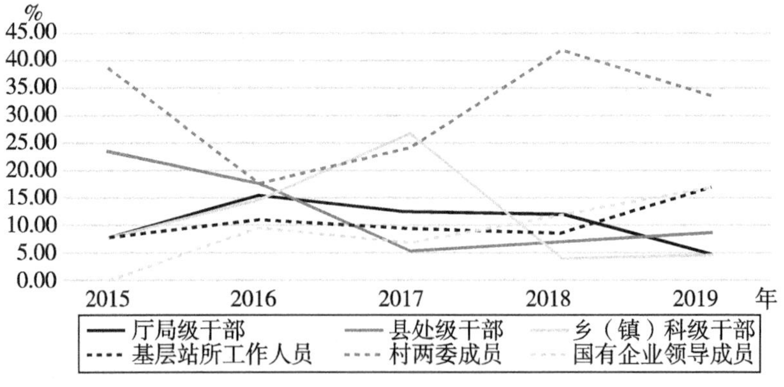

图6-15　腐败行为职位比例的年份变化

(3)从腐败领域看,通过对样本数据库中的腐败领域维度的数据进行统计(见图6-16),当前腐败查处涵盖了征地拆迁、扶贫工作、国有企业单位资金、国有事业单位资金、政府部门单位资金5大重点突出领域。通过全领域的覆盖,持续加大反腐力度。与此同时,可以发现,在我国推进精准扶贫的过程中,扶贫工作领域也成为腐败的高发点,应当在推进扶贫政策的过程中,加强对该领域产生腐败行为风险的控制。

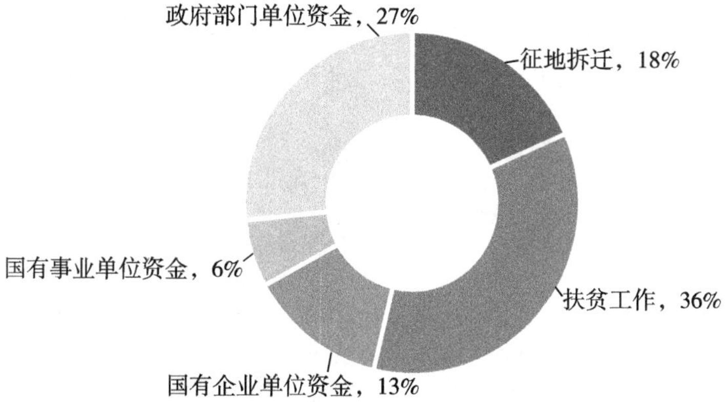

图6-16　腐败领域分布

(4)从涉案金额看,通过对样本数据库中的涉案金额维度的数据进行统计(见图6-17)可以发现,当前腐败查处的涉案金额小到1万元,大到500万元以上,一律被查处,及时挽回了国家的经济损失。

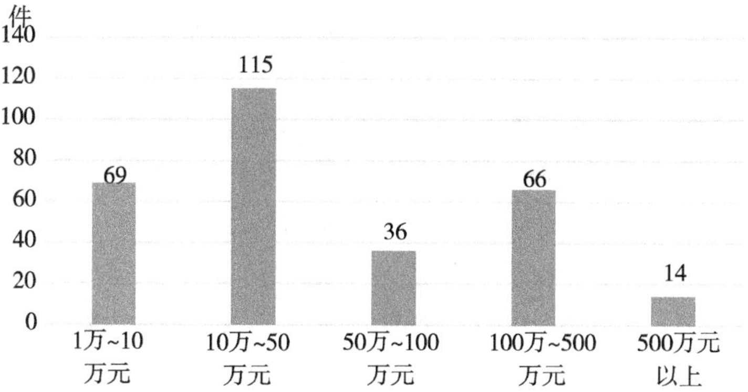

图6-17　腐败的涉案金额

（5）从腐败手段类型看，通过对样本数据库中的腐败手段维度数据进行统计（见图6－18），腐败手段多种多样，大致可以概括为8个指标。从图6－18文字说明可以看出所占比例最高的两种腐败手段就是与民争利虚报冒领（29%）和暗箱操作弄虚作假（33%），这两种手段存在一些共性就是有虚假行为，是一种极其隐蔽的腐败手段，不易被察觉和发现，但是仍被发现与查处，可见当前反腐败的效度之高、力度之强。与此同时，这也意味着，在今后的腐败查处的过程中应当对高发手段类型加强预测和预警，通过报领方案的合理设计，将虚假行为扼制在萌芽阶段。

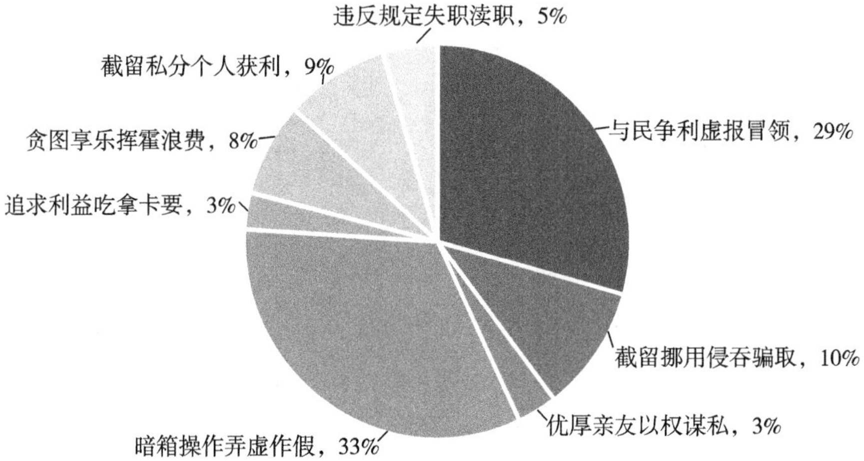

图6－18　腐败手段类型

（6）从涉案类型看，根据《国家监察委员会管辖规定（试行）》，国家监察委员会管辖6大类88个职务犯罪。通过对样本数据中的涉案类型维度分析（见图6－19）可见，反腐工作集中体现在贪污贿赂犯罪、滥用职权犯罪和玩忽职守犯罪领域，其中近7成的案例都属于贪污贿赂犯罪类型，在具体罪名上多表现为贪污罪、受贿罪、行贿罪和挪用公款罪。

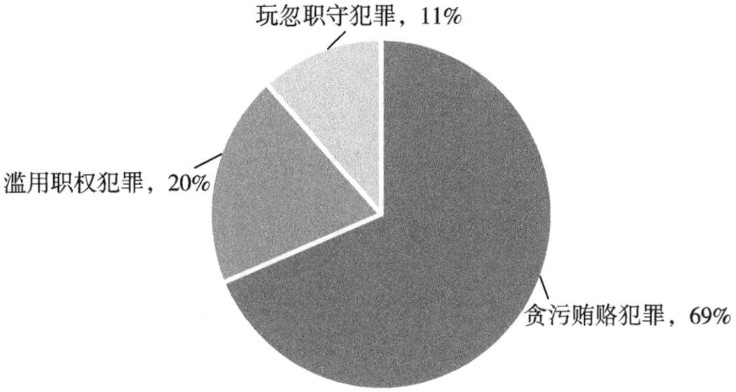

图 6－19　腐败的涉案类型

3. 腐败查处之力度大

(1)从判处的主刑看,通过对主刑维度的数据统计分析(见图 6－20)可见,当前对腐败行为的处罚,绝大多数的案件都是判处有期徒刑,仅有 2% 的案件被判处拘役,判处 3～10 年这一幅度的高达 35%。同时结合各年份各主刑类型所占比例的折线图(见图 6－21)也可以看出,3～10年这一处罚幅度呈现上升的趋势,缓刑虽然比例不小但是呈现明显的下降趋势,更多的案件将不再轻易判处缓刑从而加强对腐败人员的震慑力度。有期徒刑 10 年以上幅度的呈现上升的趋势,通过减少缓刑加强监狱刑的力度,给腐败人员极大威慑,让其不敢腐。

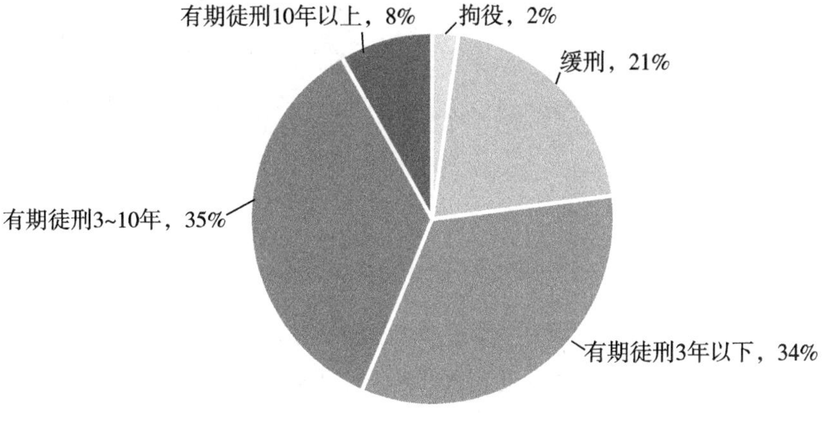

图 6－20　腐败案件判处的主刑比例

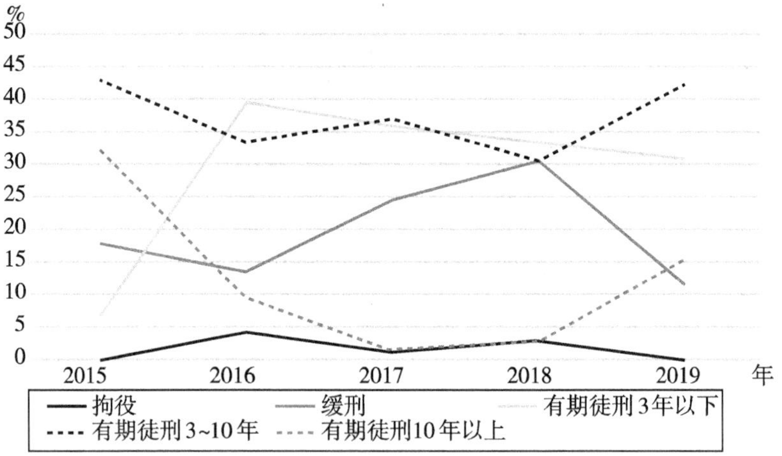

图 6－21　腐败案件判处主刑比例的年份变化

（2）从附加刑罚金看，通过对附加刑即罚金的维度数据统计分析（见图 6－22）可见，在案件被判处主刑的基础上，高达 95% 的案件被同时判处了附加刑（罚金）。其中，10 万～30 万元这一处罚幅度达到了 42%，占到了将近一半的比例，远远高于 10 万元以下这一幅度，通过高额的罚金处罚，让腐败人员得不偿失，贪腐钱财既要悉数吐出，还要缴纳高额罚金。

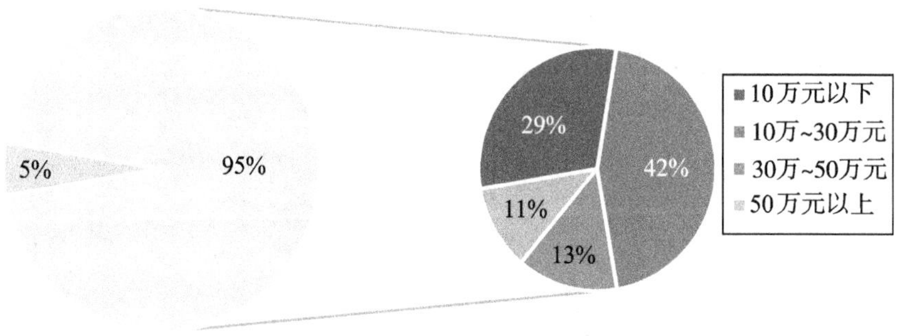

图 6－22　腐败案件判处附加刑（罚金）的比例

通过将各年份的各种罚金幅度比例制作成折线图（见图 6－23）可见，自 2016 年后，判处主刑的同时，基本都要被判处附加刑，反腐力度进一步加强。与此同时 30 万～50 万元及 50 万元以上这两种更高额的处罚幅度呈现上升趋势,可以证明对腐败行为的处罚力度持续维持高强度、高压态势,给予腐败分子极大的震慑。

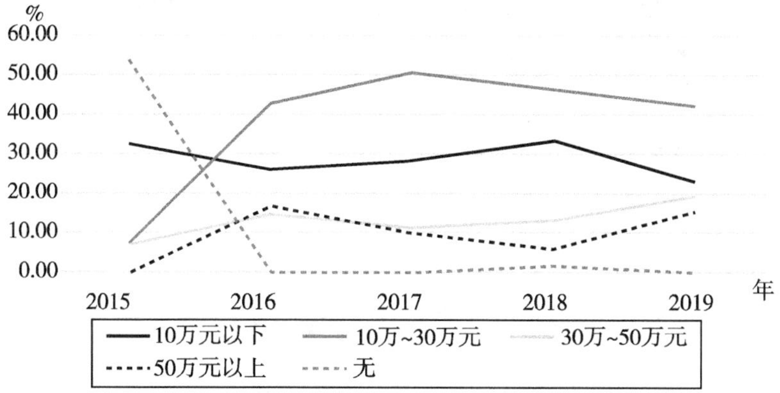

图 6－23　腐败案件判处罚金比例的年份变化

(3)从对腐败行为查处的响应程度看,该维度的计算方法是计算案件查处时间与腐败人员的腐败行为终止时间的差值。通过雷达图数据的统计(见图 6－24)可见,绝大多数的案件自腐败分子短暂终止腐败行为的一年之内即被立案查处,不给腐败分子蓄谋进行下一次腐败的机会,可见当前腐败查处的响应之及时,监测机制起了很好的作用。

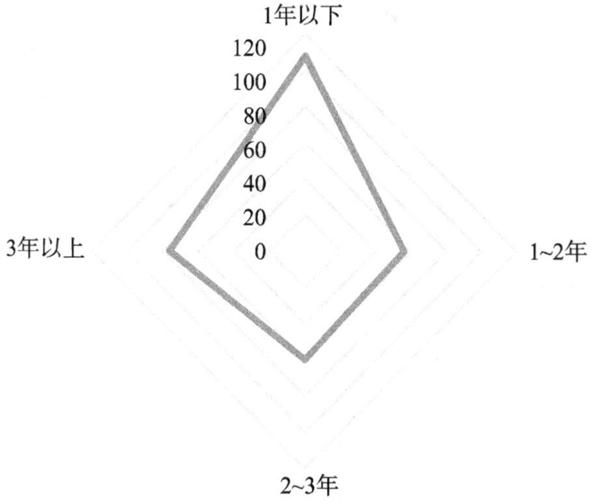

图 6－24　对腐败行为的响应及时程度

(4)从腐败行为的持续时间看,通过上述腐败案件查处的主刑、附加刑的高强度,案件查处的及时程度,分析这些腐败分子的持续时间(见图6-25),高强度的处罚力度取得的明显效果就是,腐败人员不敢再长期腐败,绝大多数的腐败分子的行为维持在3年以下,不敢腐,更不敢长期腐。

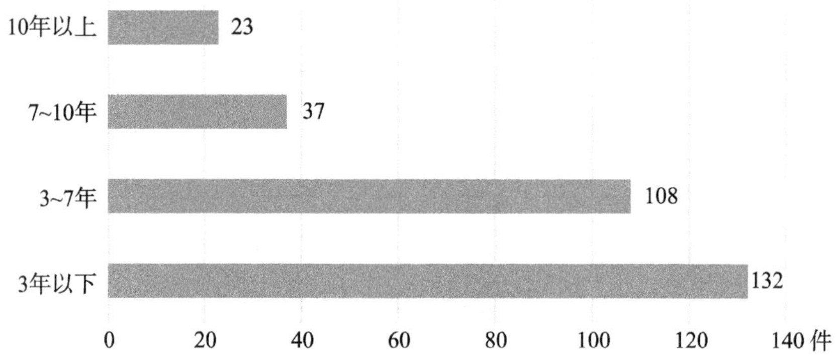

图6-25 腐败行为的持续时间

通过对上述各维度的数据分析统计可见,党的十八大以后,反腐取得了显著的成效,形成全方位、宽领域、力度大等显著特征。通过高压反腐的持续推进,腐败查处力度的不断加强,已经形成不敢腐,更不敢长期腐的局面。与此同时,通过各项数据的统计也可以看出一些基本规律,即基层领域和国家的扶贫工作应当成为下一步反腐败工作的重点,应当加强基层领域有效的制约监督和举报机制;在扶贫工作中,对虚报等虚假行为应当采取有效的核实核对机制,在报领扶贫资金的过程中,增加相应的监管和监督机制,有效杜绝在资金申领的环节产生腐败的机会。

(五)查办腐败案件数据分析的应用价值

一是利用大数据技术处理当前还在持续递增的数据规模,为揭示腐败规律提供技术手段与实现路径。这方面的应用主要建立在"过去"的时间维度上。通常来说,腐败行为和现象都会存在一定的规律性或特征性"密码",里面丰富的涉腐数据,包括但不限于涉腐人员身份、工作经历、家庭、心理评估等主客观层面的个体化信息，也包括制度与非制度层面的数据信息如权力文化等。对于这方面的研究，传统强调和重视的是质化研究，尤其是关注对其中的腐败因果探讨。大数据则以超规模数据作为演算与分析前提，并结合各种算法与技术条件，从中获取关联物及关联关系，并破解腐败背后的隐藏特征与一般规律。

二是利用大数据技术处理预先阻断腐败的机会与条件。大数据技术能够自动搜集并汇总网络公开渠道发布的各种公职人员相关的数据与信息，尤其是“评价性”的，并结合数据库中相关人员的财产数据，同时纳入权力运行方面的信息，能够对公职人员个人信息与发生腐败概率及程度等方面的关联变化进行准确预测或判断。大数据时代也是信息高速流动与透明公开的时代，公职人员的一切数据信息都在虚拟空间中存在并分享，大数据可以采集并分析这些信息，判断腐败概率，并进行分级预警，为预先防范腐败与阻断腐败进行部署与设计。

三是对权力运行轨迹进行图谱绘制，以大数据形式进行呈现，构建权力约束防火墙。腐败本质上是一种公权力寻租或异化过程，几乎可以等同于权力腐败。国家提出反腐倡廉，其中一个关键视角就是避免权力异化。预防腐败，就是给权力加上“紧箍咒”，防止其越轨。公共权力的行使本身就是公职人员履行过程的重要内容。在现代公权力的运行活动中，由于其每时每刻都在留下数据轨迹与信息痕迹，因此大数据能够对权力状态保持及时跟踪与关注。从权力决策、执行、监督到终结，涉及权力与人、资金、项目、资源间的复杂且多样化行为，都会留下完整的数据记录。如公共组织管理者的决策依据，其主客观利益何在，二者的关系模式等，在决策过程中，管理者是否存在私利心态，是否与利益相关方有不正常且过于密切的来往等，以上方面的信息都能汇集到大数据技术之下，并经过处理、计算等程序后构建成系统化的权力数据。借助大量感知装置与设备及相关制度安排，大数据能够获得来自各个领域与渠道的信息数据，从而实现全域感知与透视，并基于此绘制权力运行轨迹图，构建权力约束防火墙，随时对权力越轨行为进行制止或阻断。

四是大数据技术大幅度降低了办案成本，提高了案件侦破效率。以南宁市兴宁区检察院为例，他们广泛利用大数据感知技术，在每个询问室都配备了一套感知系统，包括环境条件监测仪如温湿度等，笔录终端录入设备、远程摄像设备等。他们还设立了录音录像控制中心，能够实现全程同步与部分画面叠加，并将相关数据传输到媒体服务器，可以实现远程登录，从而及时固定证据，有效遏制后续翻供现象，提高了案件的侦办质量与效率。

五是启动大数据模式进行反腐倡廉建设。以江苏昆山市为例，其建立了依托“党风廉政建设和反腐败工作监测指标”“大数据反腐”新工作形态；以北京市检察院为例，其在国内构建了内部案例库，在职务犯罪预防领域发挥了一定的积极作用；肇庆市端州区建立了省内第一个县级腐败预防系统，启动了该项目并落实，走上“科技防腐”的发展道路。①

目前在大数据反腐领域，相关案件大数据侦查机制与方式主要有以下几种：(1)从作案手段到作案人的侦办逻辑与侦查模式，也就是对案件中出现的作案手段进行特征归纳与总结，并放到数据库信息系统中比对与查询，一般特征越明显越突出，则排查范围越小，相应的排查结果偏差也会越低。(2)从发案行业信息到作案人的侦办逻辑与侦查模式，换言之就是通过发案行业的特点，进行专项数据库搜索并查询，其中特点越突出越明显，则排查范围越小，排查结果偏差也会越低。(3)从工商登记信息到作案人的侦办逻辑与侦查模式，主要利用工商信息记录，并通过对应数据信息库进行搜索并查询，能够精确定位发案单位及相关法人及主体详细信息。(4)从通讯信息记录到作案人的侦办逻辑与侦查模式，通过对通讯通信记录的查证与核实，能够获知嫌疑人的日常言论信息和活动轨迹。(5)从金融数据信息到作案人的侦办逻辑和侦查模式，主要是通过银行及其他金融机构现金与账户信息的变动情况，为案件侦办提供重

---

① 参见廖晓明、魏永平、罗文剑：《基于大数据的腐败预防：方法、框架与挑战》，第十届中国管理学会2015年年会论文。

要依据。(6)通过高风险岗位或行业、高风险人群信息到作案人的侦办逻辑与侦查模式,也就是前文论述的职务犯罪高风险领域与岗位等数据,并通过多渠道数据与多来源信息的综合数据判断,获得作案概率的具体数据,从中获取嫌疑人名单。(7)通过汽车、房产信息到作案人的侦办逻辑与侦查模式,也就是利用该类事物的专项数据库系统,一般汽车和房产信息越具体越特殊,排查范围就越有效,同时排查偏差就越低。(8)通过出入境信息到作案人的侦办逻辑与侦查模式,综合案件细节与涉案人员出入境信息,获取相关线索指引。(9)通过二手市场信息到作案人的侦办逻辑与侦查模式,对所有类型的二手市场相关信息进行综合研判,包括二手通信设备、二手车、古董字画等领域,定位可疑人员。(10)通过视频监控信息到作案人的侦办逻辑与侦查模式,利用监控录像获知所有出现在特定时间与场合的可疑人、物等,快速定位可疑对象。①

本章小结

新中国成立后,中国共产党一直注重自身建设,反腐败模式经历了从运动反腐到权力反腐到制度反腐再到"法治 + 大数据"反腐模式。以党的十八大为转折点,中国特色社会主义进入新时代,在从严治党以及大数据时代的新形势下,涉腐人员腐败手段趋于隐蔽化、衍生性、科技化,腐败线索的获取和案件查处的难度大大增加,仅凭传统"经验式""碎片化"的治理模式已是举步维艰。腐败行为的新形态倒逼反腐模式的创新发展,信息化时代的来临为反腐治理提供了新视角,"大数据反腐"不仅是现状使然,更是大势所趋。大数据时代的开启,使科技助力反腐倡廉工作的治理。科学技术的运用转变了以往依靠"一张纸一支笔"的被动查处手段,突破传统"地毯式排查""人工反腐"的经验模式,实现对海量数据信息的

① 参见高大中、刘荣:《"信息引导侦查"——职务犯罪侦查模式初探》,载《黑龙江省政法管理干部学院学报》2010 年第 10 期,第 98 页。

自动挖掘、对比碰撞，为反腐部门安上了一双主动、及时、精准发现腐败线索的“千里眼”和一对能够听取群众反映问题、提出意见的“顺风耳”。基于党的十八大以来300个全国腐败案例的数据分析可以看到，腐败职位从上到下遍及各个职位，基层工作人员和国有公司领导成员腐败占比呈上升趋势；腐败领域主要涵盖征地拆迁、扶贫、国有企业单位资金、5大重点突出领域；涉案金额小到1万元，大到500万元以上全覆盖；腐败手段中与民争利、虚假冒领、暗箱操作、弄虚作假占比62%；涉案类型主要体现在贪污贿赂犯罪、滥用职权犯罪和玩忽职守犯罪；都是判处有期徒刑附加高额罚金的刑罚。大数据的分析提高了反腐效率、节约了治理成本，做到查处腐败既要治标又要治本。但“大数据技术”只是手段，反腐工作的开展也离不开国家的法治建设，在依法治国的时代背景下，大数据反腐理应在法治的轨迹下运行。

第七章　大数据时代查办腐败案件面临的现实困境

人工智能和数字化技术现已深度应用于各个领域，数字经济发展成为大势所趋。在数字经济背景下，现代社会也产生了一种以大数据与云计算互相支撑构建起来的生产要素与生产方式，并围绕数字经济这个核心进行运作。腐败是国际社会公认的“毒瘤”，运用大数据技术反腐已成为不可阻挡的潮流和趋势。与通常的随机抽样调查方法不同，大数据分析的对象是所有数据。但大数据分析也更注重对“有用”的数据进行统计分析，其更加注重数据的价值含量和挖掘成本。大数据查办腐败案件模式，从信息源、信息处理过程、相关性分析和预测等方面根本转变了信息流的结构，充分利用大数据技术的优点，是对传统的查办腐败案件模式的突破和革新。与此同时，值得关注的是，在应用大数据查办腐败案件方面仍面临诸多困境，不利于充分发挥大数据查办腐败案件的潜力和价值。

一、数据本身的困境

（一）信息化数据利用率差距明显

目前，发展不平衡不充分仍然是我国经济社会发展面临的长期问题,这种不均衡体现在互联网领域便是不同地区、不同部门的互联网普及程度、信息技术的应用程度存在很大差异,这种现象通常被称为“数字鸿沟”。一些单位在建立信息化数据库方面已经取得了一些积极成果,率先建立了相对完整的数据信息系统,从而能够便捷、及时地掌握公务人员的基本情况、财务状况和行为管理信息;也有一些单位仍然固守使用纸质材料和信息的传统;更多的单位介于二者之间,开始意识到电子数据库的便利,于是顺应时代发展之势,逐步探索建立信息化数据库,但是对过去庞杂的纸质材料和信息没有进行电子化处理;还有一些单位在维持数据库的数据方面比较消极怠惰,没有及时更新数据,导致数据库内的信息老旧过时,可利用率不高。由此可见,虽然电子政务已成为大数据时代下的大势所趋,但是不少单位仍然固守传统的纸质模式,如根据目前党员和高级干部的个人事项报告制度,并不是每年创建一个电子数据库,而是仅仅要求他们每年撰写纸质报告。在这种模式下无法对党员和高级干部的个人事项进行持续的动态监控,难以发现相关人员在财务或行为上的异常,不可避免地产生大数据查办腐败案件的信息化数据障碍。

(二)采集的相关数据信息的真实性存疑

大数据与数据的最大区别在于其客观存在、自动生成的特性,以及数据量大。[①] 一方面,反腐大数据库中的数据源于下级政府部门向上级政府部门的汇总。出于种种原因,下级政府部门可能会对数据进行修改、删除甚至伪造,这样收集的信息在真实性方面存在很大问题。同时,由于数据庞杂繁多且缺乏统一的汇总标准和处理规则,不同部门汇总的数据难免存在不兼容之处,数据误差难以避免。另一方面,大数据时代下,公众监督发挥了越来越重要的作用,不少公民用自己的电子设备随手记录下

① 参见徐荣梅:《大数据反腐的现实困境和路径选择》,载《理论月刊》2017 年第 8 期,第 173 页。

涉腐信息并曝光在互联网上，引起相关部门的重视后予以查处。这种渠道获取的信息易受公民个人主观倾向的影响，除了对公平正义的追求之外，举报人也可能抱着仇富心理、博人眼球或者借机报复、诬告陷害的心态实施曝光行为。在纷繁复杂的网络信息中，排除上述大量的失真信息和无关信息、筛选出真正有价值的涉腐信息难度很大，需要有关部门耗费巨大的时间和精力，甚至极有可能延误真正有意义的腐败案件的查办。即便是应用大数据技术，也很难做到及时、准确、高效、全面地定位涉腐信息。数据的收集、汇总、比对、筛选、处理，这其中任何一个环节的小小误差，都可能使得预测结果与真实情况背道而驰。

（三）相关数据的流动性和可获取性较差

运用大数据查办腐败案件，并非单纯依靠纪检监察系统自身的数据体系就能实现，还需要与众多政府部门进行合作，由它们为大数据反腐提供数据支持。例如，利用通信、工商、车辆管理、房屋管理等行政部门以及银行等金融机构业已建立的海量数据库提供大量的反腐信息和腐败线索，对于精准、及时地打击腐败犯罪意义重大。这些数据如果足够全面、足够丰富，并且能够为反腐机构获得和应用，将极大地提高反腐机构的工作效率，有效打击腐败犯罪。然而目前，跨部门数据的流动性和可获取性有限，阻碍了大数据反腐发展。

拥有数据的不同部门之间的数据信息不能共享，造成了反腐数据的碎片化，数据出现脱节，即产生“信息孤岛”。这一现象势必给大数据反腐带来许多障碍，如信息需要重复多次输入、信息冗余等，尤为重要的是信息交流的一致性无法保证。在信息化系统建设中，由于各部门缺乏统一的数据采集标准，已有数据在规范性、准确性、完整性上很难达成一致，因此很难利用数据进行宏观整体分析，而只能进行局部微观定量分析。据统计，全国各级政府部门掌握着3000多个数据库，其中涉及80%的社会信息数据，但相互联通的数据库不到30%，如车管、税务、工商、房产都是单独一套系统。[1] 这种闭塞的分析方式对于数据的利用率较低,无法真正发挥数据在反腐败斗争中的价值,更不利于数据在反腐败斗争中的价值增值。

二、国家安全受到威胁

随着信息技术的飞速发展以及大数据在更多领域的推广运用,大数据已经上升为与自然资源、人力资源同样重要的国家战略资源,在国际竞争中的地位日渐凸显。大数据在提升一国综合国力、重塑国际战略格局的同时,也对国家主权产生了威胁。2014 年 4 月,习近平总书记在中央国家安全委员会第一次会议上首次提出总体国家安全观,“要以人民安全为宗旨,以政治安全为根本,以经济安全为基础,以军事、文化、社会安全为保障,以促进国际安全为依托,走出一条有中国特色的国家安全道路”。[2] 可以看出,当代中国最关注的安全问题,集中在政治安全领域。政治安全是指国家主权不受侵害、国内政治稳定和政权稳固,是国家安全的核心因素。[3] 大数据安全与国家和社会的稳定息息相关,信息网络安全成为又一重要的国家安全领域,越来越多的国家在数据权与数据资源领域展开了激烈竞争,大数据安全成为国家安全背景下的重要战略问题。习近平总书记在 2017 年 1 月的中央政法工作会议上进一步阐释说:“要把维护国家政治安全特别是政权安全、制度安全放在第一位。”[4]毫无疑问,在大数据反腐侦查模式下,需要对党政部门的决策信息及其公职人员的职务行为和私人行为等信息加以收集和利用。如果不建立严格的数据

---

① 参见徐敏子、程竹汝:《大数据反腐的发展历程、优势和阻力》,载《秘书》2019 年第 6 期,第 17 页。

② 习近平:《坚持总体国家安全观　走中国特色国家安全道路》,载《人民日报》2014 年 4 月 16 日,第 1 版。

③ 参见王缉思:《世界政治的终极目标》,中信出版集团 2018 年版,第 49 页。

④ 习近平:《要把维护国家政治安全特别是政权安全、制度安全放在第一位》,载今日中国网 2017 年 7 月 13 日,http://www.chinatodayclub.com/news/shishi/15876.html。

管理体系,一旦这些信息被泄露或者被窃取,公众和国际组织便可以轻易知悉和利用这些信息,攻击我国政府和人民,抹黑我国、我党的形象,国家安全将受到严重威胁。

大数据的价值不仅在于其本身,更在于其二次处理。有些数据在收集时无甚价值,经过处理后却能够发挥重大作用。所以,数据收集者不可能一开始就划定数据收集的范围或者明确数据的使用方式,一般是尽可能广泛、全面地收集个人信息,以待未来的使用。他们获得的个人信息越多,越能够对用户进行"精准画像",从而能够为用户推荐更加适宜、更有针对性的商品和服务,更好地推动技术革新、提高自身的竞争力。在信息的收集和处理过程中,个人信息已经突破了其记录和反映的基础价值,成为一种具有价值的资源。在大数据反腐败领域,个人信息由国家机关进行采集和处理,因此,除了保护信息主体的权利之外,企业和政府的利益亦要纳入考量。"棱镜门"事件①就是对信息安全与国家安全关系的现实警示。

三、大数据时代查办腐败案件存在的法律问题

(一)大数据侦查的法律属性

准确理解大数据在反腐败案件侦查中的定性问题,不仅是解决大数据在反腐败案件运用中所面临的法律困境的前提和基础,也是厘清大数据侦查规则逻辑的关键所在,有助于解决大数据侦查面临的司法冲突。

---

① 原美国中情局雇员爱德华·斯诺登曝光了"棱镜门"事件,震惊一时,斯诺登也因曝光事件被美国起诉间谍罪而逃到俄罗斯流亡。美国国家安全局(NSA)在布什执政期间就启动了绝密电子监听工程,即棱镜计划(PRISM),受到美国国安局信息监视项目"棱镜"监控的主要有10类信息:电邮、即时消息、视频、照片、存储数据、语音聊天、文件传输、视频会议、登录时间和社交网络资料的细节。一度让美国受到世界各国的指责,欧盟向美讨说法,引发众怒,美国政府因"棱镜"秘密情报监视项目曝光而承受外部巨大压力,国会众议院议长、共和党人约翰·博纳2013年6月11日把泄密者爱德华·斯诺登称为"叛国者"。

学术界对大数据侦查的属性主要有以下三种观点:第一种观点认为,从技术的复杂程度来看,大数据技术是在电子计算机以及互联网的高速发展之下才产生的,比较符合技术侦查措施的属性。首先,将大数据侦查与普通的数据分析工具相比,得出软件工具在数据汇总方面的使用范围更广,但这一些软件只能停留在"工具"的层面,无法上升到"技术"的层面;其次,从权利侵害的视角对大数据的侦查属性进行分析,从隐私权、言论自由、通信自由等方面凸显大数据侦查技术对个人权利的侵害,因此需要将大数据侦查划分到刑事侦查的种类中去,而不能仅仅将其归纳为工具措施;最后,从技术含金量与实施的隐秘程度出发,在侦查中使用大数据技术都应该被界定为技术侦查措施的一种。① 第二种观点认为,运用大数据进行侦查是一种秘密性的侦查措施还是一种公开性的侦查措施,区分的关键在于侦查相对人是否知情。如果在侦查期间,侦查相对人的知情权是有所保证的,那么说明这种侦查行为属于公开性的侦查措施,如果侦查相对人的知情权没有得到保证,那么这种侦查行为就属于隐秘性的侦查措施。绝大多数情况下,大数据侦查措施在具体的实施过程中,公民很难察觉到,借以侦查犯罪为名,利用公权力与高科技设备,侦查机关很容易就能获取公民的个人数据、个人信息,无法保证侦查相对人的知情权。"对大数据侦查属性的实质判断就是抛开概念、定义等形式上的东西,从其可能造成的权利干预风险以及程度对其进行判断,依托既有的理论提出实质性的分析标准,以理论回归的方式发现其程序属性与地位。"②第三种观点认为,根据对侦查相对人实施技术侦查是否需要经过对方同意这一标准,可以把侦查措施分为强制性侦查措施与任意性侦查措施两种类型。③ 对于大

---

① 参见欧阳爱辉:《侦查中的大数据挖掘技术法律属性辨析》,载《青岛科技大学学报(社会科学版)》2015 年第 2 期,第 72 页。

② 杨婷:《论大数据时代我国刑事侦查模式的转型》,载《法商研究》2018 年第 2 期,第 25 ~ 36 页;陈刚:《解释与规制:程序法定主义下的大数据侦查》,载《法学杂志》2020 年第 12 期,第 5 ~ 17 页。

③ 参见宋英辉:《刑事诉讼原理》,法律出版社 2003 年版,第 57 页。

数据侦查属于哪一种，学术界有不同的观点，但是绝大多数人采取“不限定侵犯法益处分人标准说”。理由有二：首先，与之对立的“限定侵犯权益的受处分人的标准说”存在难以界分重要权益与非重要权益的操作性缺陷，而该学说能够有效克服这一缺陷；其次，避免隐私权与个人信息权纠缠不清，产生竞合关系。所以，从以上学术界的三种观点看，大数据侦查属于一种隐秘性的、强制性的技术侦查措施。

（二）大数据侦查取证的合法性问题

1. 大数据收集缺乏合法性授权

在将大数据技术应用于职务犯罪侦查领域时，大数据的收集是否得到法律授权非常重要。这个授权从根本上说可以归为程序问题，即数据收集的程序性规定，其至少应包括授权机构、授权可收集数据的类别和可使用范围。就授权机构而言，目前我国对大数据的收集和使用的习惯性做法是由行政机构和侦查机构自行授权。《公安机关办理刑事案件程序规定》第 265 条[①]规定，技术侦查措施由设区的市一级以上公安机关负责人批准并交付执行。这种仅仅在执行机构内部提高授权层级的做法，并未改变其属于自行授权的本质，不能有效地制约权力的行使，据此应当引入外部审查机制对信息收集的司法授权进行审查。就授权内容而言，职务犯罪侦查关注更多的是侦查对象的个人信息。从来源的角度可以将个人信息分为：个人公开的信息、个人向第三方（包括政府和商务机构等）提交并由第三方保管和储存的个人信息以及采用特殊侦查措施通过特殊渠道获得的个人信息。[②] 普遍认为，信息主体自行公开的信息可以不经

---

① 《公安机关办理刑事案件程序规定》第 265 条规定：“需要采取技术侦查措施的，应当制作呈请采取技术侦查措施报告书，报设区的市一级以上公安机关负责人批准，制作采取技术侦查措施决定书。人民检察院等部门决定采取技术侦查措施，交公安机关执行的，由设区的市一级以上公安机关按照规定办理相关手续后，交负责技术侦查的部门执行，并将执行情况通知人民检察院等部门。”

② 参见胡志风：《大数据在职务犯罪侦查模式转型中的应用》，载《国家检察官学院学报》2016 年第 4 期，第 149 页。

许可直接收集和使用,除此之外的信息原则上都需取得授权。目前,调取第三方保有的个人信息在刑事诉讼领域和行政执法领域都面临着困难。除了前述的缺乏法律明确授权、执行机构缺乏外部审查之外,执行法律文件或授权令格式不明确、不统一、不细致等问题也很突出。这些问题既增加了滥用个人信息的可能性,又损害了法律体系的融贯性、规范性与权威性,不利于执行机构顺畅行使职权。此外,缺乏合法性授权带来的另一个问题是,对于政府作为第三方储存的个人信息以及政府、司法机关在执法过程中获得的个人信息,无法在不同部门之间进行共享,这导致执行机构只能利用碎片化信息进行局部分析,很难充分利用所有相关信息进行全局性分析,阻碍了大数据在职务犯罪侦查领域的适用和推广,不利于提高大数据的利用率和工作效率。

2. 出现过度取证问题

现有法律规定对侦查行为的限制框架主要建立在物理场域的基础上,对数据侦查领域的规定并不明确。从证明案件事实的角度,有价值的是介质内的数据而非介质本身。数据体量大、碎片化、非结构化的特点,使侦查人员很难对介质内的数据的相关性作出事前预判,这就产生过度取证问题。

以"扣押"为例,《刑事诉讼法》第141条规定,扣押财物、文件的条件是"可以用以证明犯罪嫌疑人有罪或者无罪",且"与案件无关的财物、文件,不得查封、扣押"。[①] 而在《最高人民法院、最高人民检察院、公安部关于办理刑事案件收集提取和审查判断电子数据若干问题的规定》《公安机关办理刑事案件电子数据取证规则》中,扣押、封存原始存储介质成了原则性规定,侦查人员无须再对存储介质本身、内容与待证事实之间有无相关性作出评价。由于单个存储介质中可以储存大量数据,即便将扣押限定于特定的数据存储介质,在该介质中收集的数据也很有可能远远超出令状中限

① 《刑事诉讼法》第141条第1款规定:"在侦查活动中发现的可用以证明犯罪嫌疑人有罪或者无罪的各种财物、文件,应当查封、扣押;与案件无关的财物、文件,不得查封、扣押。"

定的搜查目的和范围，更不必说存储于网盘或云端的数据了。现行规定有过度取证之嫌，因为职务犯罪所涉及的电子证据不仅有犯罪嫌疑人的手机、电脑等，还可能涉及其他，如第三方服务器存储数据的情形，如果不作区分地扣押电子数据的原始存储介质，有可能损害第三方利益。

3. 取证方面的法律依据不足

证据是诉讼的基石，电子数据是侦查信息化工作的重心所在。当前各位阶法律法规已就电子数据出台了一些规定，基本搭建起了电子证据制度的框架。2012～2022 年有关大数据取证方面的法律法规见表 7－1。

表 7－1　2012～2022 年有关大数据取证方面的法律法规

年份	法律法规名称
2012	《刑事诉讼法》《最高人民法院关于适用〈中华人民共和国刑事诉讼法〉若干问题的解释》
2014	《最高人民法院、最高人民检察院、公安部关于办理网络犯罪案件适用刑事诉讼程序若干问题的意见》《最高人民法院、最高人民检察院关于办理走私刑事案件适用法律若干问题的意见》
2016	《最高人民法院、最高人民检察院、公安部关于办理刑事案件收集提取和审查判断电子数据若干问题的规定》
2018	《监察法》
2019	《公安机关办理刑事案件电子数据取证规则》《公安机关鉴定机构登记管理办法》《人民检察院刑事诉讼规则》
2020	《公安机关办理刑事案件程序规定》
2021	《最高人民法院关于适用〈中华人民共和国刑事诉讼法〉的解释》《监察法实施条例》
2022	《最高人民法院、最高人民检察院、公安部关于办理信息网络犯罪案件适用刑事诉讼程序若干问题的意见》

从党的十八大以来出台的有关大数据取证方面的法律法规可以看出，2016 年颁布的《最高人民法院、最高人民检察院、公安部关于办理刑事案件收集提取和审查判断电子数据若干问题的规定》是我国首次对电子数据作出的系统规定。确立了电子数据的概念、收集提取对象、固定方式、取证措施等，还对电子数据的真实性、验证方法、鉴定人等事项作出规

定，使电子数据这一新型的证据种类，不再只是停留在法律条文中，而是真正走向了诉讼活动。2018 年，我国正式成立监察委员会，监察委员会负责办理公务人员的职务违法和职务犯罪案件。《监察法》第 18 条第 1 款规定，监察机关行使监督、调查职权，有权依法向有关单位和个人了解情况，收集、调取证据，有关单位和个人应当如实提供。第 25 条规定，监察机关可以调取、查封、扣押电子数据。2019 年公安部颁布的《公安机关办理刑事案件电子数据取证规则》着重关注电子证据取证的程序性问题，对电子数据的收集、提取、检查和侦查实验、委托检验与鉴定作出规定，进一步明确和细化了数据取证行为的程序法规则。2021 年《监察法实施条例》第 123 条明确收集、提取电子数据时原则上应当扣押原始存储介质，第 136 条、第 138 条、第 146 条规定了电子数据的勘验检查和鉴定。2021 年《最高人民法院关于适用〈中华人民共和国刑事诉讼法〉的解释》第 76 条规定，监察机关提取证据适用刑事审判的证据要求和标准。也就是说，监察机关获取的电子证据能否在人民法院的审判中被采信，取决于取证环节是否合法。取证环节既涉及电子证据的合法性，也涉及电子证据的真实性和完整性，经过合法程序收集和提取的真实完整的电子证据才可能被人民法院采信，否则将会被排除使用。① 以上规定同 2005 年公安部颁布的《公安机关电子数据鉴定规则》、2009 年最高人民检察院颁布的《电子证据鉴定程序规则（试行）》共同搭建了我国电子数据证据制度的基本框架。②

但以上规定并不完备，且很难满足大数据反腐形势下的实际需求。目前在办理职务犯罪中获取数据的依据主要是《监察法》第 18 条，该条规定了监察机关的监督、调查职权，以及有关单位和个人应当如实提供的义务。从法条上看途径比较狭窄，收集的数据量也很有限。目前新《刑事

① 参见姜磊：《大数据背景下职务犯罪电子证据取证问题研究》，载《内蒙古农业大学学报（社会科学版）》2021 年第 6 期，第 88 页。

② 参见林泽昕：《数字时代刑事电子数据取证规则研究》，华东政法大学 2020 年硕士学位论文，第 29 ~ 32 页。

诉讼法》从当前的社会实际情况出发，在新增的法定证据类型中，也已经纳入电子数据。其中第 128 条①专门针对这一证据类型进行了侦查专业人员适用范围及形式等方面的规范，但对电子数据证据具体该如何收集及保全，如何进行相应的证据审查等方面事项依旧缺乏具体规定。2010 年，《最高人民法院、最高人民检察院、公安部、国家安全部、司法部关于办理死刑案件审查判断证据若干问题的规定》出台，其中首次涉及电子证据的详细适用规范与具体适用机制，并将相关内容列于第 29 条，②同时对 7 种传统证据也分别进行了详细释读。另外，关于电子数据取证规范性流程与具体机制的要求主要来源为《公安机关办理刑事案件程序规定》，对涉及的电子数据收集、勘查、存储介质扣押及相应的数据鉴定等一系列程序与环节都进行了详细规范与流程约束，具体参见其中第 66 条。③ 2009 年，最高人民检察院基于电子证据适用的必要性和普遍性针对电子数据鉴定出台了对应的司法解释《人民检察院电子证据鉴定程序规则（试行）》。还有一些法律法规或相关司法解释中都不同程度地涉及电子数据取证事项，其中有《最高人民法院、最高人民检察院关于办理走私刑事

---

① 《刑事诉讼法》第 128 条规定："侦查人员对于与犯罪有关的场所、物品、人身、尸体应当进行勘验或者检查。在必要的时候，可以指派或者聘请具有专门知识的人，在侦查人员的主持下进行勘验、检查。"

② 《最高人民法院、最高人民检察院、公安部、国家安全部、司法部关于办理死刑案件审查判断证据若干问题的规定》第 29 条规定："对于电子邮件、电子数据交换、网上聊天记录、网络博客、手机短信、电子签名、域名等电子证据，应当主要审查以下内容：（一）该电子证据存储磁盘、存储光盘等可移动存储介质是否与打印件一并提交；（二）是否载明该电子证据形成的时间、地点、对象、制作人、制作过程及设备情况等；（三）制作、储存、传递、获得、收集、出示等程序和环节是否合法，取证人、制作人、持有人、见证人等是否签名或者盖章；（四）内容是否真实，有无剪裁、拼凑、篡改、添加等伪造、变造情形；（五）该电子证据与案件事实有无关联性。对电子证据有疑问的，应当进行鉴定。对电子证据，应当结合案件其他证据，审查其真实性和关联性。"

③ 《公安机关办理刑事案件程序规定》第 66 条规定："收集、调取电子数据，能够扣押电子数据原始存储介质的，应当扣押原始存储介质，并制作笔录、予以封存。确因客观原因无法扣押原始存储介质的，可以现场提取或者网络在线提取电子数据。无法扣押原始存储介质，也无法现场提取或者网络在线提取的，可以采取打印、拍照或者录音录像等方式固定相关证据，并在笔录中注明原因。收集、调取的电子数据，足以保证完整性，无删除、修改、增加等情形的，可以作为证据使用。经审查无法确定真伪，或者制作、取得的时间、地点、方式等有疑问，不能提供必要证明或者作出合理解释的，不能作为证据使用。"

案件适用法律若干问题的意见》《公安机关鉴定机构登记管理办法》等,前一个文件主要是针对走私犯罪领域进行了有关电子数据相关问题的规定,后一个文件主要对电子数据固定方式方法进行了规范,确保电子证据通过合法合规渠道获取。二者都对当前反贪侦查实务中能够获取的大量电子数据如何进行有效取证提供了框架性意见与规范,但系统性不足,难以实现对该项取证工作的有效且全面规制,导致实际工作中的可操作性不足。①

(三)大数据侦查极易侵犯公民的相关权利

1. 对公民隐私权的挑战

数据监控凭借的是丰富的数据资源,以及价值性信息的筛选与梳理。一般来说,个体透明度与信息识别呈正相关,这有助于形成清晰的实名档案。现阶段,政府部门访问个体数据的权力与个体的隐私权之间相互矛盾。随着数据库的日益丰富,相关机构收集了大量数据后通过科学的筛选与分析,可以提取出大量的有价值的信息。但是,在没有得到个体允许的情况下使用或者再次利用大量个人信息容易对个体产生威胁。由此可见,个人信息的搜集与使用流程比较烦琐,已经超出普通人的应对能力,而数据复合技术的不断提升,为治理个人信息问题增加了难度。在此影响下,针对搜集过程中遇到的不可识别数据,通过与其他数据建立联系,或许会转化成具备个体识别能力的个人信息,导致个人无法在数据搜集初期作出判断和决策。② 在“数据 + 算力 + 算法”的共同作用下,技术治理取得显著成效,这无疑得益于由算法决策所驱动的自动监控的全面推行。需要强调的是,“借助算法技术甄别能够威胁社会安全的个体,此种对群体持续进行的可疑行为的预测,势必会通过‘是或

---

① 参见丁谷平、卜磊:《反贪侦查实务中电子数据取证问题研究》,载《上海政法学院学报(法治论丛)》2013 年第 2 期,第 33 页。

② See Daniel J. Solove, *Introduction: Privacy Self-Management and the Consent Dilemma*, Harvard Law Review, Vol. 126, No. 7(May, 2013).

否’的回答来完成;但是就个体来说,关乎着个人的权利与自由,数据已经把被远程监控的人进行分类,但其本人却尚不知情”。[①] 大数据的采集过程与个人隐私权相互交织、密不可分,如果使用不当或被黑客攻击,隐私权很容易受到侵犯。

大数据时代下,网络运营商成为重要的社会互动主体。侦查机关在查办腐败案件时提出需要获取其在日常运营中所掌握的公民个人信息时,网络运营商负有提供信息的义务。这种配合义务于侦查机关而言能够节约时间、提高效率,但使普通公民的个人信息在国家和网络运营商面前无所遁形,公民隐私保护变得越来越脆弱,甚至完全沦为“透明人”。公民若想抵御公权力机关和网络运营商的这种对隐私的侵犯,必须防范第三方主体对个人信息的获取可能。纵观信息保护历史,我们必须意识到能对公民信息的自由与安全造成最大威胁的正是政府。如果国家机构因公民信息的收集、处理、储存和使用而受益,那么国家在保护公民隐私时所处的立场可能不再中立。大数据反腐需要依靠大数据的独特数据交换和跟踪功能监测公职人员的腐败行为,如何平衡尊重个人隐私与利用反腐相关数据的关系?如何避免侵犯个人隐私?成为大数据反腐背景下无法忽略的问题。

明确反腐部门使用相关数据的法律依据和行为规范,可以防止相关数据被滥用以及对公职人员个人隐私的过度侵犯。与大数据的飞速发展形成鲜明对比的是,我国在规范大数据使用权及保护公民隐私权方面的立法滞后。前文阐述了我国在电子取证规定方面的不足,在此不再赘述。信息泄露是另一个不容忽视的隐患。在大数据时代,人们的衣食住行的一切行为都会被上传云端,作为数据记录保存下来。这些记录也将作为大数据的一部分供使用者进行研究与分析。这些海量数据蕴含着巨大的经济价值,

---

① Linnet Taylor, *What is Data Justice? The Case for Connecting Digital Rights and Freedoms Globally*, Social Science Electronic Publishing, https://doi. org/10. 1177/2053951717736335 (2017).

成为犯罪分子垂涎的对象。同时,由于大数据存储、安防等技术的不成熟,黑客攻陷数据库的事件时有发生,使个人信息安全处于随时可能泄露的边缘。有数据显示,六七成的腐败线索由群众提供。① 无论是向国家机关披露的平台、邮箱举报,还是在网络、媒体上发布涉腐信息,都必然留下数据痕迹,一旦遭到泄露,线索的提供者就很容易遭到打击报复,这无疑会严重打击公众的反腐积极性。大多数人都同意,个人隐私权可以为了国家利益而让渡或牺牲,但要在国家利益和个人自由之间找到平衡点并不容易。应用大数据及大数据技术是预防和打击职务犯罪的有效手段,由于个人隐私保护与职务犯罪侦查之间的界限不够明晰,引发了人们对个人信息被滥用、被泄露以及个人生活被窥伺的担忧。其实这不仅是我国面临的问题,也是大数据时代下每一个国家都会面对的挑战。

2. 对公民信息权的挑战

个人信息权是信息主体所享有的一项基本权利,目前我国立法中的"个人信息权"仅包括我国法律所保护的个人关于原始信息数据或可被识别特定个人信息的数据的知情、选择、更正、删除、求偿的权利。2021 年最新出台的《个人信息保护法》明文规定,对个人信息的收集使用必须建立在权利人同意的基础上,意即权利人有权自由支配控制其个人信息。在大数据时代下,真正贯彻这一规定并非易事。一是因为个人信息每时每刻都在产生,而权利人很难控制这一过程,更难知道自己的哪些信息在何时何地出于何种目的被收集与使用。在大数据查办腐败案件的过程中亦是如此,侦查机关在利用大数据技术开展工作时,一事一人取得权利人的同意是不现实的,绝大多数情况下权利人并不知道自己的信息被侦查机关加以利用。换言之,作为信息主体的权利人丧失了对其个人信息的控制。二是因为涉腐相关信息通常以数据形式存在,侦查机关在收集数据时,很难事先对信息相关性做出判断,因此大量的无关信息很容易会被一并收集,过度收集不

---

① 参见《六七成腐败大案靠群众举报少有同级纪委主动查处》,载中新网 2014 年 7 月 4 日,https://www.chinanews.com.cn/fz/2014/07-04/6352632.shtml。

仅给侦查机关的工作带来难度，更对公民的个人信息权造成威胁。

3. 对公民财产权的挑战

2015 年，齐爱民、盘佳两位学者提出了数据财产权的概念，他们认为在大数据时代，数据的流通和交易活动越来越频繁，数据具有一定的商业价值，能产生经济效益，数据逐步发展成为一种主要的社会基础资源，因此有必要赋予数据财产权。[①] 学者龙卫球认为，数据经济关系具有双向、动态的特点，在数据经济关系中数据从业者处于重心驱动的位置，因而有必要引入数据经营权、数据资产权等财产权化配置制度。[②] 数据不同于传统物权中的“物”，数据具有非排他性、非物质性、可复制性和可重复利用性。因此，同一数据上可以共存多个数据主体，这些数据主体中，原始数据权利主体可以控制或占有其产生的个人数据，数据的其他权利主体可以在数据原始权利主体授权同意的前提下，在一定范围内对数据享有权利。[③]

从以上分析可以看出，首先，个人数据本身具有经济价值。当前阶段数据权利已经具有了一定的财产形态，可以认为是一种新型财产权，由此提出了数据保护问题。[④] 个人信息本身具有财产属性这一特点是把“双刃剑”，在给公民个人带来经济利益的同时，也成为犯罪分子逐利的目标，涉及个人信息的犯罪因此发生。其次，个人数据的内容也具有经济价值。侦查机关采取查封、扣押个人数据或者冻结电子邮件、股票账户等强制性措施时，或多或少地都会对权利人的财产权益造成损害。最后，如果侦查机关不当地适用了强制性侦查措施，或者因为违反法定程序、法律规范而造成数据信息泄露，对公民财产权造成的损害是不可逆且无法弥补的。

---

① 参见齐爱民、盘佳：《数据权、数据主权的确立与大数据保护的基本原则》，载《苏州大学学报（哲学社会科学版）》2015 年第 1 期，第 68 ~ 69 页。

② 参见龙卫球：《数据新型财产权构建及其体系研究》，载《政法论坛》2017 年第 4 期，第 71 页。

③ 参见龙卫球：《再论企业数据保护的财产权化路径》，载《东方法学》2018 年第 3 期，第 60 页。

④ 参见程啸：《论大数据时代的个人数据权利》，载《中国社会科学》2018 年第 3 期，第 118 页。

4. 对公民救济权的挑战

大数据时代个人信息主体在寻求法律保护时，却因权利救济成本而无法有效维权。首先，在侵权主体上信息主体无法具体知晓侵权人的身份内容，不明确是个人还是法人。其次，在侵权事实举证上也存在极大困难。在目前互联网空前发达的情况下，个人信息衍生数据流通频繁，受害人须证明侵权人存在未经同意即擅自获取自身信息衍生数据的事实才能要求赔偿，而这一前提是须从有关部门调取数据转移交易和数据收集利用的记录，但这一点对于信息主体而言异常困难。①

具体到运用大数据进行反腐侦查中，检察机关承担着法律监督职能。然而在数据侦查领域，数据的特性意味着侦查人员可能收集了大量与案件无直接关联的个人信息，而权利人几乎无法知悉侦查人员对信息的收集和使用情况，这就导致权利人很难意识到自己遭遇了非法侦查行为。即便其知晓，由于我国法律尚无关于存储介质与待证事实之间相关性的标准，其也几乎无法证明自己的个人信息权利遭到侵害，获得救济的可能性微乎其微。

（四）大数据反腐侦查中面临的程序困境

大数据侦查作为一种新兴的侦查方式对于我国廉政建设、查处职务犯罪具有一定的必要性，同时以大数据数控平台为依托开展反腐侦查，在当下依法治国大环境中应当依照《监察法》《刑事诉讼法》等相关法律规定的程序进行，但无论是《监察法》还是《刑事诉讼法》对大数据这种新颖的技术与职务违法犯罪案件侦查相融合的指引却少之又少，这使大数据反腐侦查这一新兴模式在一定程度上背离了程序法定主义。

1. 大数据反腐侦查在一定程度上背离了程序法定原则

在大数据时代，充分利用大数据数控平台，通过对可疑人员、易腐化岗位人员的信息关注，能够及时发现相关人员是否具有腐败迹象，既可以

---

① 参见倪友好：《论个人信息衍生数据权的法律保护》，昆明理工大学2019年硕士学位论文，第35页。

敦促在欲望和信念之间摇摆不定的人员悬崖勒马，又能及时对腐败行为进行有效打击。为了发挥其效能，在大数据侦查模式下，就不可能再局限于传统法定程序的规定，在实际工作中不可避免地在权力机关立案之前进行数据收集、处理、分析、共享等预判活动，以此完成犯罪初查，大数据侦查也因此才能发挥其预防犯罪的功能。大数据侦查模式的本质是通过对海量数据记录的查询、比对、碰撞，锁定犯罪嫌疑人，甚至在并无具体犯罪事实、犯罪嫌疑之前形成预判，以达到预防犯罪或者抓获现行犯的目的。[①] 这就造成对传统程序的突破也即"侦查前移"，即大部分数据采集、调取、处理、共享一般需要保证一定的隐秘性，不会事先获得相对人同意；并且因大数据反腐侦查具有相当的强制性和隐秘性，在一定程度上会侵犯相对人的隐私权、个人信息权等。

2. "算法黑箱"使大数据反腐侦查法律程序不透明

作为大数据反腐侦查平台的基础单元，算法仅能从事实层面回答"是什么"的问题，它不能更进一步在价值层面解释"为什么"的问题，这与刑事侦查的"事实认知"在理念上是相悖的。现阶段的算法设计在多数情况下是以商业秘密的形式存在，出于侦查保密原则的需要，侦查机关一般不会公开侦查算法，"算法黑箱"的弊端因此出现。由此，大数据反腐侦查的全面实施不得不面对"算法黑箱"带来的直接问题，即大数据反腐侦查法律程序不透明带来的侦查结果可靠性问题。

在"算法黑箱"的概念下，利用大数据进行反腐侦查结果的可靠性面临着极大的挑战。根据国外学者 Jenna Burrell 的研究，算法环境的不透明会产生"黑箱"有三个原因：(1)控制算法的国家或自然人通过知识产权法等机制有意保密；(2)读写或理解代码和数学模型需要相应的专业技能，如自动化决策系统中使用的代码和数学模型；(3)海量的数据处理让计算操作的规模太大，导致了解系统如何运行、选择与系统性能相关的

① 参见程雷：《大数据侦查的法律控制》，载《中国社会科学》2018 年第 11 期，第 171 页。

度量和定性评估变得复杂。[①] 可见,算法有其固有弊端即专业性和不透明性,输入的数据和其输出的答案之间亦存在我们不易察觉的"黑箱"。一是基于算法的专业性壁垒,算法本身是一个专业性极强的技术,侦查人员理解运用、侦查相对人有效抗辩难度较大;二是程序语言以及法律语言的专业性使得侦查数控平台在搭建伊始就产生了法律工作者与技术人员对话问题;三是算法不透明性,算法应用过程中往往不会公开算法设计以及相关的数据分析技术,这背离公正、公开的原则。

(五)大数据证据的运用问题

近年来,我国大数据技术发展迅速,大数据与司法融合愈加紧密。犯罪分子在实施犯罪行为的过程中,不仅会留下传统的物理痕迹信息,更会在互联网、移动终端、定位装置、监控装置等处留下电子痕迹信息,这其中储存的海量数据为侦查机关提供了丰富的侦查资源。大数据证据若能得到有效应用,必将在侦查破案线索、补强言词证据、印证间接证据等方面发挥重要作用,从而更好地支撑事实认定,推动反腐工作的深入开展。事与愿违的是,利用大数据技术查办腐败案件本身尚属一种创新之举,在我国起步较晚、发展时间不长,因此面临的许多问题还没能得到充分关注和有效解决。体现在证据领域,即大数据证据对传统证据理论构成了挑战,并由此导致大数据证据的适用存在一定困难。

1. 大数据证据与法定证据种类的不适应

我国《刑事诉讼法》第50条[②]明确规定了8种证据类型,只有符合法定证据种类的信息才可能成为证据,对于大数据证据而言,如何界定其法

---

① See Diakopoulos N. ,*Algorithmic Accountability*:*Journalistic Investigation of Computational Power Structures*, Digital Journalism,3(3):398 - 415(2015).

② 《刑事诉讼法》第50条规定:"可以用于证明案件事实的材料,都是证据。证据包括:(一)物证;(二)书证;(三)证人证言;(四)被害人陈述;(五)犯罪嫌疑人、被告人供述和辩解;(六)鉴定意见;(七)勘验、检查、辨认、侦查实验等笔录;(八)视听资料、电子数据。证据必须经过查证属实,才能作为定案的根据。"

律性质便成了首要问题。是将大数据证据纳入现有的法定证据种类，还是将其规定为一种全新的证据种类，目前学术界对这一问题讨论颇多，尚未达成统一意见。由于大数据证据与书证、证人证言、鉴定意见、电子证据在表现形式、内容特点上存在相似之处，故在持大数据证据应当纳入现有的法定证据种类这一观点的学者内部亦存在不小的分歧。例如，刘品新认为，大数据证据的专业性、科学性特点与鉴定意见相似，应将其视作鉴定意见处理。[①] 杜鸣晓从电子数据的定义出发，主张大数据证据属于包含与案件有关信息的证据，应当视作电子证据。[②] 持独立证据说的学者如童飞霜、向培权，[③]认为大数据分析报告与鉴定意见、电子证据有诸多不同，其与现有法定证据种类的审查标准并不完全兼容，故将其归入哪一类都无法真正发挥其在刑事诉讼中的价值。由此可见，大数据证据作为一种新兴的证据形式，与传统证据形式不相契合，因而始终未能取得合法地位。这导致法律适用上的混乱现状，不同法官对其认定结果存在较大差异。为了协调和稳定司法实践中的法律适用，规范法官的自由裁量权，有必要对这种混乱状况进行规制和约束。

2. 侵犯隐私权导致的可采性困境

所谓证据可采性，是指一项证据材料是否具有证据能力而在诉讼程序中被采用。我国证据制度中通常使用“不能作为证据使用”“不具有证据效力”“不得作为定案依据”等术语对相关问题进行表述。这一规则旨在保护公民的基本权利，在相关证据危及公民的基本权利时会被司法机关排除。在反腐过程中对大数据证据的获取可能直接构成对公民隐私权的侵害。近年来，侦查机关总是极力使用不同的方法扩展数据，甚至根据

---

① 参见刘品新：《论大数据证据》，载《环球法律评论》2019 年第 1 期，第 23 页。

② 参见杜鸣晓：《大数据作为诉讼证据的可行性分析——以互联网租车行业为例》，载《南华大学学报(社会科学版)》2017 年第 1 期，第 98 页。

③ 参见童飞霜、向培权：《大数据分析报告作为刑事证据的可能与限度——以权利保护为中心的制度回应及规则探求》，载《司法体制综合配套改革与刑事审判问题研究——全国法院第 30 届学术讨论会获奖论文集(下)》，第 1755 页。

相关数据总量评估案件处理质量。侦查机关在提取与案件相关的大数据证据信息时,不可避免地会获取大量的无关信息,进而对公民隐私权造成无形的侵害。换言之,恰恰是由于信息获取的不断扩大,导致了公民隐私权的范围不断缩小。在大数据要求海量数据的前提下,对"所有数据"的追求使得大多数数据收集者优先考虑的是如何尽可能多地获得更多的数据,以确保数据收集的全面性,而不是数据收集是否合法或侵犯公民的隐私。这无疑会引发一个非常严重的问题:作为证据的大数据信息是否"干净"。此外,司法机关在获得腐败数据后的彻底挖掘甚至可能加剧对公民隐私权的侵犯。为了避免前述行为,大数据证据可能会被法院排除,因为它不符合可采性规则。

3. 信息失真而导致的可靠性困境

政府部门建立的反腐大数据库并非天然生成的,而是靠不同职能、不同层级的部门对相关数据的收集与处理。在这一过程中,难免存在一些篡改、删除、伪造数据的不规范处理行为,并由此导致数据失真问题,如数据造假、数据掺水、数据偏差等。另外,对于同一事项,由于数据库口径、标准不同,获得的数据信息也可能不一致。根据这样的数据得出的分析结果,极易出现偏差和谬误,增加了腐败治理的难度。如果收集的所有信息或者至少大部分信息的客观性、有效性、准确性和真实性无法保证,依据这些数据分析得出的结论的真实性就很难保证,容易受到各方的质疑,从而无法作为证据在法庭上得到认可,这对事实认定和犯罪认定是极为不利的。

四、掌握大数据的技术人才难以满足反腐需要

美国学者比尔·弗兰克斯在谈论关于成功源自什么的问题时,认为其中关键要素并非工具或技术,而是利用这些工具或技术的人。[①] 运用

---

① 参见[美]比尔·弗兰克斯:《驾驭大数据》,黄海、车皓阳、王悦等译,人民邮电出版社2013年版,第83页。

大数据查办腐败案件不能仅仅依靠收集的海量数据信息,更需要有能够解读这些数据、懂得对其进行处理与分析、挖掘其所蕴含的深层含义的专业型人才,这类人才对于实现反腐目的至关重要。大数据就像一个“数据仓库”,其中的数据数量惊人、排列失序。对于普通人除了数据查询无甚意义,因为他们无法在这样庞杂无序的数据库中过滤掉重复信息和无用信息,筛选出真正有价值的信息,更无法挖掘信息背后的联系、发现值得关注的线索。而精通大数据技术的专业技术人才却能于无序中发现规律,挖掘信息的潜在价值。可见,充足的大数据人才是推动大数据反腐的关键因素,我国未来需要在培养和招募大数据人才方面进行革新。利用大数据技术查办腐败案件、推进党风廉政建设,既离不开精通大数据技术的专业人士对数据查询、数据预警、数据分析等功能进行整合,开发建设大数据分析平台,也离不开建立专业的反腐电子数据取证队伍。

在反腐大数据平台的建设与应用方面,当前取得的效果不尽如人意。一方面是因为爆炸性的数据增长对消除虚假数据关联以及提高数据收集、存储的可靠性提出了更高的要求;另一方面是因为数据处理技术不尽成熟,技术人才相对短缺,无法满足现实需要。电子政务监测系统、网络反腐舆情监测系统每天都会收集到不计其数的信息,在海量数据中抽丝剥茧、去伪存真,需要“数据专家”建立科学的算法对其进行有效链接和分析。但是目前,我国的反腐败机构在大数据分析技术方面还很薄弱,未来统计学家和数据学家所发挥的影响与作用将超过行业专家或技术专家,因为只有他们才能够准确抓取“数据发出的声音”。①

在大数据取证方面,电子证据取证技术与信息技术发展脱节,我国尚未建立起专业的反腐电子数据取证队伍。数据时代面临的重要难点在于如何解决海量异构性数据问题;②与反腐相关的数据类型已经不再拘泥

---

① 参见[英]维克托·迈尔-舍恩伯格、肯尼思·库克耶:《大数据时代:生活、工作与思维的大变革》,盛杨燕、周涛译,浙江人民出版社2013年版,第147页。

② 参见廖晓明、魏永平、罗文剑:《基于大数据的腐败预防:方法、框架与挑战》,第十届中国管理学会2015年年会论文。

于过去的结构化类型，而是转向了结构化、半结构化和非结构化类型的融合；数据存储载体由过去以电脑、服务器为主转变为以手机、笔记本电脑、平板电脑等移动终端为主，更加具有流动性；数据加密、擦除技术的普及，使得人们可以更加轻易地掩盖和销毁数据。信息技术的发展与革新，给社会生活带来了新的面貌，也给人们带来了诸多便利，然而与此同时，也向电子证据的发现、获取和保全提出了严峻挑战，电子证据调查取证难成为实践中不容忽视的问题。不少职务犯罪嫌疑人都具备一定的计算机知识，并具有强烈的反侦查意识，在案发前有意识地采取各种手段对犯罪相关的电子数据进行加密、伪造、修改和删除。要解密或者还原这些经过处理的电子数据，运用技术手段对其进行对比分析，发现具有价值的线索和数据，对侦查人员的综合素养提出了较高要求。一方面要有丰富的侦查经验、法律知识，另一方面还要掌握一定的计算机技术和网络知识，目前我国兼具这两方面素养的电子数据取证人才十分缺乏。解密、还原、收集、应用电子数据的过程对技术要求极高，任何一环出现漏洞都极有可能产生“多米诺骨牌效应”，导致电子证据的合法性、真实性、关联性不被认可，降低电子证据的证明力，甚至造成相关证据被非法排除、浪费司法资源的不利后果。目前监察机关在这一领域的专业人员匮乏，很多时候为了收集电子证据需要寻求其他专业机构的技术支持，而职务犯罪案件很多时候又涉及国家秘密，监察机关出于保密的考虑，在越来越多的案件中放弃对电子证据的取证和使用。

本章小结

运用大数据查办腐败案件侦查模式，从信息源、信息处理过程、相关性分析和预测等方面根本转变了信息流的结构，充分利用大数据技术的优点，是对传统反腐模式的突破和革新。与此同时，值得关注的是，在运用大数据查办腐败案件方面仍面临诸多困境，不利于充分发挥大数据反腐的潜力和价值。由于我国社会经济发展不均衡，大数据运用普及程度存在差异,使不同地区、不同部门在信息技术的应用上存在差异。部门之间在数据的建立上存在“数字鸿沟”,反腐所需的政府部门构建的数据库中的数据,大多是依靠自上而下的汇总,有的数据本身就不真实,数据存在很大误差。大数据中的数据之大,涉及几万、几百万个甚至数百亿个变量,如果每一个变量都有一点点误差,许多误差的叠加而形成的预测结果,很可能失之毫厘,谬以千里。拥有数据的单位各自为政难以共享数据,造成反腐数据碎片化,使反腐信息领域呈现出一个个“信息孤岛”,数据的流动性与可获取性较差。与此同时,大数据反腐侦查模式需要对党政部门的决策信息及其公职人员的职务行为和私人行为等信息加以收集和利用,如果不建立严格的数据管理体系,一旦这些信息被泄露或者被窃取,个别不怀好意的组织或个人就可以轻易地获悉和利用这些信息,攻击我国政府和人民,抹黑我国、我党的形象,国家安全将受到严重威胁。大数据的采集过程与个人隐私权相互交织、密不可分,由于使用不当和黑客攻击,隐私权极易受到侵犯。与大数据的飞速发展形成鲜明对比的是,我国对于规范大数据使用权及保护公民隐私权方面的立法相对滞后。由于我国法律尚无关于存储介质与待证事实之间相关性的标准,被调查者几乎无法证明自己的个人信息权利遭到侵害,获得救济的可能性微乎其微。出于侦查保密原则的需要,一般侦查机关不会公开侦查算法,“算法黑箱”的弊端因此出现。由此,大数据反腐侦查的全面实施不得不面对“算法黑箱”带来的直接问题:大数据反腐侦查法律程序不透明所带来的侦查结果可靠性问题。大数据查办腐败案件对侦查人员的综合素养提出了较高要求,一方面要有丰富的侦查经验、法律知识,另一方面还要掌握一定的计算机技术和网络知识。目前我国兼具这两方面素养的电子数据取证人才并不充足,监察机关在这一领域的专业人员较少。面对大数据查办腐败案件的现实困境,有必要在技术方法上进行突破以及在新的侦查模式的体系进行塑型。

第八章　大数据时代查办腐败案件的适用方法

一、加强新技术和新工具的研发

随着时代的更迭发展，科学技术较之过去有了更深层次的发展，我们在庆幸其进步的同时，也应理性看到，先进的技术也正在为犯罪分子利用，面对频发的腐败案件该如何惩治，值得我们深思。毫无疑问，加大互联网、物联网信息技术和工具的研发力度是必然之举。当前我们运用的电子取证技术主要由数据恢复技术、数据复制技术、数据过滤技术和蜜罐取证技术构成。能否在此项技术的基础上，借助高新技术手段和设备对现有取证技术进行创新性拓展，依赖于从事该领域的高精尖技术人才以及拥有相关研发技术专利单位的齐心协力和共同努力。

（一）借鉴、引进国外研发的“电子取证分析软件和工具”

美国 Guidance Software 公司研发的“EnCase”，AccessData 公司的“FTK”，以及德国 X-Ways 公司的“X-Ways Forensics”，此三款电子取证分析软件在目前

运用较为广泛。EnCase 拥有全世界最多的用户，它的条件表达式(conditions)具有高度的可自定性和灵活性，因此，颇受西方国家专家和研究员的青睐。FTK 易于操作，查看证据收集结果直观清晰，操作人员即便缺乏专业培训也能达到数据分析的基本要求。X-Ways 软件更具轻量的操作优势，不需要安装，其除了拥有另外两个软件的大部分功能之外，在数据复原、模糊图像搜寻及肤色辨别、视频抽帧等方面具有独到之处。除上述介绍的三款运用较为广泛的电子取证分析软件外，还有较为出众的电子取证分析工具，比如，俄罗斯“贝卡索软件”公司研发的“Belkasoft Evidence Center”工具，其独特之处在于能够实现国内外即时通讯设备、浏览器和 E-mail 的数据信息兼容性解读；澳大利亚 Nuix 公司发布的 Nuix Investigator 软件产品，其在囊括 EnCase、FTK 等常见取证功能的基础之上，还具备在线记录分析、系统浏览记录分析、注册表分析、视频抽帧等功能；盘石软件(上海)有限公司设计研发的 Safe Analyzer 系统，是我国首发研制的一款电子取证分析系统，在集纳和依托国外现有取证软件的技术上进行拓展，性能更为完备、可操作性更强；此外，我国美亚柏科公司推出的“取证大师”软件，做到动静态、自动化取证，吸纳和借鉴国外其他软件的优势技术，取之精华攻克技术缺陷，目前，此款软件成为我国取证人员必不可少的取证工具。较之其他国家研发的电子取证分析软件，我国的取证软件在操作上更具实用性。具体而言，我国的软件除了能够对本国应用软件进行取证分析外，国外主流应用软件也能够通过我国的软件得出分析数据。我国相关软件的技术优势在于，不但可以在较短的时间内调取和分析国内所有浏览器[①]的浏览记录数据，还可以快速地获取该浏览器内的下载内容；不仅如此，还能够对各种客户端[②]的往来的 E-mail 信息进行剖析解读，对即时通信平台内的聊天内容无须输入密码即可获取。[③]

---

① 如 IE、Firefox、Chrome、360 浏览器、猎豹浏览器、世界之窗等。

② 如 Outlook Express、Office Outlook、Foxmail、网易邮箱等。

③ 参见郭弘、徐志强：《国内外电子数据取证装备及软件发展现状与趋势》，载《保密科学技术》2016 年第 3 期，第 4 页。

(二)加强对“分布式取证系统”的研究

基于大容量硬件设备的推广运用以及数据的倍数式增长,以往集中式的取证方式已无法满足时代的现实需要,分布式和协同式的取证模式随之兴起并成为未来发展的主流。分布式取证囊括了计算机分布式取证和分布式密码恢复取证。到目前为止,研发出分布式电子取证系统的主要有美国 Access Data 公司的 AD Lab 以及中国美亚柏科公司的“取证金刚”系统。在全球范围内,分布式密码恢复系统较多,如美国 Access Data 的 DNA、俄罗斯 Passware Kit Forensic 以及 Elcomsoft Distributed Password Recovery、中国美亚柏科的“极光”系统。目前大部分厂商推行的分布式取证产品具有硬件(GPU、FPGA)加速的功能,基于此,相较于传统的分布式密码恢复系统,分布式电子取证更具高效性。依托分布式系统,可以实现数据的分散式处理,并能够在短时间内自动识别和搜集相关证据。美国 Access Data 公司研发的 AD Lab(曾名 FTK Lab)是在 FTK 取证分析系统的基础上进一步开发的分布式取证系统,其以 MSSQL Server 为数据存储服务依托,能够做到在数个计算机节点之下共同对一份甚至多份证据文件进行解析。此外,该系统还具备用户权限管理、多主体协作分析、网络审阅、E-mail 去重、OCR 精准识别等功能。①

(三)跟进苹果设备取证软件的研发

我国的电子市场现状表明,苹果电子设备的用户基数大,针对苹果系统的电子取证软件逐渐成为获取互联网犯罪证据不容忽视的装备工具。尽管市面上大部分的计算机取证软件(EnCase 等)具备解析 Mac OSX 系统的功能,但这些软件缺乏具体的分析功能,并且绝大部分仅支持常规文件的提取,很少有剖析软件中应用程序的性能。国外的 SubrosaSoft、

---

① 参见郭弘、徐志强:《国内外电子数据取证装备及软件发展现状与趋势》,载《保密科学技术》2016 年第 3 期,第 6 页。

BlackBag、Sumuri 等公司进一步开发出支持对苹果电子设备提取证据的专门工具，主要还是因为市面上主流的取证软件很难与 Mac OSX 系统兼容。这种专用工具主要有两大类：一是在线提取数据；[①]二是离线静态分析数据。[②] 目前，我国市场上已有针对苹果系统的取证软件——盘石软件 Safe Imager 苹果版，该软件能够在 Live CD 上驱动以 Power PC、英特尔为依托的苹果计算机，还可以对硬盘进行镜像处理、提取分析各类数据资料。美亚柏科公司研发的 DC－8670 软件依托多渠道高速数据采集装置以及多个接口并用的技术手段，能够在短时间内完成对苹果电脑的全盘镜像处理。相比之下，苹果的 Mac OSX 系统同其他普通系统一样，一般是能够借助“取证大师”中的分析功能对其自身系统内部的电子邮件、浏览器、聊天界面和整个系统项下的数据信息进行解构分析的。

（四）推进国内外手机取证工具的发展

在移动终端电子设备迅猛发展的过程中，以智能手机移动设备为作案工具的案件数量不断攀升，这也直接导致证据获取的方向由传统的硬件存储设备向移动终端设备的方向发展。然而实践中，移动终端取证工具相较于传统的取证软件，其研发难度更大。首先，由于手机设备与电脑系统的运行程序存在差异，这意味着我们无法在以往软件的基础上进行扩展；其次，移动终端设备更新换代迅速，旧设备取代新设备的现象更是常态，这就意味着某一时期研发的针对旧设备的取证工具在新设备出现时很大可能是无法匹配的。近年来案件事实的发展迹象表明，手机终端网络犯罪电子取证将在未来很长一段时间内迎来发展的黄金时期。美国国家标准与技术研究所（NIST）于 2014 年 5 月公布了针对智能手机移动设备搜集证据的相关操作指南，即 NIST SP 800－101，该指南将此类取证

---

① 以 SubrosaSoft LockPickup、Katana Lantern 、Imager Recon for Mac OSX、Black Bag Mac Quisition 为代表。

② 如 Mac Forensic Lab、Black Bag Black Light、Katana Lantern。

分成微读、十六进制镜像、芯片、逻辑以及人工分析5个层面。研究所公布的该份指南 NIST SP 800 - 101 Revision 1 *Guidelines on Mobile Device Forensic* 较为详细地阐述了许多能够与移动终端取证设备相互匹配的提取级别。“智能手机仿真系统”是目前研发的一种新型技术手段,虽然新颖独特,但并不复杂。它是通过提取手机中的系统数据,然后在专门配备的电子数据取证设备上运行手机仿真器,通过特殊的程序模拟手机的运行环境,最后再运行并登录需要查看的应用程序,就可以浏览和分析数据了。在整个手机仿真取证的过程中,能够实时抓取应用程序的通信数据,分析该应用程序的行为特征,了解该手机程序的运行原理,需要时还可以对其加以破解。整个过程不会破坏手机的内外部环境和各种数据,能够有效地保护案件手机。“手机仿真取证系统”在实践运用中具有如下4个层面的价值:一是运用系统内的仿真器在不破坏原有手机程序完整性的基础上模拟手机的工作环境,进而进入各大通讯软件中提取可用信息,并截图保存。尽管以此获取的证据不能作为案件证据直接使用,但其能够作为辅助证据。二是利用手机镜像离线仿真技术,即使作案工具返还给犯罪嫌疑人后,也能够通过提取手机数据进行离线追踪和查看手机的内部数据,展开深度剖析并可以截图固定作为辅助证据。三是借助模拟系统查看和调取微信红包或转账记录、公众号推文等详细信息。微信红包或转账记录信息仅存储在服务器中,大数据系统并不会对这些信息予以留存,仅在离线时及时读取。因此,我们无法仅凭借移动终端电子取证系统获取微信红包或转账记录的具体信息,但能够借助“仿真系统”进行联网模拟进而提取到红包金额、数量等详细信息。四是移动设备木马查杀及风险软件分析。在网络状态下,手机模拟系统能够即时抓获通信信息,并以文件的形式呈现出来,再利用 Wire shark 软件对其进行解译、分析。互联网、物联网、云计算等信息技术的更新发展极大地加大了电子设备取证工作的开展难度。因此,电子取证工作人员必须加快研究步伐,尽快掌握核心技术,积极与科研院校进行合作交流,借助现有的先进设备勠力同心,实现技术转型、满足现实需求,使电子取证顺利进行。

二、推动反取证技术的发展

随着取证技术被广泛地运用于案件查处的各阶段，犯罪分子开始依托曝光的信息破译现有的取证技术，研究出规避该技术的新手段。针对此情形，国内外也在寻求解决办法。与此同时，在数据删除、掩盖、篡改等与取证有关领域出现了数个与之相对的破解工具，电子取证技术的运用遭到了前所未有的挑战。因此，掌握“反取证技术”实属必要，我们需要从自身出发，提高专业素养，加强惩治腐败行为的打击力度，保障政治生态稳固发展。然而现状表明，犯罪分子能够凭借高科技手段掩饰、篡改、销毁证据干扰侦查活动的顺利推进，极大地增加了办案人员取证的工作难度。有关调查显示，大多取证软件的工作内容会显现在计算机操作系统内。然而实践中存在与之相对应的反取证技术，如通过潜入安卓操作系统更改关键的数据信息，如此一来取证工具很难发现篡改的痕迹。因此当前的电子数据取证工作存在高效性与精准性的冲突问题，面临极大的挑战。针对现有应对取证技术的工具，我们可以参照如下对策：针对数据删除技术，基于数据的不可磨灭性，无论如何其都会留有痕迹，一时间无法被彻底清除，因此我们可以借助取证软件试着复原被清除的数据。就针对删除手机数据的工具而言，基于其以接入“USB”接口为触控，可以利用窗口时间进行拦截制止。针对数据掩盖技术的反制措施，可以通过“日志变更”了解数据的动态变化，从而发现隐藏的数据信息。针对数据篡改技术，系统内部对文件的更改会有历史记录，借助备份文件、历史版本比对是否存在篡改数据的行为。此外，取证工具的选择不能过于单一，以避免设备在遭受不法攻击后无法正常运行。与已曝光的数据取证技术相比，实践中犯罪分子采用的反取证手段往往具有不可预测性和不可控性。因此为了防范突发事件，对反取证技术进行反制，单单从设备系统本身出发设置一系列的保障措施实属不够，我们还需在取证工具和取证程序中进行防范。同时，需要建立一个独立的审核系统，做到从根源上解决数据删除、掩饰和篡改等问题。为了确保取证工具具备可靠性,其研发和改良仍应继续开展。实践研究表明,技术上尚存的不足之处可以作为改良取证工具的出发点。①

在互联网、云计算时代,信息技术迅猛发展,在云计算环境下,应及时更新互联网侦查取证技术并不断改进反侦查取证技术。目前,全国各地大多数的侦查部门都搭建了自己的实验室,拥有先进的技术设备和高素质的技术人员,济南等地甚至更快一步已经规模式系统化地建立了"公安云计算中心"。② 尽管如此,面对日新月异的"云"技术,这些设施在实际运用中仍是捉襟见肘。以数据迁移技术为例,该技术是云计算储存中的核心技术之一,但无论是本地在线迁移③还是镜像迁移,④当下国内技术人员对此掌握不够,有待提高。目前,我国在磁盘破译、日志信息查询等工作中,大多还是依靠人力,一方面准确度难以保证,另一方面即便准确也需要耗费大量的人力和时间成本,效率低下。因此,在日后的工作中,应当灵活借用大数据技术,以确保计算机侦查工作高效率地开展。在取证分析模型的构建上,应当充分考虑计算机应用程序、信息共享机制等,以打造出更适应云计算数据分析规模的新模型。此外,犯罪手段日趋智能化、隐蔽化,犯罪分子利用数据隐藏、侵入系统、篡改数据等高科技手段规避侦查的能力越来越强。因此,侦查机关更要不断升级平台系统,寻求应对措施。⑤

第一,加强侦查情报收集系统建设。与传统信息获取滞后的年代相

---

① 参见李双其:《收集电子证据的几个基本问题分析》,载《信息网络安全》2010 年第 12 期,第 47 页。

② 参见佚名:《全国首个城市"公安云计算中心"启用》,载《计算机与网络》2012 年第 21 期,第 4 页。

③ 在线迁移是指借助对虚拟软件层的控制,完整保存虚拟机整个状态并转移到本地平台中。

④ 镜像迁移是指借助硬盘虚拟化动态迁移,将本地平台主机与虚拟机连接起来。

⑤ 参见欧阳爱辉:《云计算条件下我国网络侦查的困惑及出路》,载《南华大学学报(社会科学版)》2015 年第 2 期,第 60 页。

比，在数据爆炸式堆积的时代背景下，云计算、互联网、物联网等各项技术的加持，让情报获取变得轻而易举。然而高速的算法运用，在每日都会产生数以万计的数据信息，信息过度泛滥的问题逐渐凸显。如何在爆炸式的信息中获取、搜集到于己有用的信息与情报是大数据时代查办腐败案件的前提，拥有丰富的数据来源至关重要。研究表明，掌握的数据来源与最终的情报分析结果呈正相关，即大数据来源越全面，情报分析的准确率越高。此外，不同大数据来源所获得的情报之间能够相互补充相互印证，大大提高了信息和情报的完整性和准确性。因此，打造并逐步完善大数据背景下侦查情报收集系统是顺应现实的应有之义。具体举措如下：一是构建专题化的数据监控系统。日常生活中人们的行为活动各式各样，每类活动都会留有数据痕迹，侦查人员可以考虑将这些记录按照一定的分类标准进行归类整合，汇集成具有结构层次的专题数据库。随着有关数据的不断积累叠加，大数据分析技术能够总结某类案件的发生规律，进而预判未来此类案件的走势，确定案件侦查方向。二是加强与第三方主体的数据共享。单凭侦查机关一己之力获取全面的数据源实属困难，因此，与第三方主体合作交流获取数字资源十分必要。

第二，优化侦查情报检索系统。在查处腐败案件的过程中，纪检监察部门依托现有的情报收集系统，将其他部门机关的内部数据和社会信息融入其中，打造出全新的情报检索系统。侦查机关借助该升级版系统能够获取更多的有用信息，提高办案效率。当今，尽管视频监控设备给犯罪分子布下了天罗地网，但当商场发生一起盗窃案时，即便通过监控得知犯罪嫌疑人的容貌身高等外形特征，侦查人员仍无法凭借现有的图片信息获取此人的身份信息和现所在地，案件侦破又陷入了僵局。但若我们拥有全面的数据来源，依托大数据的分析运算法则，将搜集到的有关情报关联起来，当犯罪嫌疑人的面部甚至瞳孔出现在大屏幕上时，近期的出入场所和行为轨迹等有关信息都会在短时间内呈现出来，节省了大量的人力、物力，提高了案件侦破的效率。有观点认为，此技术在帮助侦破案件的同时，面临着个人信息泄露、隐私权保护的问题。事实上，该项技术只是对与案件有关的数据信息进行搜集、分析,并未触及他人的隐私领域。换句话说,在办案过程中,当侦查人员对犯罪嫌疑人展开追踪调查时,显示出来的只是少量的数据信息,只有当针对案件进行线索分析时,海量的数据才会被搜集起来,并加以整合运算。数据的客观检索终究无法替代人的思考,只有弄清数据在侦破案件中的现实意义,才能最大程度地发挥数据的运用价值,这也正是侦查检索系统的工作机理所在。

三、审讯中的数据分析

办案经验表明,在腐败案件的侦查或者调查环节,办案人员为了查清案件事实、获取关键信息,往往希望了解与犯罪嫌疑人有关的全面信息,如教育背景、犯罪前科、家庭状况等,做到知己知彼,找到破绽逐一击破。数年前,某地方基层检察院的检察长曾制作了一份 Excel 表格,列明本辖区内政府工作人员、国企高管等公职人员的基本信息。之后,每当这位检察长看到或者听到发生在这些公职人员身上的事件、消息时,都会将对应的显著性特征填入这张表中,如婚姻状况、家庭氛围、财产状况、教育经历、特殊喜好、品格特征、行为事迹等,甚至还包括其人际关系、空余时间的消遣方式、特长技能等。这位检察长称,每当有关侦查部门在办理贪腐案件时,他都会在讯问前从其设计的表格中获取该犯罪嫌疑人的有关信息,尤其是当线索有限,案件侦查进度停滞不前时,这些日常获取的点滴为案件的侦破提供了灵感。事实上,该位检察长设计的表格及其设计理念,正是现代科技的大数据思维,只不过他的数据搜集和分析用的是人脑而不是借助计算机设备,并且其收集的官员信息组成的数据库有限不够全面,仅限于本辖区和偶然性碰见的事。尽管如此,这位检察官所运用的大数据思维及办案经验值得借鉴。如果将此思维与现代科学技术相结合,在全国范围内构建官员情报信息库,将与官员相关的各类信息纳入库中,如家庭成员、银行资产、出行记录、通信记录等信息,这些前期情报的积累会为日后腐败案件的侦破提供有用的线索。

用数据化、数字化的形式对人进行全方位的描述,被称为“数据画像”。“数据人模型”是侦查机关内部针对职务犯罪等案件中情报获取不全面问题所研发出来的,该模型也能实现对现有已收集的信息数据进行归类分析。调查实践表明,与上述检察长设计辖区内公职人员信息表格相类似的方法全国各地其他侦查机关也有使用的,而信息的收集整理只是前期的准备工作,数据之间的对比碰撞才算是真正意义上的技术运用。通过“数据池”中程序的计算规则,进而挖掘潜在线索或是发现案件发展走向(构建导侦模型),才算大数据技术的高级运用。实践操作中,在系统中输入人的全方位信息,初步模拟人的模型,仅是“数据人”的一大功能。“数据人”模型项下的另一功能是捕捉被讯问对象的“微表情”并进行分析。当犯罪嫌疑人进入审讯室接受讯问时,审讯室内的高清、高运转监控设备会从各个方位捕捉犯罪嫌疑人的小动作、身体姿态、微表情等数据,依据一定的算法规则,将个体立体的各项特征转变为可视化的数据显示在大屏幕上,进而揭示犯罪嫌疑人真实的内心状态,击破其心理防线。人力终究有限,科学技术加持能够让办案人员捕捉到人肉眼无法发现的微线索,“微表情分析”是大数据与案件侦破相结合的一大工程。

(一)审讯中眼动变化数据分析

常言道,眼睛是心灵的窗户。心理学研究表明,透过人的眼睛能够在某种程度上窥探该人的内心活动及情绪变化。眼动分析技术以眼动跟踪设备为依托,通过该设备捕捉和记录被讯问对象眼球的运动情况并出具分析报告,进而为讯问人员把握犯罪嫌疑人的切实心理感受提供重要参考,再结合办案经验辨别审讯口供的真实性。实践中大多数眼动记录系统的工作原理为:借助红外线监控设备记录从犯罪嫌疑人瞳孔和虹膜反射出的红外线,进而精准捕获眼球运动,再与特定视频录像进行整合,一并汇总进行分析。眼动分析系统能够做到及时地反映被询问对象眼球的停留时间、运动轨迹、移动频率、瞳孔扩张收缩情况等。在审讯过程中,侦查人员可以将眼动红外摄像装置放置在被询问对象的前方或者置于帽檐、眼镜框上，以便全程记录犯罪嫌疑人的眼球运动轨迹，捕捉异常状态用于审讯后期分析。尤其是当有需要让被询问对象辨认人像、物品、人物或现场图片时，眼动红外摄像装置的记录数据能够为准确甄别他们的心理活动提供参考依据。调查实验结果显示：在和被谈话对象进行面对面交流时，被谈话者与谈话者眼神交流的平均时长占总时长的 30% ~ 70%，如果时长在平均值之上，则意味着其愿意聆听谈话的内容，对此部分兴趣度较高；如果时长在平均值之下，则表明其不愿意再与谈话者交谈下去，或是因为有所欺瞒内心害怕而不敢直视。当然，假如互相注视的时长相当，则表明被谈话者的内心没有波澜，谈话者的语气和内容比较平淡，没有触及被谈话者的内心深处，此时谈话者要考虑转变谈话方式。①

眼动数据分析模式：在获取犯罪嫌疑人的眼动信息的基础上，接下来需要将该数据转换为具体的分析报告。现阶段，国内针对犯罪嫌疑人在接受询问时的眼球运动的文献研究较少。目前，中国人民公安大学行为科学侦查应用实验室（IBSL）开始模拟审讯室实景并展开研究，与实战部门的合作研究尚处于起步阶段，数据分析的内容主要从如下几个层面展开：首先，犯罪嫌疑人对于与案件有联系的事物、图片等会留有印象。在侦查环节，当侦查人员向犯罪嫌疑人出示与案件有关的物件、犯罪工具、犯罪现场或是相关人员的照片进行辨认时，犯罪分子为了洗脱嫌疑，往往会有所掩饰，竭力表明自己不知情。心理学调查研究显示，人们对于既往接触过的事物往往在大脑中留有认知，而且此种认知可以透过注视时长和眼动轨迹观察出来。此理念是存在科学依据的，主要涉及视觉感知和眼动之间的关系，尤其是眼跳频率和集中度之间的关系。心理学研究表明，人眼跳的频率与精力集中度存在内在联系，而精力集中度是视觉中枢对人熟悉事物进行信息加工的外在体现，因此如果某人对某物的注视时长较长、眼皮跳动频率较快，则可以从侧面反映出其视觉中枢的信息加工

---

① 参见马李芬：《讯问犯罪嫌疑人过程中的非语言沟通技巧》，载《贵州警官职业学院学报》2012 年第 3 期，第 61 页。

机制。以视觉搜索机理为例，人在接受到外界视觉“刺激”后，大脑会条件反射地与过往的工作记忆进行比对，如若一致即匹配成功。因此，能够通过犯罪嫌疑人在辨认和接受讯问过程中的眼跳频率、波动图像等揭示其内心的真实状况。其次，犯罪嫌疑人在浏览文字材料中的视觉认知加工。在阅读的实验调查中，人的视觉认知加工过程能够通过眼动的有关数据参数反映出来。因此，在讯问过程中，办案人员可以要求犯罪嫌疑人浏览、朗读事先准备好的文字性材料，运用红外线摄像头记录其在此过程中的眼球运动情况，进而通过有关数据参数，如注视时长、浏览顺序、眼跳速率、回看频率、朗读时的眼音距广度（eye-voice span）等数值，精准地反映犯罪嫌疑人对该文字内容的熟悉度及是否知情。即时加工假说（immediacy assumption）和眼—脑假说（eye-mind assumption）是浏览时长现象的理论基础。[①] 依据此理论，人在浏览的过程中，大脑会在注视字词的同时完成加工。因此，换句话说，对某字词的信息加工时长可以通过总的注视时长反映出来。当对某特定词汇的注视时长远超过其他词汇时，大致就可指向性地提取出某些线索了。最后，犯罪嫌疑人的犯意或动机。在讯问过程中，通过系统记录下的眼动数据，可以深层次地探知在同一场景之下，犯罪嫌疑人对外界信息的接受和选择情况，进而显现其潜在意识和态度取向。例如，犯罪嫌疑人在不同图像、事物上目光停留的总时长，能够较为客观地表现其对某物的喜爱倾向与动机。此外，生物学研究表明，人在情绪较为激动时瞳孔会不自觉地放大，眼动跟踪设备能够探测到人瞳孔直径的变化，进而探知人的内心情感并将其数据化，这对于掌握和了解犯罪嫌疑人的真情实感具有重大意义。再如，当眼动跟踪设备被运用于犯罪嫌疑人对案件有关人员的图片进行辨认时，可以根据瞳孔的数值变化判断其情绪变化。此外，人的眼跳频率与其情绪呈负相关，眨眼次数和持续时间能够为办案人员了解犯罪嫌疑人

① 参见闫国利、白学军：《眼动研究心理学导论——揭开心灵之窗奥秘的神奇科学》，科学出版社2012年版，第94页。

的犯意和情绪变化提供参考性帮助。基于上述事实，眼动大数据分析技术能够从犯罪嫌疑人自身出发，准确判断其内心状态，为寻找关键线索、获取有效信息、侦破案件提供科技助力，在实践环节有很大的运用空间。

（二）审讯中微表情变化数据分析

“在审讯实践中，微表情的准确运用，对审讯人员察觉犯罪嫌疑人情绪的细微变化、识破谎言、获取讯问中的关键信息具有积极意义。”①表情细微的变化往往难以被人的肉眼察觉和捕捉。所以，办案人员需要借助外在设备捕捉犯罪嫌疑人的微表情变化。“情绪是人内心的真实写照，没有办法造假。人掩饰自身的真情实感也需要经历一个过程，首先要第一时间意识到真实情感的表达不合时宜，进而反馈给大脑抑制情绪，反馈出虚假的表情。这一整套的动作看似在不经意间完成，但在人脑控制情绪的过程中注意力会有所转移，真实的情感表情会在不经意间流露出来，只不过最终被有意识地隐藏了。”②微表情数据分析一是借助视频、录像抓获表情的细微变化；二是对微表情背后蕴含的真实情绪进行剖析。技术人员可以借助大数据技术采用动静结合的观察方法分析人的微表情。面由心生，在真实状态下，人的面部状态能够反映其内心的情绪情感。静态观察就是透过人面部的静态情况解读其背后蕴含的真实情绪。为了便于更为细致地观察，在具体过程中，可以运用大数据技术将人的面容按照一定的参照进行区块化划分，如最为基本的就是按照上下左右进行分区，还可以按照三庭五眼把人脸分成多个部分。而动态观察是指跳脱出静态的人像，直接以人为观察对象或通过动态视频录像进行观察。外行人看到人脸的第一反应，注意力往往是在记住和辨认这个人上，如果观察时间足够，还会做出一些大致的判断。尽管人与人面对面交谈的过程中会注意

---

① 杨辉解、刘曦：《论“微表情”理论及其在侦查讯问中的运用》，载《湖南警察学院学报》2016年第5期，第12~17页。

② 纪宇：《微表情与身体语言：人人学得会的读心术》，北京机械工业出版社2013年版，第13页。

他人的表情变化,但是过多的时间和精力会耗费在面部特征的辨别上,会直接影响对表情的察觉。因此,动态观察关注的重心还是在对方的表情上,紧接着再移至倾听上。要做到上述两点需要经过大量的后期训练。每个人都有自己在某种情绪下流露出某种表情的习惯,我们称这种不受大脑刻意控制、自然状态下表现出来的表情为"基线表情"。通过将捕捉到的微表情和该人自然状态下的基线表情进行对照比较,能够一目了然地观察到差异所在。因此,讯问具有技巧,讯问人员在开始时往往会抛出一些无关紧要的问题,这些问题能够使犯罪嫌疑人无须掩饰放松下来,这时可以捕捉到犯罪嫌疑人的基线表情;接下来,讯问人员加大强度,讯问与案件有联系的问题,对比观察犯罪嫌疑人在高压逼问下的微表情数据变化,结合大数据分析最终找出破绽。

1996 年,克林顿在美国公众面前坚持主张其未与莱温斯基发生过性关系,甚至为他辩护的智囊团也不知真相、被蒙在鼓里。尽管语气铿锵有力,但是他在发言时的微表情数据分析暴露了他的真实情绪。首先,在克林顿说出那句话的过程中,其眨眼 4 次,平均每秒眨眼 0.8 次超过了在正常情况下的眨眼频率。其次,在说话的同时,克林顿伸出右手食指,以表明自己坚定的态度,但是他手指的指向和他的朝向并不一致。最后,在克林顿发言完毕后,其额头出现了抬头纹,随后又迅速消失,这也是撒谎时一种微表情的表现。之所以如此,是因为克林在说那句话时底气不足,所以在压力下不自觉地眉头紧皱出现额纹。[①]

(三)审讯中动作变化数据分析

"人的动作表情乃是了解人本身的唯一可靠的外在依据。通过对人的动作表情含义的辨认,可以达到知人知面而知心的目的……"[②]物竞天

---

① 参见李双其:《论审讯中身体语言的运用与利用》,载《湖北警官学院学报》2017 年第 3 期,第 7 ~ 8 页。

② 庄继禹:《动作语言学》,湖南文艺出版社 1988 年版,第 87 页。

择,适者生存,现代人类所表现出的表情、姿态是先辈祖先为了适应原始外界环境而保留下来的习惯,并在生物进化过程中遗传下来,如不满时的皱眉、震惊时瞳孔的扩张,这些细微的外在表情和行为在人类进化过程中不断演变,具有一定的人类共性。① 国际知名的肢体语言和人际关系领域专家亚伦·皮斯在调查研究中发现,人类的身体姿态会向外传达某种信息。② 美国FBI身体语言专家乔·纳瓦罗25年来不断钻研发现,人类反映在外的肢体动作、面部表情、着装、社交距离、肢体趋势能够揭示其的内心独白、思想活动和切实感受。③ 实验研究表明,在人与人面对面的交流过程中,通过语言对话所接收到的有效信息只有甚至低于35%,而借助非语言对话获取的有效信息能够占到65%以上。④

为了逃脱法律制裁,洗清自己的嫌疑,犯罪嫌疑人在接受讯问时,往往选择沉默或者不说出实情以掩饰自己的罪行,进而会表现出一系列的动作行为。从生物学角度分析,这一系列的行为是人为了适应高强度刺激出现的连锁性应急反应。这就考验审讯人员的敏锐度和洞察能力,首先通过相关设备对犯罪嫌疑人的行为全程记录,在此之上,准确解读他们的肢体语言,掌握犯罪嫌疑人的内心状态,并调整讯问策略,改变问话方式和内容,提供新的刺激,击破其心理防线,促使他们如实供述。在我国侦查技术实践运用的研究领域,中国人民公安大学2012年创建的行为科学侦查应用实验室(IBSL),对将科学技术运用于侦查过程中的行为研究具有前沿的探索意义。IBSL以侦查讯问环节犯罪嫌疑人的一系列肢体动作为研究对象,采用记录观察、个案分析、实践调查等方法为主要研究手段,将录像视频、微表情记录分析设备、眼动眼跳组合设备、无线遥感设

---

① 参见[英]达尔文:《人类和动物的表情》,周邦立译,科学出版社1958年版,第69页。

② 参见[英]亚伦·皮斯等:《身体语言密码》,王甜甜等译,中国城市出版社2007年版,第51页。

③ 参见[美]乔·纳瓦罗、马文·卡尔林斯:《FBI教你破解身体语言》,王丽译,吉林文史出版社2009年版,第3页。

④ 参见[美]乔·纳瓦罗、马文·卡尔林斯:《FBI教你破解身体语言》,王丽译,吉林文史出版社2009年版,第15页。

备等行为研究工具产生的数据信息汇聚于一个全球较为先进的高性能平台进行系统性整合分析，一步到位。除对现有技术数据分析研究外，IBSL 还以实践中出现的新型行为理论为出发点，研发出创新性的运用型科学技术产品。

在日常生活中，人都会有一些习惯性的小动作，因为习以为常，所以一般不会在意。尽管这些动作看似稀松平常没有什么特别之处，但事实上每个个体的身体动作都蕴含着自己的特点，一系列长期性固定式的身体动作组合在一起构成了肢体分析的基本单元，因此，不可忽视。在侦查讯问环节，尽管犯罪嫌疑人所表现出的肢体动作可能是生活中的常见动作，但如果将这些动作与讯问内容结合起来，在一定程度上平常的动作也能成为案件的关键线索。

不同的场景下一致的身体动作也可能会传递一致的讯息。在犯罪嫌疑人接受讯问的场景下，尽管单凭这些随机性的肢体动作无法准确地推测出他们的内心情绪，但如果再结合当下的具体语境环境仍可从肢体上获取到可用讯息。例如，用手撑脸表示对讨论的事情缺乏兴趣；十指交叉空握拳头，表明倾听者在思索；双手相互触碰的动作表现出说话者的矛盾处境，可能是因为周围环境比较压抑而略感紧张；用手触摸头部以传递内心不安的讯息，通常出现于有压力的场景下，以表心神不宁；快速片刻的接触反映出内外存在矛盾，例如一个人用手轻抚鼻子，这不一定说明他撒谎了，但可以确定的是他在表达时有所隐瞒。在侦查讯问中，犯罪嫌疑人为了逃脱制裁，往往会歪曲捏造事实，尤其是从语言出发编织虚假事实，讯问得来的口供极有可能不是真实的。侦查人员除了关注犯罪嫌疑人供述的内容外还应当观察他们的肢体动作、面部表情等。通过观察得来的各种信息存在选择上的顺位关系，依据可靠程度进行排序，依次为：神经传感信号 > 下半部分身体的动作 > 躯干的运动 > 手部动作 > 面部表情 > 语言陈述。除人自身难以控制的生物信号外，以嘴巴为原点，向其他身体部位发散，越远，动作信号的真实性越高，越可信。

侦查技术人员在操控室对犯罪嫌疑人的肢体动作进行实时观察，比对提前整理好的行为代码，借助分析系统将标记着代码的行为动作转录到电脑中，如实反映犯罪嫌疑人表现出的各行为、时长和时间点，制成表格，进而进行归类处理和系统性整合。通过一定量的行为动作提取出“行为公式”，借助数据寻求存在联系的肢体行为。

（四）审讯中生理信号采集数据分析

犯罪嫌疑人在面对审讯室内肃穆的讯问环境时，神经会处在受刺激的状态下，人会感到很不自在，会作出各式各样的行为，生物机体也会伴随着发生变化释放生物信号。生理反应是生物体受到外界环境刺激时产生的，它很难被人主观性地控制和掩饰。因此，犯罪嫌疑人在接受讯问时的生理反应变化具有很强的参考价值。犯罪嫌疑人感受到外界刺激产生的生理反应往往牵涉多个机能，是一个各系统杂糅交织的复杂过程。其中，在接受讯问的过程中，犯罪嫌疑人受到的“情感—大脑神经”刺激“交感神经—肾上腺髓质轴”产生应激的生理反应相对而言更容易被察觉到。人在受到外界施加的压力后，神经中枢兴奋产生电流传导到下丘脑，激活交感神经—肾上腺髓质轴，使交感神经处于兴奋状态，促使髓质激素分泌增多，血液循环加快，心率上升，皮电反应显著同时伴随着一系列的应激性生理反应。此时，侦查人员可以通过事先贴在犯罪嫌疑人太阳穴处的电极片将这一过程中大脑电波的波动情况采集下来，客观科学地从人体机能构造出发将生物反应转变为生物信号，进而推测其情绪状态。准确来说，此种应急性生理反应并不是大脑中枢控制的结果，主要的原因还是在于人情绪的起伏变化，掌控情绪生理反应的是下丘脑、扣带回、海马体、杏仁体等。换句话说，其不具有针对性，办案人员无法通过这种生理反应释放出来的生理信息得知犯罪嫌疑人的犯罪记忆，人的喜怒哀乐等情绪变化产生的生理反应可能是由其他的外在因素引起的。但是，生理反应所释放出来的生理信号之所以能够成为辨别口供一大可信的依据，是因为它很难为犯罪嫌疑人刻意地隐瞒和控制。

长期查办腐败案件的侦查实践中，讯问过程中获取的生理信号有心电、体温、肌电、血液中激素含量、呼吸频率、皮电等，其中皮电的运用较多。脑电流讯息在讯问环节中的应用价值在科学理论的实践探索中得到了证实。脑电流讯息并不能直接体现被检测对象的情绪变化，其原理在于将人的潜在认知和记忆痕迹反映出来。犯罪嫌疑人是案件的亲历者，对于案件的发生经过和其中出现的人、物保有记忆，即便对某些案件信息犯罪嫌疑人的记忆模糊，但是当有待判断的案件信息再次出现时，如果这些信息在犯罪嫌疑人的大脑中留有痕迹，人脑中的海马体电流就会有所波动，唤起之前的记忆，释放“事件相关脑电位”的信号。在此方面目前P300脑电波的技术较为成熟，依托P300技术采集人脑中的记忆痕迹已实验成功并在实践中运用广泛。随着电子科技的发展和运用经验的积累，技术人员也在寻求技术创新，不断改进生理信号采集分析设备，从发展趋势来看，仪器设备朝着便携、高精准度、采集更加简易方便、性能更为强大、与其他行为分析技术设备相结合的大势发展。

（五）审讯中语音数据分析

犯罪嫌疑人接受讯问时的语气、腔调、说话语速、说话方式、语气助词、声音强弱等副语言行为，可以成为掌握他们的情绪状态、判断其所说的事实是否真实可信的一种方法。然而对于没有实战经验的侦查人员而言，做到此点还是有困难的，目前国内尚未形成分析副语言行为的有关技术。国外行为科学家们在进行了大批实验数据测量后发现，人说话时会具有一些共性特征，若干组不同波长的声波叠合在一起形成了“共振峰”，此因人而异、各具特色，也导致每个个体有其自身的声音特色。在共振峰形成的过程中会受到人脑接受外界事物及个人心理状态的影响。首先，在发声之前，人脑会预先判断在特定场景下说话会带来何种影响。其次，如果认为说话合适，肺部的空气会被周围的肌肉挤压至声带形成空气柱，声带保持一定的振动频率，发出声音，空气从喉咙到口腔形成声音流，脱口而出成为能被我们听懂的语言。这一系列过程受到人脑的实时监测,以确保脱口而出的声音语言被他人听见、明白以及能够表达自己的内心意思。由于不同的语言都是大脑基于每件事的认知形成各具特色的语言流,虽然不同但差别细微,人耳一般无法辨别,但可借助科技手段——声音分析设备对其进行分析,通过声波、音频等数据发现差别,进而精准判定此人说话时的心理状态和认知水平是否发现了变化。在这项技术方面,以色列的 Nemesysco 公司研发的多层语音分析系统(Layered Voice Analysis,LVA)在以色列国内乃至全球具有绝对优势。在讯问实践环节运用 LVA 技术,能够全程记录下语音信息数据,并进行同步转译分析,当然也可以事后进行更深层次的分析,把记录下来的语音包导入多层语音分析系统中,进行情绪情感分析。LVA 技术分析的内容包括说话者的认知能力、头脑清醒程度、理性程度、撒谎习惯、密切关注等 16 个大项,还可以深层次地探测说话者的意图倾向,了解此种意图来辨别谎言。中国人民公安大学行为科学侦查应用实验室(IBSL)在对 LVA 技术本身进行功能测验时发现,在对一些具体常见化情绪类型检测时,该技术发挥着良好的效用,准确性高。但在我国,采用该项技术对犯罪嫌疑人的内心情感展开全方位分析时,还有待找到具体的判断标准,实践中运用的可靠性也有待进一步的证实。因此,目前行为科学侦查应用实验室正在通过大量的实践案例研究上述问题,以确保该项技术具备科学依据,能够在我国得以正确且准确的运用。

(六)审讯中整合的行为数据分析

一个人所表现出来的行为其实是其身体在受到外界刺激时产生的整体性反应,因此,要想掌握犯罪嫌疑人的真实心理、识破其编造的谎言,仅从上述所谈及的眼动分析技术、微表情、身体动作观察、生理信号、语音分析单方面出发是不够的,更需要对这些单方面的数据进行系统性的整合分析。然而,上述谈及的 5 项分析技术都具有其自身科学依据和操作系统的局限性,要想将这些数据信息整合在一起,实现在统一高性能的操控台上进行同步分析是我们要深入研究和解决的关键问题。

审讯中整合的行为数据分析模式：审讯室内布满全方位高速运转的摄像头和声音采集设备，记录讯问全程中犯罪嫌疑人的全身乃至局部的肢体动作画面和面部微表情的特写画面，再将这些初步数据导入另一个针对“行为”分析的系统中，对捕捉到的身体动作和面部表情进行编码、转译、标注和行为型式分析。与此同时，通过侦查机关内网将审讯室内的眼动记录装置和生理信号采集仪器收集到的眼动信息和机体信号共享到操控室系统平台上，与上述得到的音像视频数据同时输入行为分析系统内。如此，即可以实现通过一个系统平台对各设备仪器获取的数据信息在同一时空下进行分析和整合，在一定程度上避免了各类数据之间无法融合、相互矛盾的情况出现。此种整合式的行为分析技术，能够让办案人员有一个全局意识，无论是脸部活动还是肢体动作，乃至生理反应都尽收眼底，防止片面看待收集到的各项数据，了解相互之间的关联性，更有利于深入了解犯罪嫌疑人的行为动机和内心情感，进而进行更为细致的观察和更为准确的分析，提升判断结果的可靠性和科学性，为辨别口供、侦破案件提供科学依据。当前运用此种模式进行行为分析尚处于理论研究阶段，行为科学侦查应用实验室正通过大量的建模实验逐步积攒运用经验，在此基础上，技术创新摸索其他的行为分析整合模式。可见，陆续将此种行为分析技术应用于具体案件的侦查讯问将指日可待。①

四、跨境流动数据在查办腐败案件中的运用

在反腐败国际追逃追赃实践中，跨境流动数据②已经得到相应的运用。在腐败分子出逃境外，特别是隐姓埋名、切断与外界联系的情况下，

---

① 参见庄东哲：《侦查讯问中的行为科学技术方法》，载《中国人民公安大学学报（社会科学版）》2014 年第 3 期，第 95～101 页。

② “跨境流动数据”，是指一国数据可在境外被获取，其获取方式包括但不限于跨越国境的转移、可在境外终端浏览或处理等。参见魏远山：《博弈论视角下跨境数据流动的问题与对策研究》，载《西安交通大学学报（社会科学版）》2021 年第 5 期，第 114～126 页。

采取遍地撒网、大海捞针式的传统追逃追赃方法,很难追查到外逃人员及腐败资产转移的蛛丝马迹,难以取得良好效果。[①] 然而,在信息爆炸式堆积、大数据关联的信息时代,在腐败分子为潜逃境外伪造证件、捏造身份、转移名下资产的前期准备阶段,银行账户资金外流、变卖所有不动产、频繁的出境记录等在虚拟空间留下了大量的数据痕迹。[②] 因此,要借助现代高科技设备和互联网信息技术,运用大数据技术助力国际追逃追赃,为打击潜逃境外的腐败行为提供科技力量。通过在海量的数据中挖掘出外逃人员与其存在特定关联人员的通信记录、手机 GPS 定位、出入境记录、账户资金情况等关键线索,能够定位外逃人员的人际交往关系及行踪轨迹,顺藤摸瓜让外逃人员无所遁形、无处藏身,进而为国际反腐败合作奠定基础。[③]

(一)跨境流动数据在查办腐败案件中的国际应用

1. 运用跨境流动数据查办腐败案件的美国实践

美国历史上曾经出现腐败高发期,因而主动开展国际合作,参与追赃活动。首先,打造一支专业化队伍,成立"反洗钱和资产追回处"新部门。其次,推动多边国际条约的商讨和签订。美国在首尔峰会上,与 G20 国家达成了一致意见,赞成将国际追赃合作作为各国的共同目标。再次,管理层进一步制定预防措施。美国十分重视反洗钱行动的开展,并对他们的工作表示全力支持,成立专门的反洗钱行动小组,透彻分析腐败和洗钱之间的内在联系。最后,致力加强执法能力建设。科技是把"双刃剑",在科技高速发达的今天,科技手段为赃款赃物跨境流转提供了十足便利,

---

① 参见门植渊、齐玉华:《大数据时代背景下职务犯罪国际追逃追赃工作研究》,载《湖南科技学院学报》2016 年第 11 期,第 116 ~ 118 页。

② 参见张磊:《腐败犯罪境外追逃追赃的反思与对策》,载《当代法学》2015 年第 3 期,第 71 ~ 78 页。

③ 参见彭新林:《我国反腐败国际追逃追赃长效机制构建的动因与路径》,载《学术界》2021 年第 6 期,第 57 ~ 73 页。

赃款赃物的境外调查和没收程序在此背景下举步维艰，因此，加强国际合作和交流是现实的迫切需要。

在全球化、网络化、数字化时代，打击腐败行为，查办腐败案件，出于此类执法目的跨境调取存储在他国的数据对于任何国家而言几乎都不可避免。从国家的层面出发，执法过程中涉及跨国证据数据的调取数据主要有以下两个情境：一是基于本国的执法需要调取存储在境外的数据信息，强调“取”；二是基于其他国家的执法所需向本国申请调取存储在本国的数据，强调“防”。

在反腐数据跨境流动的应用领域，美国形成了自己的模式。美国在打击跨境腐败、调取跨境数据方面已有相对成熟的实践经验，针对跨境调取的现实需要，1986 年，美国联邦政府颁布了《存储通信法案》作为回应。然而该法案在实践运用时，暴露了一些不足之处，如调取存储在境外的数据标准不明。2018 年 2 月，为解决《存储通信法案》在实践中的运用难题，一些参议员纷纷向国会提交草案，称为云法案。云法案对各国苛以更为严格的义务，针对向境外调取数据信息，法案规定其管辖不在存储者而在于数据的控制者，尽管数据存储在其他国家，但控制者负有对外披露、提供数据的义务。对于他国向美国提请调取存储在其国内的数据信息的情况，云法案采取该国政府是否适格的评判标准，推动执行协议的签订，并以此作为跳过美国政府有关部门直接向境内拥有、存储数据的组织提请调取的依据。概括而言，在实践中，从“取”的角度来看，云法案规定了数据控制者才具有提供数据的义务，所导致的直接效果是如果数据控制者处在美国境内或是具有美国国籍，美国联邦政府有权借此调取全球范围内的数据，仅当不存在属地管辖和属人管辖情形时，数据控制者才可以以此为由提出抗辩拒绝提供。从“防”的角度来看，云法案修改了以往的标准，只有当提请调取数据的外国政府符合一定条件时，才会向其提供。①

---

①　参见洪延青：《“法律战”旋涡中的执法跨境调取数据：以美国、欧盟和中国为例》，载《环球法律评论》2021 年第 1 期，第 38～51 页。

2. 运用跨境流动数据查办腐败案件的英国实践

英国开展的跨境追赃工作实践包括以下 4 个部分的内容：运用所获取的境外数据对资产流转进行追踪、对腐败案件证据的收集固定、对赃款的追缴和保全、对赃款的处置与归还。当追踪国确有证据证明正在追查的资产在英国境内时，追踪国的司法机关可以跨过向英国司法机构提交协助申请这一步骤。但在涉及对赃款的追缴和保全阶段，还是需要向英国司法机关提交协助申请。为了确保后续追回工作的顺利进行，申请国可以以手中已掌握的数据资料为由向英国司法机关提出保全申请。当有关主管机关认定涉案的财产确在本辖区范围内，且系属犯罪嫌疑人名下的财产时，财产所在的法院有权基于请求国的申请制作限令，以保全财产。

虽然已经脱欧，但是英国运用跨境流动数据查办本国的腐败案件也有明显的欧盟模式特点。如果基于查处案件所需，提请他国提供有关跨境数据，欧盟成员国对于采取数据控制者的管辖标准基本一致，只不过以数据控制者是否在欧盟境内进行区分处理：首先，如果处在欧盟境外的数据控制者是有意识地为欧盟提供数据，则其系属欧盟管辖；其次，将数据控制者和它的子机构作为整体看待，如果处在欧盟境内的下属机构从事的有关活动可以将形成于境外的数据包含在内，尽管对数据处理进行真正控制的主体不在欧盟境内，欧盟也能够基于数据之间的牵连性对其行使管辖权。

3. 运用跨境流动数据查办腐败案件的加拿大实践

加拿大拥有丰厚的自然资源和优越的投资环境，是世界七大经济强国之一，资本流入量位居世界前列，同时与其他众多国家建立了良好的外交关系。此外，加拿大和美国一样，都是腐败分子潜逃和转移赃款赃物的最佳选择地。就跨境追逃追赃而言，加拿大十分重视国际刑事司法协助程序。就运用跨境数据而言，加拿大采取的是主动报告加主动公开方式，规定禁止无论是在加拿大境内还是境外的本国国民与在逃犯存在经济往来。如果确实存在经济往来，应当主动向有关机关报告，并进一步说明交易情况。与此同时，在获得他国政府授权允许的前提下，加拿大政府会第一时间将冻结财产的有关数据对外共享，在其官网上公布有关资产的详情，给其他国家提供参考。

（二）跨境流动数据在查办腐败案件中的国内应用

1. 事先预防：进行跨境财产信息查询

贪腐的根本目的在于财富，甚至可以为取财富而舍性命。反贪如要彻底，必须掌握资产的流向，从根源出发，想尽一切办法减少甚至堵住财富的获取路径、提升资产流向的透明度。因此准确掌握腐败分子的财产信息可以对反腐起到事先预防的作用。以中美之间草拟的 FATCA 法案为例，其实质上是在本国国内法的基础上，不与他国进行磋商，通过单边的形式，对美国境外的金融机构苛以辅助其收税的义务。虽然中美未能正式签订 FATCA 跨政府协议，但实际上，该协议的颁布已在美方的计划之内，FATCA 法案自 2014 年 6 月 26 日发生效力。FATCA 法案为我国有关部门知晓和掌握本国公民在美国境内金融机构中的开户人的基本资金收入状况等提供了法律依据。

2. 及时控制：做好防逃出境工作

大数据可以从偶然数据中发掘蕴含具体人、具体事的必然章法和趋势，有助于精准发现疑似问题的线索。通过大数据技术的科学设计和应用，可以精准追查腐败信息。[①] 在我国的某一案件中就运用过跨境数据部署防逃工作。2018 年 8 月 22 日晚，北京市密云区纪委监委查获了一起影响较大的职务犯罪案件，包括李某在内的 3 名被调查人员涉嫌贪污犯罪，涉案金额 2000 万余元。在获取初步的案件线索后，北京市密云区纪委监委负责部门即刻制定“防逃预案”，部署追逃计划。在查询了 3 名被调查人的有关信息后，办案部门发现此 3 人近期出入境频繁，外逃可能性

---

① 参见董石桃：《技术执行视域中的大数据反腐：情境、结构与绩效》，载《行政论坛》2019 年第 6 期，第 19 页。

较大。于是，密云区纪委监委领导小组立刻召开紧急会议，启动抓捕行动，并在8月24日16时联系北京出入境边防总站处，部署边控措施。8月25日15时44分，在机场发现被调查人李某的踪影。从启动抓捕行动采取边控措施到抓捕被调查人归案只用了不到24小时，密云区联合北京出入境边控总站，运用大数据追踪和信息共享技术成功抓获被调查人，这也说明我国应用大数据已构建了防逃预警和部门协作机制，致力于消除管控的“灰色地带”，筑牢预警“堤坝”，取得了显著的防逃效果。①

3. 追逃设想：利用境外数据进行追逃的初步规划

在境外追逃中，追逃机关依托大数据分析技术，获取潜逃官员的行踪轨迹、通讯信息、出行记录，乃至微信聊天记录、社交平台分享、资金账户流水等跨境数据，借助大数据监控平台捕获异常的出境信息、异常的人际交往、异常的资金流入等，实现对潜在可疑行为的预警监测，在第一时间察觉异样、作出评估。计算机系统出具的评估报告能够直接且全面地反映外逃人员潜逃国家、所处地区的可能性。相较于以往以行政区域和案件金额作为潜逃国的判别标准，大数据技术的运用更具高效性和可靠性，实用性更强。例如，在2015年中央反腐败协调小组国际追逃追赃工作办公室启动的“天网行动”中，为了查清外逃官员底细，掌握外逃官员的一手数据资料，中央纪委即刻打造了“党和国家工作人员外逃信息管理系统”，全国各地上至中央下至区县一旦发现外逃人员信息，应当在24小时内上报至该系统。②

4. 精确定位：利用跨境数据追捕逃犯

我国反腐败国际追逃追赃的首战成果与跨境流动数据的应用密不可分。国务院公安部成立的工作小组在查清逃至老挝的犯罪嫌疑人庞某

---

① 参见窦克林：《从成功案例看反腐败国际追逃追赃新突破》，载《中国纪检监察》2019年第4期，第40~41页。

② 参见赵宇、张凯晨：《大数据在境外追逃中的应用》，载《中国人民公安大学学报（自然科学版）》2015年第2期，第33~37页。

喜、安某民人际关系外围图后，借助车管所的车辆数据库进行逐一排查比对，最后顺藤摸瓜发现关系人踪迹并成功控制。最后，在政策的感召下，2名外逃人员投案自首，并于2015年3月28日被顺利押运回国。近年来，为了严厉打击贪官外逃、赃款外流的现实状况，我国陆续部署"猎狐专项行动""天网行动"，[①]并不断加强国际反腐交流合作，在国际上发布"百人红色通缉令"。要想实现"百人红色通缉令"上外逃人员的有关信息能够为他国知晓，首先需要在合作国构建入境中国人信息数据库，将外逃人员的信息录入其中，打通两国间的数据壁垒，在此基础上，运用专业的数据收集、比对、筛选等信息技术精准定位在逃官员的藏身之处。相较于传统逐一排查、人海追踪的追逃方式，跨境流动数据的运用极大地提高了境外追逃工作的成功率，提升了执法部门的工作效率，使红色通缉令追踪功能升级。将外逃人员的综合信息导入大数据分析系统进而能够判断出其最有可能潜逃的国家、地区及谋生手段。此外，借助大数据技术对出逃人员的资金账户进行实时监控，一旦发现异常，预警随之产生。

本章小结

大数据查办腐败案件借助高新技术手段和设备对现有取证技术进行创新性拓展。同时依赖于从事该领域的高精尖技术人才以及拥有相关研发技术专利单位的齐心协力和共同努力。具体而言，可以引进借鉴国外先进的电子取证分析软件，深入研究分布式取证系统，跟进苹果取证软件，重点关注国内外手机取证工具的研发动态。随着取证技术被广泛地运用于案件查处的各阶段，犯罪分子开始依据曝光的信息破译现有的取证技术，研究出规避该技术的新手段。针对此情形，在云计算环境下，及时更新互联网侦查取证技术并不断改进反侦查取证技术，加强侦查情报

---

① 参见杨钰恬、鲍梦若等：《大数据时代反腐败研究——以我国的"天网行动"为例》，载《领导科学》2016年第26期，第53~55页。

收集系统建设与完善侦查情报检索系统并重。实践操作中,在系统中输入人的全方位信息,捕捉被讯问对象的“微表情”并进行审讯中的数据分析。犯罪嫌疑人进入审讯室接受讯问后,审讯室内的高清、高运转监控设备会从各个方位捕捉犯罪嫌疑人的小动作、身体姿态、微表情等数据,依据一定的算法规则,将个体立体的各项特征转变为可视化的数据显示在大屏幕上,进而揭示犯罪嫌疑人真实的内心状态,击破其心理防线。人力终究有限,科学技术加持能够让办案人员捕捉到人肉眼无法发现的微线索。在反腐败国际追逃追赃实践中,跨境流动数据已经得到相应的运用。通过在海量的数据中挖掘出对外潜逃分子及与其存在特定关联人员的通信记录、手机 GPS 踪迹、出入境记录、账户资金情况等关键线索,能够定位外逃人员的人际交往关系及行踪轨迹,顺藤摸瓜让外逃人员无所遁形、无处藏身。借力现代高科技设备和互联网信息技术,运用大数据技术助力国际追逃追赃,为打击潜逃境外的腐败行为提供具体的方法论支撑。

第九章　大数据时代中国查办腐败案件侦查模式的构建

一、运用大数据查办腐败案件存在的法律问题之化解

(一)大数据收集的法律依据

当前,司法机关利用大数据监视、追踪国家机关工作人员的涉嫌贪腐行为必然会面临一个现实的问题:反腐证据的收集、分析、使用与公民个人信息安全之间的矛盾应当如何处理?为防止国家工作人员的个人隐私被无端泄露、大数据信息被无故滥用等情形的发生,有必要对腐败侦查过程中涉及的数据使用主体以及其访问权限、保密责任等内容进行界定,明确反腐部门在办案时必须设定严格的数据使用与处理原则,严格控制采集、使用公民个人信息的权限,从而减少侦查权被滥用的可能。然而,我国在相关领域的立法还较为滞后,有必要制定相应的法律规范对大数据证据采集的内容和标准、数据使用原则等问题进行规制,实现数据共享与个人隐私保护的双赢局面。[①]

---

① 参见杨月辉:《大数据时代网络反腐新特点》,载《学习时报》2012年11月5日,第5版。

在大数据技术迅猛发展的背景下，电子数据的采集、保存、共享和分析技术都实现了质的进步。信息收集终端犹如一个巨大的处理器，时刻记录着公民的个人信息甚至生活日常，我们已经无法摆脱当下这个无形的“数据空间”。大数据技术正一步步监控着公民的个人信息并对个人信息保护工作造成威胁。对此，不少国家都选择在数据收集环节通过立法的方式保护公民个人信息，我国也是如此。①

确保“有法可依”是对某一类行为进行全方位预防、引导与规制，保障社会秩序稳定的重要前提。因此，在实体法方面，应当制定与云计算环境下网络侦查相适配的法律法规制度，并随着大数据技术的发展不断完善。如《民法典》总则编就明确规范了对个人信息权保护，②这一规定从正反两方面对获取个人信息的合法性条件作出了限定。从正面角度理解，获取个人信息的途径必须符合法律规定；从反面角度来说，法律禁止任何主体非法收集、传播、使用他人的个人信息。2021 年 11 月 1 日生效的《个人信息保护法》第 14 条也对个人信息的处理问题作出了规定，强调有关部门处理个人信息须确保公民的知情权并征得同意。③ 在此基础上，告知—知悉—同意的个人信息收集程序规则体系得以建立，公民同意或者拒绝告知的前提是充分知悉其个人信息将要面临的处理流程。

凡是权利皆受限制，无不受限制的权利，个人信息亦是如此。当个体利益与其他利益发生冲突时，如信息主体的利益与国家或者社会利益发

---

① 参见杜换涛：《论个人信息的合法收集——〈民法总则〉第 111 条的规则展开》，载《河北法学》2018 年第 10 期，第 35 页。

② 《民法典》总则编第 111 条规定：“自然人的个人信息受法律保护。任何组织或者个人需要获取他人个人信息的，应当依法取得并确保信息安全，不得非法收集、使用、加工、传输他人个人信息，不得非法买卖、提供或者公开他人个人信息。”

③ 《个人信息保护法》第 14 条规定：“基于个人同意处理个人信息的，该同意应当由个人在充分知情的前提下自愿、明确作出。法律、行政法规规定处理个人信息应当取得个人单独同意或者书面同意的，从其规定。个人信息的处理目的、处理方式和处理的个人信息种类发生变更的，应当重新取得个人同意。”

生冲突时,为实现二者间的衡平状态,个人利益需要做出适度让步。此种情形下,即便信息处理者的收集行为未能征得信息主体的同意,仍属合法。为了履行维护国家安全、惩治犯罪、管理经济社会事务等职责,国家机关需要处理大量的个人信息。近年频发的信息泄露事件也反映出有些国家机关存在个人信息保护意识不强、处理流程不规范、安全保护措施不到位等问题。对此,《个人信息保护法》第33~37条对国家机关处理个人信息活动作出了专门规定:第33条是国家机关处理个人信息活动的法律依据,第34条规定国家机关为履行法定职责处理个人信息的行为准则,第35条规定国家机关为履行法定职责处理个人信息的告知义务及其例外,第36条明确国家机关处理的个人信息的境内存储及跨境流动制度,第37条将法律、法规授权的具有管理公共事务职能的组织纳入前述几条的适用范围。[①] 这些规定为国家机关收集和处理个人信息提供了法律依据,也为大数据技术应用于职务犯罪领域提供了合法性基础。

为了发挥法律对社会发展的指引作用,在程序法方面,应当对大数据背景下网络侦查的概念、侦查程序、取证方式和标准等内容进行规制和界定。2012年《刑事诉讼法》新增电子数据作为法定证据的种类之一,但是对电子数据的收集、处理等问题没有完善的规定。2016年,《最高人民法院、最高人民检察院、公安部关于办理刑事案件收集提取和审查判断电子数据若干问题的规定》发布,这也是国家层面首次对电子数据进行规制,并明确电子数据内涵、收集提取对象、固定方式、取证措施等,还对电子数据真实性、验证方法、鉴定人等事项作出规定。在此基础上,电子数据作为一种新的证据类型进入实践环节,应用于诉讼程序中,而不再只是单纯的文字规定。2019年,《公安机关办理刑事案件电子数据取证规则》着重关注电子证据取证的程序性问题,对电子数据的收集、提取、检查和侦查实验、委托检验与鉴定作出规定,进一步明确和细化了数据取证行为的程

① 参见彭錞:《论国家机关处理个人信息的合法性基础》,载《比较法研究》2022年第1期,第168页。

序法规则。以上规定同2005年《公安机关电子数据鉴定规则》、2009年《电子证据鉴定程序规则(试行)》、2012年《最高人民法院关于适用〈中华人民共和国刑事诉讼法〉若干问题的解释》共同搭建起了我国电子数据证据制度的基本框架。

网络侦查作为侦破特殊犯罪行为的一种特定技术侦查措施,其在侦查环节中的重要性毋庸置疑。考虑到网络侦查与常见的电子监管、网络信息查询等手段的界限并非十分明晰,《刑事诉讼法》在其侦查章节中对这一措施的概念进行明确的界定和说明具有重大意义。首先,网络侦查的使用频率不可过高,应当遵循比例原则与令状主义,原则上由法官事先批准,非必要时不得使用该技术侦查手段。其次,为了实现高效取证的目标,需要建立一个统一、规范的取证标准,综合考虑电子取证的需要与云处理模式的特殊性,改变当前云计算环境下信息的保存、处理因缺乏权威标准而导致的乱象。最后,在侦查程序方面,应当对侦查权的行使主体和权力范围进行界定,明确只有法定侦查部门才有权力用网络侦查技术办理腐败案件。案件的处理若涉及强制侦查,必须事先申请法定机关发布令状,依据该令状所给予的权限展开搜查工作。上述信息采集程序必须严格遵守法律规定,否则取得的信息资料会因涉嫌非法取证或违反保密义务而被排除在证据列表之外。此外,倘若侦查机关在网络侦查活动中侵犯了公民个人的合法权益,那么还需要根据损害程度依法追究办案机关的民事、行政和刑事责任。①

2018年,我国正式成立监察委员会,监察委员会负责办理公务人员的职务违法和职务犯罪案件。《监察法》第18条规定,监察机关基于其享有的监督、调查权要求有关单位或者个人提供特定信息时,有关单位或者个人应当积极配合、如实提供。第25条规定,监察机关有权调取、查封、扣押电子数据。《监察法实施条例》第123条明确收集、提取电子数据时原则上应当扣押原始存储介质,第136条、第138条、第146条规定了

---

① 参见欧阳爱辉:《云计算条件下我国网络侦查的困惑及出路》,载《南华大学学报(社会科学版)》2015年第2期,第59~60页。

电子数据的勘验检查和鉴定,《最高人民法院关于适用〈中华人民共和国刑事诉讼法〉的解释》第76条规定监察机关提取证据适用刑事审判的证据要求和标准。即监察机关获取的电子证据能否在人民法院的审判中被采信,关键在于取证环节。取证环节既涉及电子证据的合法性,也涉及电子证据的真实性和完整性,经过合法程序收集和提取的真实完整的电子证据才可能被人民法院所采信,否则将会被排除使用。[①]

实现大数据的合法化使用必须限制其使用范围。确立具有现实可操作性的规章制度和法律条文,保证大数据反腐工作始终在合法的框架内开展,任何主体在享受大数据时代带来的福祉的同时,也应当自觉承担相应的义务。[②] 首先,出台符合大数据反腐需要的法律法规。一方面,通过法律条文的形式确立运用大数据技术的合法地位,规范权力行使主体的权与责,并对大数据运用的范围和标准问题进行明确;另一方面,通过立法实现对公民个人隐私的保护。侦查机关不得滥用在侦查权范围内收集和使用与案件无关的个人信息,为了保护涉案人员的隐私权,防止其个人信息被不当泄露,必须在立法层面与之同步,明晰使用主体及其权力范围,并对不当使用行为进行追责。与此同时,考虑到大数据环境下网络侦查范围过大,极易对公民个人的合法权益造成损害的现实,根据法律保留原则以及刑法谦抑性的要求,有必要在司法解释中列举或者阐明网络侦查适用的具体案件类型与标准。其次,为了顺利开展工作,反腐部门需制定指导性的具体规定,明确工作事项、流程以及工作人员的权利与义务,做到权责统一、行政透明,确保大数据反腐工作始终有严格且明晰的法律依据,从而科学、高效地开展大数据反腐工作。具体而言,可以规定:案件线索管理中心作为大数据的收集与存储机构,其权力应当受到严格限制,对所涉及的侦查权与管辖权问题,应当与检察院的规定保持统一,禁止管理中心滥

---

① 参见姜磊:《大数据背景下职务犯罪电子证据取证问题研究》,载《内蒙古农业大学学报(社会科学版)》2021年第6期,第88页。

② 参见庹继光:《网络信息保护决定中的权利本位冲突及其平衡——以网络反腐信息作为考察对象》,载《南京社会科学》2013年第7期,第92页。

用职权,采集与案件无关或者不属于自身管辖的公民的个人信息,侵犯其隐私权;明确管理中心工作人员的职责,确保其行使权力的过程也是一个受监督的过程,防止线索管理员不当行使权力;将有关职务犯罪线索的收集与对接问题以规范的形式固定下来,保证政府基础信息部门能够源源不断地为办案机关提供其所需要的涉案人员职务犯罪线索,成为反腐工作强有力的后盾。最后,要有明确的监督规制,要监督相关法律法规是否落实,并在实际工作中出现问题时及时调整和完善。应制定相应的法律规定划定线索收集人员的权力和责任,做到权责分明,有权必有责,用权受监督,以规范相关线索管理员的权力。

(二)大数据反腐与公民权利保障之间的平衡

运用大数据查办腐败案件是新时代反腐工作的创新与突破,这种创新形式需要法律的支持;但给创新套上缰绳,使其不至于走向威胁基本人权和公共福祉的道路,也需要法律的约束。鉴于大数据技术本身具有强大的信息采集、存储、分析、预测能力,因此其对个人隐私的侵犯可以说是与生俱来且不可避免的,且这种情形随着大数据技术的发展会更为普遍甚至难以发现。[①] 因而大数据查办腐败案件的整个过程中都要重视对隐私权的保护。

1. 坚持比例原则与合目的性原则

查办案件过程中应严格遵循比例原则与合目的性原则。首先,比例原则包含了合目的性的要求,侦查机关采取的行动必须符合法律目的。具体而言,符合法律目的是指反腐工作中运用大数据技术辅助侦查活动的目的有且仅有一个,即收集腐败证据。查办腐败案件的侦查人员,不得掺杂任何个人目的。另外,大数据技术的运用应当满足必要性要求,通常情况下,大数据侦查措施备而不用。在存在多种侦查手段可以实现侦查

---

① 参见徐明:《大数据时代的隐私危机及其侵权法应对》,载《中国法学》2017 年第 1 期,第 130 页。

目的的情况下，大数据侦查应当采取对当事人权益损害尽可能小的措施，且必须经过严格审批才能运用于侦查环节。其次，考虑到数据收集、比对和挖掘技术对当事人基本权利的侵害存在差异，因此需要在案件范围上对其进行区分限定。且数据比对和挖掘结果通常涉及公民的个人隐私，故根据比例原则，比对和挖掘技术只能被运用于社会危害性较为严重的贪腐案件。最后，针对数据处理技术，应当设定严格的使用条件和权限，侦查人员无权直接访问数据库进行操作和查询，而是通过批准，申请由专门的技术人员根据申请的内容和方向进行审查，协助其办案。

2. 履行信息披露义务严防信息泄露

应确保公民可以获得隐私权侵权救济的机会，因此相关部门应当履行相应的信息披露义务，同时做好防止信息泄露的保障措施。由于大数据的特性，以及网络运营商的倾斜态度，公民的隐私权极易受到侵害。大数据分析的科学性、中立性表象极易掩饰“黑箱效应”所带来的危害。数据的输入和输出看似透明，但公众能够关注的仅仅是数据传输渠道中的一部分内容，对于设备内部的分析和处理流程却一无所知。这种超出认知范围的领域，就成为所谓的“黑箱”。因此，侦查部门必须对这些个体和机构履行信息披露义务，为公民隐私权受到侵害提供相应的救济渠道，同时做好防止公民信息泄露的后续保障。

3. 构建个人信息分类保护体系

为了履行社会责任和控制犯罪，公民对个人信息权做出适当让渡具有现实合理性，但这种让渡显然不是没有边界的。[①] 如上所述，大数据背景下，侦查机关运用大数据查办腐败案件时往往很难对公民个人信息进行细致区分，极易导致数据收集的扩大化。因此可以对个人信息进行分类保护，根据不同类别构建不同的保护体系，从而增强公民对其个人信息的控制权。与先前的“一刀切”模式相比，“分类保护”模式的优势显而易

① 参见胡铭、张传玺：《大数据时代侦查权的扩张与规制》，载《法学论坛》2021年第3期，第5页。

见,它在厘清信息结构框架、提高信息利用效率的同时,保障了个人信息的私密性与安全性。进一步来说,可以将个人信息区分为私密信息、事实信息和预测信息三种类型。① 第一,将个人私密信息作为隐私权保护的客体。个人私密信息通常触及公民的核心利益,也有人称其为敏感信息,一旦被他人利用,可能对当事人的生活造成巨大影响。② 对于该部分信息,侦查机关在取得合法授权之前,不得假借行使侦查权的名义任意窥探、采集。我国《民法典》第1034条第2款便践行了此种保护模式,将个人私密信息中不涉及直接财产利益的部分划入人格权保护的范畴;并强调此种信息的支配性,规定未征得本人同意径行公开其私密信息的行为将构成直接侵权。③ 第二,获取个人事实信息应取得数据主体授权。个人事实信息,是指基于个人的实际情况与真实状态,与个体身份具有高度关联性的信息,常见的有交际信息、个人行踪轨迹、个人联络方式等。通过对上述信息的采集与整合,能够实现对涉案人员的精准定位与追踪,所以,侦查机关对这部分数据信息的收集往往积极性较强。个人事实信息以财产属性与人格属性两种形态呈现,因此,对个人事实信息的保护应当以案件的紧急程度或是严重程度进行区分。若非紧急案件,或案件并不严重,抑或侦查机关并未掌握确切证据,则侦查机关收集相关个人数据以事先应取得相关权利人的授权为基础,在未取得相关授权下进行强制收集应取得相关部门的授权。第三,获取个人预测信息需与公民达成约定。个人预测信息,是指以个人的未来行为或风险预测为描述对象的信息。考虑到个人预测信息符合财产权的基本特征,因而可以借鉴消费者权益保护路径,构建一个公平有序的数据市场环境和以倾斜性集体保护等原则为主的保

① 参见袁泉、王思庆:《个人信息分类保护制度及其体系研究》,载《江西社会科学》2020年第7期,第192页。

② 参见张新宝:《从隐私到个人信息:利益再衡量的理论与制度安排》,载《中国法学》2015年第3期,第38页。

③ 参见张新宝:《从隐私到个人信息:利益再衡量的理论与制度安排》,载《中国法学》2015年第3期,第38页。

护框架。[1] 由于个人预测信息体现的人格属性内容较少,且具有随时变动的可能,因此,通过约定的方式保障公民对该部分信息的自主决定权更符合现实需要。

4. 建构综合保障体系保护数据财产权

在大数据时代,个人信息的财产利益凸显,该权利是个人信息人格利益内化的结果,具有独立性。[2] 侦查机关在办案过程中掌握的数据通常更为庞大、完整,信息主体可能无法知悉自己的何种信息会被记录并采集或者对自身信息的了解和掌握程度不够,导致信息主体处于一种天然的弱势地位。因此,在法律制度层面让个人信息具备财产权属性有利于强化公民信息的保护力度。[3] 第一,明晰数据产权。在大数据时代,数据资源具有重要的财产价值,数据资源的所有权问题的解决成为后续数据流通、使用的关键。运用大数据反腐已然成为定势,但是个人数据财产权不应成为大数据运用过程中的牺牲品。有关部门应当建立"谁的数据谁所有,谁的数据谁使用"的原则,保证数据主体能够实际控制其数据财产,发挥其使用价值。纵使科技迅猛发展,也不应对人类的财产和自由产生威胁。大数据要健康、长远地发展,在强调发挥行业自律性的同时辅之以严厉的执法、监督程序。[4] 第二,完善知情同意规则及删除规则。大数据查办案件的背景下,先前以知情同意为核心的个人信息保护规范已无法满足现实需要,不少学者对此提出疑问。有学者认为:"在大数据时代,要求在收集、使用个人信息之前明确告知其使用目的几无可能。"[5]但笔者认

① 参见丁晓东:《个人信息私法保护的困境与出路》,载《法学研究》2018 年第 6 期,第 200 页。

② 参见姬蕾蕾:《大数据时代个人信息财产权保护研究》,载《河南社会科学》2020 年第 11 期,第 28 页。

③ 参见陈吉栋:《个人信息的侵权救济》,载《交大法学》2019 年第 4 期,第 52 页。

④ 参见吴晓灵:《大数据应用:不能以牺牲个人数据财产权为代价》,载《清华金融评论》2016 年第 10 期,第 16 页。

⑤ 张忆然:《大数据时代"个人信息"的权利变迁与刑法保护的教义学限缩——以"数据财产权"与"信息自决权"的二分为视角》,载《政治与法律》2020 年第 6 期,第 63 页。

为需要充分尊重信息主体的意志自由,在收集个人信息时征得信息主体的同意是保障个人对其信息自主利用权的关键,因此征得信息主体的同意是不可或缺的步骤。解决数据利用根本矛盾的关键是设计出既能符合大数据时代要求,又充分尊重公民人格与财产权益的同意方式,而非因存在缺陷就不再强调公民的同意。[①] 侦查机关利用信息是为了满足案件办理的需要,确定删除规则也是必要的,它最能体现个人信息财产权制度的价值。在这项权力的保护下,信息主体能够凭借其所有权,请求掌握其个人信息的单位或者个人删除相关信息。无论侦查机关查办案件时对信息的搜集和利用方式是否符合法律规定,只要数据主体此时要求删除其个人的相关数据,侦查机关就要根据实际情况考虑删除相关数据。[②] 第三,引入信息安全保障机制。作为现代刑事诉讼法的基本原则之一,程序法定原则要求强制性侦查措施的类型、实施过程、适用范围等内容均由法律事先明确规定,但需要注意的是,现行《刑事诉讼法》在侦查章节中未将大数据环境纳入考虑范围,故现有的侦查措施中并未涵盖大数据的采集、处理、分析等行为。侦查机关自身所拥有的强大的信息搜集能力,导致个人隐私权的保护更容易受到威胁,因此,应当完善现行法律法规,谨慎使用强制措施。同时,侦查机关应当严格遵守信息安全保障义务,建立操作留痕机制,确保其在收集、处理相关数据的每一个环节都留有操作记录,防止个人信息被不当泄露却无法追责的现象发生。[③] 除此之外,有必要设立一个专门的信息安全监察机构,承担相应的大数据侦查工作的监督职责。[④]

---

① 参见李延舜:《个人信息财产权理论及其检讨》,载《学习与探索》2017 年第 10 期,第 83 页。

② 参见陈吉栋:《个人信息的侵权救济》,载《交大法学》2019 年第 4 期,第 52 页。

③ 参见程雷:《大数据侦查的法律控制》,载《中国社会科学》2018 年第 11 期,第 178 页。

④ 参见刘玫、陈雨楠:《从冲突到融入:刑事侦查中公民个人信息保护的规则建构》,载《法治研究》2021 年第 5 期,第 35 页。

(三)大数据查办腐败案件的程序控制

1.对“侦查前移”的程序控制

大数据侦查具有一定的强制性和隐蔽性,大部分情况下开展的大数据反腐侦查都在一定程度上涉及对相对人实体权益或知情权的侵犯,也由于其所针对的对象在已然犯罪的基础上进一步囊括了未然犯罪,甚至可能产生冤假错案,这就导致法律规定的程序启动依据被架空,立案程序对侦查权启动的控制荡然无存。[①] 因此,在程序控制层面,依据侦查行为对权益的侵犯程度对大数据侦查措施采取不同的规制手段是必要的。

首先,对于强制或隐蔽的侦查控制。(1)侦查、调查机关的内部审核程序。在我国,大数据侦查措施存在大量的规则真空,但其内部控制方式依旧源自传统的侦查措施:一是侦查措施的适用必须经过严格的审批手续,取得机构负责人的批准;[②]二是对于涉及数据挖掘、深度分析、涉案相对人本人以外的其他相关人的数据信息则应比照技术侦查措施的审批程序报设区的市一级以上公、检、监机关负责人批准;三是大数据侦查期间的限制,可以比照技术侦查措施的相关规定,如《刑事诉讼法》第151条规定了技术侦查措施的运用必须以获得批准决定为前提,且批准决定的内容以实际需要为准,有效期为三个月,必要时可延长。[③] 又因为大数据侦查分析的高效性以及数控平台信息共享的及时性,侦查期限可以相较技术侦查缩短至一个月。

(2)法律监督机关的事前审批程序。在我国,目前接受司法审查的

---

① 参见陈刚:《解释与规制:程序法定主义下的大数据侦查》,载《法学杂志》2020年第12期,第13页。

② 参见张可:《大数据侦查措施程控体系建构:前提、核心与保障》,载《东方法学》2019年第6期,第87~94页。

③ 《刑事诉讼法》第151条规定:“批准决定应当根据侦查犯罪的需要,确定采取技术侦查措施的种类和适用对象。批准决定自签发之日起三个月以内有效。对于不需要继续采取技术侦查措施的,应当及时解除;对于复杂、疑难案件,期限届满仍有必要继续采取技术侦查措施的,经过批准,有效期可以延长,每次不得超过三个月。”

强制性侦查措施只有逮捕，审查的主体是检察机关。大数据反腐侦查对象虽然并非《刑事诉讼法》规定的符合逮捕条件的犯罪嫌疑人或被告人，大部分仅仅是在大数据侦查平台的数据分析中具有职务违法犯罪迹象、趋势，或者行为轨迹较符合腐败分子数据模型的相对人即被监测人。因此，尽管大数据侦查措施对相对人权益的侵犯不如逮捕，对于可能的无辜者采取强制性侦查措施依然需要经过严格的司法审批手续。

(3)法律监督机关的事后审查程序。大数据侦查因其超强的渗透性，在信息爆炸时代可以说是无孔不入的侦查手段，为了尽可能保障侦查相对人的知情权、隐私权、个人信息保护权，同时防止侦查人员“唯数据主义”的僵化办案思维、降低侦查惰性，对极具强制性的侦查措施通过内部审核、事前司法审批进行程序控制，同时启动事后审查程序。

一是侦查终结后，由司法部门着手对案件的现有证据进行考察核实，这一核实过程包括对取证环节的合法性审查。二是发挥人民法院事后监督功能，进行程序性制裁，一旦发现侦查措施的实施过程存在违法行为，即可通过宣告该措施无效而产生非法证据排除甚至诉讼行为终止等效果。①

其次，对于任意且公开的侦查控制。例如，相对人自愿上传至公众平台或者进行共享的数据，公开的微博、视频号、上传至开放网站的信息、运动软件的行动轨迹等，在经过告知程序以后则无须法律监督机关的事前批准，但仍要保留内部核准以及事后司法监督的控制程序。

2. 优化算法及程序解决“算法黑箱”

鉴于公众无法知悉算法的运行过程，这种不透明的处理模式导致其精准性无法认定，“算法黑箱”问题受到了更多人的质疑。② 因此，为了解决“算法黑箱”问题，提高侦查结果的可靠性需要从以下三点进行优化。

第一，提高原始数据的真实性、相关性。不同于数据收集合法性问题

① 参见张可：《大数据侦查措施程控体系建构：前提、核心与保障》，载《东方法学》2019 年第 6 期，第 90 页。

② 参见董慧、唐兴琴：《大数据侦查的困境与出路》，载《河北公安警察职业学院学报》2020 年第 3 期，第 59 页。

中对调取信息的程序法定问题，提高原始数据的真实、相关性应当着眼技术角度，保证可能作为“证据”的大数据侦查结果从数据源头上就切合刑事证据的基本属性：客观性、合法性、关联性。由于大数据反腐侦查的数据分析侧重于信息的相关性而非因果关系，这就导致其侦查结果相较于传统侦查结果的关联性减弱。因此，从算法角度解决大数据侦查结果关联性欠缺的问题，可以采用“相关性五服图”的方法。

所谓“相关性五服图”，是指在数据调取阶段根据每项信息与相对人职务行为的相关性强弱对数据进行筛选，剔除与反腐工作关联性不大的劣质数据，对数据择优调取分析。例如，对一则信息，从与相对人的人物关系、信息产生场景、信息产生时间、消费行为习惯 4 个维度进行筛选，在算法中写入对每个维度的关联性阈值，当该则信息有两个或以上维度与反腐侦查的关联性阈值达到敏感时，大数据侦查平台才会调取该数据进行分析（见图 9－1），与反腐侦查关联性较弱的数据则视为“出了五服”，算法不再调取。

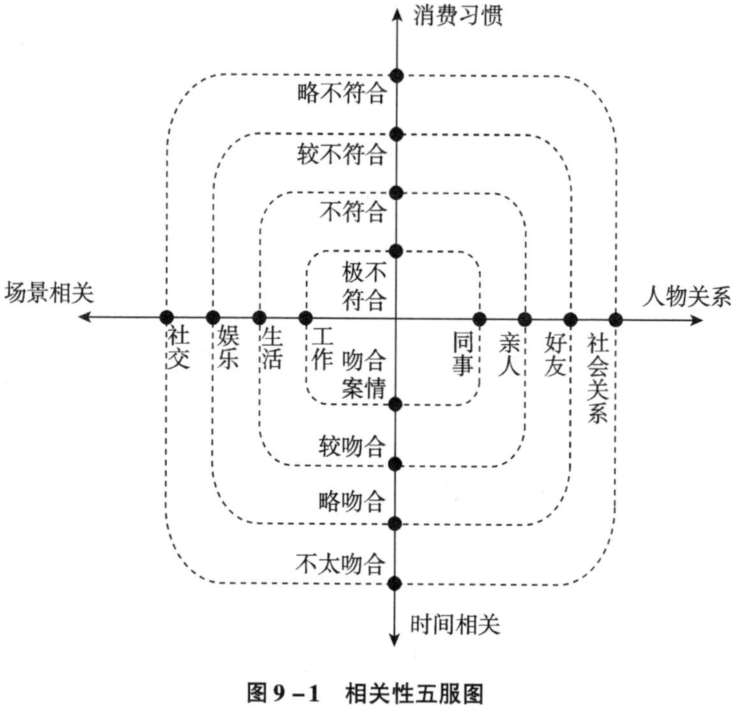

图 9－1　相关性五服图

第二,算法歧视的控制。算法歧视有主客观两方面的因素。主观方面,算法是由专业人员设计的,设计者自身不具有客观性,因为他们或多或少对某些问题存在偏见,这些偏见会自然地融入算法中。而且,受社会文化熏陶的设计者,也很容易自觉或者不自觉地将其环境中存在的偏见成分投射到算法中。主观因素使算法自产生伊始就被偏见渗透,形成先行存在的算法歧视。[①] 在客观方面,一是算法采用的技术也为算法歧视的发生提供了空间。如算法程序本身存在漏洞、算法的计算能力有限、算法对其所处的系统也有一定的要求,这些都容易诱发算法歧视。二是算法还必须面临突发性因素的挑战。如固有的算法难以应对社会产生的新知识,算法的反馈机制也存在出现问题的可能性,这些因素往往会使算法在运行中发生难以预见的突发性算法歧视。算法歧视的成因涵盖主客观两方面,贯穿算法生成与运行之始终,致使算法分析最终可能偏离公正客观的立场。

把算法用于数据的归纳分析毫无疑问是人类在数据分析研究方向的一大进步。由于目前的算法绝大多数是在监督程序下的"机器学习"而非人类那样的自主学习,其根本基础未变,依然无法超脱代码与程序的组合。所谓侦查算法的模型,虽有应用算法的进步,但是本质上仍然是技术人员设计的,带有侦查人员主观偏好的一个密封流水线。其是否可靠合理,依旧是一个未知数。[②] 解决"算法黑箱"中分析路径的问题需要做到以下两点。

一是在搭建大数据反腐侦查数控平台时引入法律思维和中国特色社会主义法治观念。由于程序语言与法律语言存在天然隔阂,既掌握技术又精研法律的跨领域人才稀缺,平台构建伊始就更需要强调侦查人员、司法工作人员、法学研究人员的参与与指导。由懂法者充当平台的"产品经

① 参见陈刚:《解释与规制:程序法定主义下的大数据侦查》,载《法学杂志》2020 年第 12 期,第 9 页。

② 参见魏俊斌:《大数据侦查的风险防控与"意识"匡正》,载《大连理工大学学报(社会科学版)》2021 年第 2 期,第 93 页。

理”角色，向技术人员提出需求，使得算法分析路径、反腐监察模型建立在法律思维基础上，通过算法在大数据反腐侦查平台上得以重现。

二是在平台每一个算法、模型初构投入运用之前，都应当录入过往已决案件，并将分析结果与最终判决相比对，测试算法分析逻辑的实用性和合理性也即“跑程序”，使得大数据侦查结果契合公平正义的价值观，从而加强算法分析路径的可靠性、公正性。

第三，完善数据分析结果。即便数据分析的算法经过法律人与程序员有效对话成功搭建，并且经过反复测试在一定程度上保证了其可靠性、司法逻辑性。在实际应用中，大数据分析报告依然要经过充分的“法律论证”才能够进入审判阶段成为法官据以定罪处刑的证据或材料。例如，若将大数据分析报告定位为鉴定意见，其在司法实践应用中真实性、侦查结果的合理性可遵循对鉴定意见的有关规定进行审查，进入司法程序后辩方亦可请求专家辅助人出庭并对其提出质疑。

（四）大数据证据之运用

1. 现阶段应将大数据证据作为鉴定意见

关于大数据属于何种法定证据种类这一问题，应当分两个阶段解决，从而增加大数据证据的有效性和适用性。实际上大数据证据在一定程度上被视作鉴定意见使用是与实际情况具有一定相符性和合理性的。依据主要有：首先，大数据证据的运行机制与逻辑归根结底都是人类开发的算法在操纵，因此始终具备浓厚的人为因素影响。只是与常见鉴定意见进行比较，其所涉及人为因素相对较少而已，但本质相同。倘若进行算法公开，那么实际上大数据技术也可以进行技术鉴定，即使难度较大，也是当下较为合适的选择。其次，专家证人的配合对于大数据证据在法庭上的运用是不可或缺的。以大数据证据所依托的算法的准确性、合法性等内容为例，这些事项并非法官只查看书面文件就能够直接领会其中的要义的，离不开专业人员的分析和客观评价。在缺乏类似于鉴定人意见的书面报告的情形下，不仅控辩双方难以信服，连裁判者也会受到影响，故将大数据证据作为鉴定意见具有合理性。另外,应当通过立法将大数据作为一种独立的形式纳入法定证据种类。当前,大数据技术尚且需要完善,数据存储、分析工具以及算法的私密性问题都直接关系大数据证据的运用,长期将其纳入鉴定意见的范围,容易忽视其特殊性,错误地认为其与一般证据无本质区别。考虑到实践的可操作性以及可接受性,将大数据证据作为单独的证据种类更为适宜。

2. 构建"原则 + 制度"的双重规制机制

当前阶段,大数据收集行为仍旧缺乏规范性与有序性,出于保障公民合法权利的现实需要,理应构建"原则 + 制度"的融合规制路径,保障大数据取证的合理性。

首先,大数据技术的运用应遵循数据有限使用原则。侦查人员必须控制好损益之间的平衡,保证大数据技术所生成的收益超过对个人合法权益的损害,这一规定也必然促使大数据技术在实际应用时尽可能保持克制:一旦面临可能侵犯公民个人隐私的情形,应尽可能寻找替代性证据;即便不可避免地需要利用相关隐私信息,也要把范围与影响控制在最低,且确保信息不外泄,最低限度地使用公民个人信息。

其次,出台与大数据反腐工作配套的一系列法律法规。通过法律的明确规定限制侦查机关的侦查权,明确其访问权限和范围,确保大数据只能用于腐败的查处和防控工作,从而实现数据的合理使用,防止侦查人员滥用职权泄露信息主体的隐私。可以参考被调查人银行存款的调查和查询过程,对侦办机构的这一查询活动,要进行专门的访问权限设置,或由专门人员进行,并建立三方责任追责制度。① 纪委、监察委在查办腐败案件的过程以及移交司法程序后,人民检察院等司法机关在获取相关信息后,应当严格遵守对涉案人和第三人的保密和销毁义务,防止信息被不当泄露。

---

① 参见徐荣梅:《大数据反腐的现实困境和路径选择》,载《理论月刊》2017 年第 8 期,第 173 页。

3. 加强对大数据证据真实性的审查

与其他证据相比，大数据证据具有形式多样、易篡改、难以固定等特点，如果原始的腐败证据在被侦查机关获取前就已遭到恶意篡改，势必会影响反腐工作的顺利开展，因此有必要对大数据证据的真实性进行严格审查。

首先，针对大数据证据是否被篡改这一问题，只有将原始数据和副本进行仔细比对并固定，才能大体判断数据是否被破坏，因此有关部门可以借助电子签名、时间戳、电子数据完整校验值、区块链等各类补强证据，帮助法官完成对大数据完整性的自由心证。

其次，考虑到大数据技术本身要求相关人员具备较高的专业性，为避免出现专业疏忽或错漏，可以设置一个全新的技术门类，并纳入司法鉴定资质领域。当法庭质证环节控辩双方对通过大数据分析得出的结论产生异议时，只有具备相应鉴定资质的专业人员才能以鉴定意见的形式对大数据分析结果进行剖析与论述，对取证过程中运用的相关手段与技术进行解释与说明，并就控辩双方提出的合理怀疑给予回答。①

当前，大数据技术仍然有待研究和完善，将大数据证据与刑事诉讼完美融合并非易事，在大数据技术迅猛发展的同时，查办腐败案件侦查机制体系化能有效推动大数据反腐工作的深入开展。

二、大数据时代查办腐败案件侦查体系塑型

（一）高效、快捷开展侦查推理

侦查推理是侦查人员利用已知的案件事实和部分证据，推导出案件

① 参见韩梓昂：《论大数据证据在职务犯罪案件中的运用》，载《河北农机》2021 年第 5 期，第 147 页。

全貌的一种回溯推理过程。[①] 回溯推理的概念源于美国,它被认为是由客观事实到主观缘由的逻辑推理方式。在案发的第一时间开展侦查推理工作,有利于尽快厘清思路,排查犯罪嫌疑人,完成腐败案件的查办。一般的侦查推理可以用如果 P,那么 Q;因为 Q,所以 P 的方式表述。也有学者认为侦查推理是一种权衡推理,它不依赖于形式演绎逻辑,而是通过对现有证据的批判与论证,综合正面证据与反面证据得出最终结论。[②] 这种推理模式受侦查人员主观经验以及思维逻辑的影响较大,在惯性思维的作用下,对案件的判断容易发生分歧。

重构侦查推理形式,需要正确理解回溯推理与侦查推理的关系。回溯推理通常被认为是除了演绎推理和归纳推理之外的第三种推理方式,在科学发现和法律推理中尤为重要。两者皆可视为在对话的过程中,借助假设 H 推论导出结论 C,随着对话的继续,假设可能被推翻,也可能被得到进一步的加强,得出的结论乃是一个可能的推测。关于回溯论证的形式,本书使用道格拉斯·沃尔顿提出的图式:F 是一个发现或给定的事实集;E 是 F 的一个满意解释;到目前为止没有一个可选择的解释 E' 有 E 那么令人满意;因此,作为一个假设,E 是似真的。基于以上回溯论证的图式,我们将侦查推理型式重构为:F 是侦查实践中发现的证据集;E 是 F 的一个可能的满意案情解释;到目前为止没有一个可以选择的解释 E' 有 E 那么令人满意;因此,作为一个侦查假设,E 是似真的。使用重构的侦查推理形式进行侦查实践,似真性的侦查结论可以有效地避免侦查思维定式,而基于证据集所发散的寻找案情解释的过程,则有效推进了对案件性质以及收集证据的侦查工作。

由此看来,将数据分析纳入贪腐案件侦查推理体系的前提是把各类数据联系起来,加以对比,并设计符合反腐要求的分析数据的功能,巨额

① See Dov M. Gabbay & John Woods, *A Practical Logic of Cognitive System Volume 2: The Reach of Abduction: Insight and Trial*, Canada: Elsevier Press, 2005, p. 39.

② 参见晋荣东:《权衡论证的结构与图解》,载《逻辑学研究》2016 年第 3 期,第 17 页。

财产来源不明的案件和转移财产的案件对此的要求更高。大数据的应用主要是通过应用软件对接、数据串联与对比分析等，要实现这些功能，可以通过招标程序，引入数学、统计、计算机等相关学科专家，构建专门的算法团队，进行算法和模型的建构与开发，并基于此获得数据分析以满足反贪腐侦查工作的信息化、智能化需求。值得注意的是，由于反腐工作受区域影响很大，反腐模型需要设计总模型和各地的分模型，并且进行衔接。如职务犯罪相关的侦办数据系统，一方面，需要围绕涉案人员及线索展开分析，为各个侦办环节提供技术与数据支持；另一方面，也要对其资金流动目标，包括异地跨省的目标加以分析，并且做好两地的衔接工作。

（二）提高电子证据取证和运用能力

1. 依据电子证据的特点采集

电子证据以计算机及其网络为依托，具有与传统证据不同的特性。第一，多媒体性。在计算机、网络通信等技术的支持下，电子证据会以音频、视频、图片、文字等多媒体形式展现，该特性会导致电子证据几乎可以与所有的传统证据种类存在形式上的交叉。第二，隐蔽性。和物证、书证等实物证据不同的是，电子证据被转换成一种无形的编码，在计算机中存储与传输，除非是专业的技术人员，否则很难识别其中的内容，因此隐蔽性较强。第三，双重性。所谓双重性，是指电子证据虽具精密性，但也十分脆弱，容易遭到损坏。电子证据所依赖的计算机程序本身是客观的，算法输入后的系统内部流程也基本不掺杂主观方面的因素，因此其准确性相对较高。但归根结底，计算机系统还是离不开人的操作，也正因如此，一旦技术人员在计算机中设定的程序或者输入方式有误，那么整个数据分析结果都会出现偏差。而且电子证据的隐蔽性也为恶意篡改、截取、删除等行为提供了空间。此外，电子证据还具有传输便捷、可多次复制、易于存储、方便使用等优势特征。

侦查工作者在电子证据的采集环节，应当就证据的种类、存储方式，取证的时间、空间等形成文字说明，并附上取证人、证据持有人、见证人的签名或盖章。对证据持有人拒绝签名或者不在场的情形,也应将其记录在内。取证过程中,如果时间充足且设备齐全,也可以全程录音录像,以备不时之需。[①] 查办腐败案件把握好时间节点极其重要,取证效率最大化是破获此类案件的关键。电子证据虽与传统的书证、物证等有所不同,但在传统证据的收集过程中获得的经验是经得起时间证明的,值得采纳。如把握好对载体的查验,电子数据虽然可复制,但其脱离了原始载体,如被删除、损毁,可能就无法恢复原状。因此对电脑、手机、网页等载体进行妥善保管是十分必要的,否则可能影响后续的侦查工作,应尽早完成从数据到电子证据的转化,[②]首先要做的是大数据的筛选工作,在庞大的数据库中提取对案件侦破有价值的信息,并以证据的形式展现。在此基础上,进行下一阶段的固定和保存工作。在对电子数据进行分析、处理、筛选的过程中,也可能发生原始数据被误删或者修改的情况,特别是在办案人员对案件的基本情况以及程序处理模式等不熟悉且网络运行环境不安全的情况下,证据可能会被窃取甚至永久性丢失,有必要采取"多重保存"原则。在保留原始数据的同时,保证办案人员对每一个操作流程都要进行记录和存档,以便及时找回丢失的数据。此外,需要制定电子数据取证规则,完善审查程序。规范、高效的电子数据取证工作,不仅是保证电子数据符合法定要求的关键,也是反腐败侦查工作的重要组成部分。侦查机关应当对有关电子数据的查封、扣押、删除、备份等工作制定明确的指导性规则,确保取证过程的合法性。在此基础上,对所有的电子数据进行梳理,提取关键性内容,最终形成完整的证据链。

电子数据作为证据的固定过程需要全过程进行详细记录,包括勘验、

① 参见李双其、曹文安、黄云峰:《法治视野下的信息化侦查》,中国检察出版社 2011 年版,第 176 页。

② 按照数据存在的介质,可将电子数据进行三种分类,分别是单机的电子数据、服务器的电子数据以及网络电子数据。侦查人员首次接触电子材料的过程,准确来说应该称为电子数据采集的过程。为什么是电子数据而不是电子证据呢?首先该类材料不一定符合案情的需要,其次该电子材料不一定有证据的证明力,并且该电子材料有可能是非法获取的。所以准确来说最初的形态应该是电子数据。

搜查等各个环节,并进行笔录,记录侦办人员姓名及职务,对电子数据证据固定过程进行简要描述,同时需要提供在场侦办人员及见证人的签名,各种证据资料需要能够相互印证,如笔录内容与视听资料内容等。[①] 数据恢复是电子数据取证的一大优势特征,也是其核心技术,这种技术能够将原先丢失或者因破坏而残缺的数据重新复原。电子信息在存储、传输、交流过程中因受到电脑故障、人为删除、黑客攻击等因素的影响而发生数据损害或者遗失的,数据恢复技术能够"对症下药",通过技术手段还原这些文件,确保信息的完整性。但数据恢复并非易事,侦查人员应当谨慎对待,预先制定可行的操作方案,即便部分信息确实难以复原,也不应该放过任何细枝末节,或许这些零散的数据就是关键线索,能够帮助侦破案件。[②]

按照法定程序提取证据。为了使储存在磁、电、光等介质上的电子证据经过计算机及外部设备的处理,能转换成可以识别的文字、符号、数字、图形等,从而反映案件事实,除按照《刑事诉讼法》和《公安机关办理刑事案件程序规定》中规定的收集证据的方法及程序外,还应注意以下几个方面:(1)提取工作至少需要两名侦查人员同时进行并在最终形成的证据材料上签字,若提取过程中有犯罪嫌疑人或证人在场,其本人也须在上述书面文件中签字;(2)提取工作完成后形成的电子证据必须来源清楚,与备份内容及其编号保持一致;(3)在判定具体作案时间时,必须考虑计算机本身可能存在的时间误差,应以北京时间为准;(4)提取工作完成后,工作人员必须对整个操作流程形成文字说明,最终入档的文件名、存储格式等内容也须标记在内。[③]

2. 强化电子证据条件审查

并非所有的证据材料都能够满足证据条件,还需要考虑程序与内容

---

① 参见孙春权、李禹:《基层检察工作中电子证据取证的问题与对策探析》,载《检察技术与信息化》2014 年第 5 期,第 75 页。

② 参见王贯天:《电子数据恢复与犯罪侦查》,载《电子制作》2015 年第 3 期,第 101 页。

③ 参见李双其、曹文安、黄云峰:《法治视野下的信息化侦查》,中国检察出版社 2011 年版,第 192 页。

是否属实等各方面问题，考虑源文件的重要性。电子数据具有脆弱性，容易遭到破坏，一旦丢失，将对案件办理产生重大影响，故后续的分析比对工作应在复制件上进行，且需要事先查验复制件的真实性与完整性，确保与原件完全一致。利用上述材料还原案件事实与细节问题时，应当结合侦查机关已经收集的所有证据，对犯罪嫌疑人的作案方式、时间、工具、地点、被害人伤亡情况等内容作出最终判断，保证证据链的条理性与完整性。[①] 同时，对电子证据的合法性审查也是必须的，具体包括两个方面：第一，程序的合法性。违反法定程序收集的证据很可能会被排除，因此需要考虑多种因素，如操作流程是否严格依照法定程序进行，进入内部系统时是否具有访问权限，是否存在违法取证等问题。第二，主体的合法性。包括侦查人员在进行收集工作时，是否具有单位出具的授权文件，是否具有技术资质。

由于电子证据是从犯罪嫌疑人使用的电子设备中获取的，比较准确，并有一定的私密性，应用于审讯能起到意想不到的效果。2018 年，安徽省纪委监委在办理安徽高速集团原副总经理李某某的案件时，发现其办公桌抽屉中有一部手机，手机没有任何使用过的迹象，电话记录和短信都是空的。进行手机恢复没有什么效果，但手机里有一张电信卡尚能使用。经查，此手机号属于电信卡预付卡，没有机主信息。通过信息平台查询其通话和短信记录时，发现通话记录空白，但是短信记录非常多，并且只给 3 个号码发过短信，当办案人员一一说出 3 个情妇的名字时，李某某的心理防线彻底崩溃，案件成功突破。2013 年江苏省镇江市人民检察院办理的公安局原副局长、党委委员张某受贿案，侦查人员通过社区与两名行贿人联系，这两人均避而不见，甚至与侦查人员玩起“猫捉老鼠”的游戏。为此侦查人员迅速秘密开展摸排工作，确定了相关受贿人。通过对话单进行分析，侦查人员发现尽管行贿人换了手机号码，但其固定联系人均未

---

① 参见刘东平、曲海舰：《职务犯罪侦查信息化研究》，载《菏泽学院学报》2016 年第 3 期，第 100 页。

改变，通过手机侦码定位，侦查人员在48小时内就确定了这两人的藏身之处，并一举将其控制。在抓获张某后，技术人员迅速对张某随身携带的手机进行数据恢复，发现大量企业主与张某的通信记录，还发现一女性与张某的暧昧短信，侦查人员及时将这些信息反馈给审讯组，事实表明这些信息在审讯中起到了“四两拨千斤”的作用。2017年，山东省邹城市纪委监委在查办该市建设局原副局长孙某受贿案时，办案人员从孙某的手机中提取短信508条，恢复已删除的短信213条，删除的短信中包括行贿人发送的“卡放在你抽屉里了”“过节了带点东西，放在你处，以示感谢”等内容，为成功突破案件打开了缺口。

（三）大力加强查办腐败案件信息平台建设

随着大数据技术的进一步升级，“智慧反贪”已成为反腐工作的新目标，大数据的优势就在于能够为服务的端口提供同步的信息并进行分析预测，帮助侦查机关尽快获取有利证据。为此，需要完善信息平台的构建，形成完备的信息平台体系。一是要建立信息决策指挥平台。传统侦查的信息分析研判主要依靠侦查人员的经验、法律理论水平和专业素质。虽然有时侦查人员的主观偏见或者个人倾向也会影响整个案件的进程，但有经验的侦查人员往往成为案件是否能侦破的关键。在大数据时代，要减少主观的决策指挥，重点抓好侦查机关大数据系统的建设和运用，对犯罪嫌疑人进行数据量化分析，提供更为客观的辅助信息，逐步实现侦查的数据化、模块化决策指挥，提高大数据的运用能力。二是要建立信息分析研判平台，以公安大数据为首，对各种社会信息、互联网信息等进行实时汇总和反馈，创建算法模型、数据碰撞等模块，按照一定的规则对信息进行关联和分析，形成数据可视化，最后根据各种类型的可靠性的数据信息，智能生成综合研究和判断结果。三是要创新反腐败业务应用平台。在建设统一业务应用平台的前提下，要加强地区之间、上下级机关之间的数据交流和共享，为基层反腐工作者提供海量数据的实时查询，大数据分类整合,一键式查询,即时计算并提供数据综合分析的结果。①

大数据侦查是对传统侦查模式的一种创新,为了满足快速查办腐败案件的需要,腐败查办情报信息平台在建设过程中,需要注意以下几个问题:第一,保障信息系统的实时更新。科技的发展使人们的生活节奏加快,个人信息时刻都有可能发生变化,因此信息采集人员在对公民的房产买卖、车辆交易、大额消费记录、个人通信、出入境手续、违法违章记录、医疗就诊、外出住宿等各类信息进行收集和记录时,要确认当前数据库中的信息是否与实际情况不符,及时完成数据的更新工作。尤其是大额的转账、赠与等可能与腐败相关的信息,更要引起注意。第二,建立信息的内外共享机制。首先,在侦查机关内部,一方面要保障贪腐信息在不同层级、不同地域之间实现无障碍交流,另一方面要坚持同步建设,加强管理。侦查机关内部要联网,使用一个统一的信息交流平台,同步升级、更新换代;由于侦查机关内部负责事项的差别,应当对内部的职能部门设置不同的访问权限,在顺利获取情报的同时,也需要对信息安全问题加以关注。其次,侦查机关和税务、海关、市场监管部门等其他国家机关之间要做好信息的汇总与协助工作,在侦查部门需要调取公务人员的相关信息时,这些部门应及时提供。对此,需要建立部门之间的联合共享平台,建立反腐败信息资源的协同联动机制,打破原有的障碍,实现信息资源的优化配置。第三,创新获取情报信息手段。如监狱对服刑犯的狱内再犯罪行为开展的侦查工作不仅能够及时侦破和打击再犯罪,还能找出在其他案件中遗漏的犯罪嫌疑人。侦查机关应当更加重视狱内侦查工作,加强与看守所、刑侦等部门的信息交流,为自身侦查工作的开展拓宽信息渠道,最终搭建狱情信息交流平台。②

---

① 参见程宏:《大数据背景下反贪侦查模式的转型》,载《中国检察官》2015 年第 3 期,第 55 页。

② 参见陈重喜、肖力:《职务犯罪侦查信息化与侦查模式转变研究》,载《法学评论》2014 年第 6 期,第 191 页。

（四）完善大数据查办腐败案件的工作机制

运用大数据防控腐败犯罪，提升腐败治理能力是一项巨大的工程，一个科学的工作机制是该工程开展的关键，能够对腐败案件的查处起到促进和威慑作用。信息搜集、分析研判和储存机制作为反腐侦查信息化工作的核心和关键，三者密不可分，相得益彰，协助反腐工作顺利向前推进。

1. 信息搜集机制建设

信息的搜集过程往往是梳理人物关系，发现事实真相的过程，案件侦办人员根据案件需要，利用各种侦查手段采集与腐败犯罪嫌疑人相关联的人、事、物等信息是大数据侦查中不可或缺的一个步骤，尤其在那些腐败案件频发的领域，信息搜集工作所发挥的优势作用尤著。考虑到实践中各类侦查信息的内容、特征都不尽相同，因此有必要开辟多种信息采集路径，以满足现实需要。

第一，网络途径搜集，即通过各部门、各地区、各层级共同构建的职务信息交流、共享平台采集相关信息。这种搜集途径的前提是全国范围内自上而下形成了一个各领域、全方位紧密相连的信息网，以便侦查机关能够在案发的第一时间收集到重要线索，尽快破案。在这个信息传递网络中，基层侦查机关处于核心地位，当其需要搜集与案件相关的信息时，即可登录该网络，要求特定部门提供该类信息，必要时，甚至可以在全网范围内展开搜索工作，通过输入关键词迅速采集相关信息，其他部门全力配合。

侦查信息网络的构建并非一蹴而就，侦查部门应当将其视为一项长期的工作，合理布局，逐步推广，其建设过程应当围绕以下几个要点展开。一是统筹建设，合理布局。建设侦查信息网络首先要有一个合理的布局，明确该网络覆盖的范围、涉及的部门、包含的信息类型、信息传递的方式、检索词汇的编排等内容，以满足侦查实践工作的需要。二是从点出发，连结成面。整个信息传递网络必须以基层侦查机关为基点，向外不断扩张，与其他部门和上级机关连接成线，最终形成一个完整的侦查网络，在这个网络内部，由基层侦查机关发出信息搜集信号，各种信息便会汇集到基点。三是稳定发展,逐步完善。侦查信息网络的建设需要投入大量的人力和资金,要做好长期经营的准备,处理好各部门之间的关系,出现问题时及时沟通解决,并根据技术的发展、实际需要的变化进行调整和完善。

第二,以案件的现有证据为线索搜集。换言之,即根据案件的侦查进程,顺着案件的侦查思路搜集信息,侦查机关可利用手中掌握的信息,厘清案件的大致方向,发现证据链中缺少的那部分证据,确定后续的侦查方式和应当采取的手段。这种搜集途径具有一定的优势,它以职务犯罪的前期侦查工作为基础,搜集到有效信息的可能性较大且更为完整。但需要注意的是,侦查人员不得为了达到目的非法取证,否则可能影响整个反腐败侦查工作的开展。

第三,采取有目的的调查分析途径搜集。这种搜集方式建立在已有的腐败样本和大数据的基础之上,侦查机关通过海量数据分析一些领域的腐败规律,找出某些地域或者行业成为腐败重灾区的原因。结合一些典型的腐败案例,研究腐败分子的犯罪心理、作案方式等,帮助侦查人员积累更多理论知识和侦查经验,同时也能够有效地预防和控制腐败案件的发生。

2. 信息分析研判机制建设

腐败案件侦查工作中的信息分析研判是整个情报信息工作的核心环节,即侦查机关根据自身需要,运用科学的研究方式,对各种零散的信息进行搜集、整合、消重后进行深度加工与整理,最终形成一个判定性或者预测性的结论过程。线索信息分析结论的生成主要受到两大因素的影响:一是作为分析客体的基础材料的真实性、完整性、来源是否可靠等,这将直接关系到后续研判工作能否顺利开展;二是分析人员自身的专业素质及其研究方式,主要包括分析思路是否贴合案情、个人经验是否足够丰富以及采用的技术手段是否科学等。目前在侦查工作中运用得较多的分析研判方式主要有两种:定量分析和定性分析。

定量分析是一种以数据的涉及领域、规模等为考量因素,从而确定认识对象的数量关系的分析方法。定量分析法以大规模的数据采集为前提，采用数据整理分析法和统计分析法两种形式。数据整理法以搜集到的数量较为庞大的数据群为基础，采用图形直观地展示特定模块或者关键词所指向的信息数量，其核心在于明晰侦查目标的本质属性，通过全面量化的方式得出准确的结论。统计分析法以特定的时间段为坐标轴，采集该段时间内的特定信息后，通过作图、造表的方式对上述信息进行筛选、分类，分析其中的关联性和发展趋势，最终形成一个预测性结果，为后期的侦查工作提供参考方向。

定性分析法的目的在于通过判定认识对象的类型探求其本质。反腐败侦查实践中，定性分析法主要包括 4 种类型：第一，因果关系分析法。事物之间存在一果多因、一因多果或者多因多果的复杂关系，因果关系分析法就是在这种关系论的指导下，分析两种信息之间是否存在引发关系，从而推断出某一事件发生的原因或者造成的后果。反腐败侦查中的情报信息往往错综复杂，如果能够利用它们之间内在的因果关系，准确分析判断，将会极大地提高侦查信息的利用效率。第二，联系推导分析法。这种方法的特征在于利用事物内部以及相互之间的关联性，通过对事物本质属性的把握，对现有数据进行分析，发现未知，推测出一些无法直接得出的规律性结论。第三，案例分析法。侦查机关通过对历年来反腐工作中的经典案例进行分析，总结办案过程中需要注意的事项和一些细节性问题，吸取经验教训，同时把握一些犯罪分子的作案心理、作案手段、典型对话等，为反腐败侦查工作提供实践经验。第四，综合分析法。侦查机关针对某一犯罪嫌疑人或者某一侦查目的，将所有与之相关的数据进行汇总，运用各种统计综合指标进行全面、系统的分析，从中筛选与腐败案件密切相关的信息，透过表象发现事物的本质。这种方式虽然工作量较大，但是能够实现信息数据的效率化利用。

3. 信息储存机制建设

信息储存是一种将经过加工整理序化后的信息按照一定的顺序和格式存储在特定载体中的活动过程。反腐侦查工作中的信息储存大体与之相似，主要包括两方面内容：一是将已经取得的信息进行归纳整理，然后按照具体要求分门别类；二是在完成前述工作的基础上，进行检索关键词的编写，备份入库，以便后期查询和筛选。

反腐败侦查信息储存系统建设，要关注两个重点：一方面，存储标准必须规范且明确。要建立健全信息存储规范与制度，将信息的筛选、分类、编排、整合、备份等环节都纳入管控范围，确保腐败信息的存储工作有明确的制度依据。同时，对信息的存储载体和格式，应当采取统一的标准，这不仅便于不同部门和地域之间的信息共享，还能在一定程度上避免因格式转换而导致的部分信息缺失或文件损坏现象的发生。另一方面，侦查信息的存储要严格依照程序进行。通过大数据技术采集的信息往往数量庞大且冗杂，需要经历烦琐的流程。因此，侦查人员在对信息进行处理的过程中，应当遵循严格的程序，先对数据进行筛选、分类，去除无关信息后，制作目录、设置检索关键词，完成存档工作。最后，要确保检索的便利性和可操作性。

（五）加强电子取证专业人员队伍建设

计算机技术及信息网络技术的有效利用是目前侦办贪腐犯罪的有力手段，其中反腐败侦查的信息化尤其凸显，需要有兼具信息化技术及法律专业的复合型人才的支撑。鉴于现有大学制度培养人才的局限性，该类人才恰恰也是目前缺乏的，因而，加快该类复合型人才的培养及输出，显得尤为重要且迫切。

大数据的特点是数据量巨大，且大多呈无序、重复且碎片状态，需要专业的人才将有价值的信息从这些纷繁复杂的大数据中筛选出来。主要方法是通过分类、去冗余，使之变得有序且可全面关联，随后从中找出信息数据间的规律关系。现阶段，大数据的飞速发展与书中提及的反腐复合型人才的缺乏形成了巨大的差距，空有大量的反腐败数据，却缺乏对数据信息深入发掘的人才难以发挥其应有的作用。基于此，要使相关信息能得到充分的应用，就必须加强对复合型人才自身素质和技能的培训。同时，办案的法官、检察官及刑侦、反腐机关工作人员要自觉培养大数据思维,才能有助于案情的梳理与侦办。

当前,由于既懂法律又懂大数据的复合人才不足,使大数据反腐技术未得到充分开发和利用,已成为我国大数据反腐工作的掣肘。可见,运用大数据反腐的关键是人才。没有掌握大数据技术进行反腐的实践技能的人才,再先进的工具和平台都发挥不了作用。这就对新形势下担任反腐重任的人员提出了更高的要求,要跳出传统工作模式适应大数据要求,转变思维,主动学习和掌握大数据的现代技术手段。该类人才要特别善于收集、整理海量的反腐大数据,根据案件需要对各类数据信息进行筛选、分析;善于从无序、碎片化的数据中,通过蛛丝马迹寻求数据之间、数据背后的关联性;要善于学习、能迅速掌握新的大数据技术,助力大数据时代反腐倡廉的建设;要善于基于自身技术,最大化与信息化技术强强联合,使得反腐倡廉工作高效运转。

2015 年,党的十八届五中全会召开,首次在全会决议中提及大数据概念,并提出了符合中国国情的“国家大数据战略”。目前全球各国都有类似政策,如美国白宫发布的《2014 年大数据白皮书》中提及:“大数据的爆炸性发展将带来更大的权利,创造更多的社会资源,如果在网络空间主权实施正确的发展战略,将会给美国带来长期强劲的国际竞争力。”其中的网络空间主权,体现在数据主权领域,具体表现为国家作为控制数据权的主体地位。可以预见的是,数据主权的地位与重要性将迅速提到与海陆空权同等的重要位置。未来是大数据时代,是万物互联的时代,大数据反腐的产生与发展是时代发展的产物,我国将以更科学、更精准、更高效的方式发现腐败、打击腐败犯罪,建立健全“用数据说话、用数据决策、用数据管理、用数据创新”管理机制。基于数据的发展及科学决策,党和国家的反腐败工作将从传统的反腐败制度中逐步链接到大数据时代下的反腐倡廉新体制,这是加快构建与中国特色社会主义事业发展相适应的具有中国特色廉政文化体系,逐步实现廉洁政府治理能力现代化的体现。党的二十大报告强调:坚决打赢反腐败斗争攻坚战、持久战,腐败是危害党的生命力和战斗力的最大毒瘤,反腐败是最彻底的自我革命。只要存在腐败问题产生的土壤和条件，反腐败斗争就一刻不能停，必须永远吹冲锋号，坚持不敢腐、不能腐、不想腐一体推进，以零容忍态度反腐惩恶，决不姑息。在大数据反腐工作中，大数据的本质特性决定了其将可能有如芯片制造的摩尔定律一般，短时间有巨大的变化，这就要求我国纪检监察队伍管理应用大数据时需不断革新知识，不断应用新的技术。对纪检监察干部驾驭大数据的能力提出了新的要求，如计量反腐学要求：(1)具备应用大数据手段生成构建原始数据的能力，以推进反腐工作系统化启动；(2)应具备提高各个关键节点控制的能力，以构建节点体系增强对内部风险度的掌控；(3)具备以现有数据为基础，扩展相关数据的收集，就可能出现的内外部风险进行评判、分析及控制；(4)具备较高的数据运用能力，以此加强队伍廉政绩效工作的考核；(5)阳光政务的推行要求干部应具备较高的数据开放能力。积极推进资源、权力、腐败三角系统到资源、权力、惩治腐败，到资源、权力、预防腐败，最终到资源、权力、腐败免疫的系统进化。

对大数据反腐败复合型人才的培养工作，一方面要明确培养目标，另一方面要保持合理进度。第一，强化队伍人员的信息化意识，提高专业技术水平。现阶段仍存在一线侦办人员对信息化建设认识不足的情况，主动性较差，信息化技术只是被动接收，导致大数据信息化应用水平较低。应化被动为主动，大数据信息化查办腐败案件人员应提高主观能动性，主动学习，主动应用，实现技术水平的提高；着力提高运用信息办案的能力。围绕如何运用信息数据和科学技术服务反贪侦查工作，着力提升反腐败侦查人员运用信息引导侦查的能力，采取诸如专项技术培训、设备操作练兵、信息技能竞赛等方式，大力培养适应新时期反贪侦查信息化工作需要的“技术尖兵”。第二，需考虑人才的多样性问题。针对繁复多样的大数据反腐工作，需要培养各类信息化反腐人才，诸如专业收集数据、专业构建模型、专业分析数据、大数据硬件维护与保障、技术攻关、理论研究等门类人才及综合应用人才。加强反腐败侦查人才的分类培养。根据反腐败工作的实际需要和侦查人员的专业特长，确定人才的专业培养方向，擅长审讯突破的，将其培养成审讯型人才；善于搜集证据的，将其培养成证据收集型人才；精通检察技术的，将其培养成技术型人才等。同时，也要着力培养既懂法律知识，又具备会计、审计、计算机等多方面专业知识的复合型人才。第三，实践是检验真理的唯一标准，实战方能磨砺队伍。必须培养面向实战的人才队伍，制订人才的培养计划，在纷繁复杂的案情中更能培养反腐信息化人才。强化侦查人员与技术人员的协作。技术部门人员要树立“技术服务侦查、科技服务办案”意识，运用技术手段收集、分析、研判、处理办案信息，为反腐败侦查部门缩小侦查范围、明确侦查方向，抢占破案时机、提升办案质效夯实基础。此外，侦查干警和技术人员还可以在侦查实践中交流轮岗，相互学习，培养“侦查和技术二合一”的复合型人才。第四，加强电子取证专业人员的职业伦理精神的培养。美国学者伯尔曼在《法律与革命》中提出，法律职业伦理的传承是法律职业共同体的一个重要特征。在法律职业共同体中，各个法律职业虽然职业各异，但是均被社会期许有排难解纷、防微杜渐、维持秩序、彰显正义、引导世风的职责。良好法律职业伦理制度的构建需要各个法律职业共同体的共同努力，为此应当制定法律职业共同体规范。一旦在监督中发现法律职业共同体中出现滥用权力、违法履职的行为可以向监察委员会举报，在监察委核实确定后，在专门的法律职业共同体网络信用公示平台发布对该行为人的处罚、通报，以公示行为人的违规违法行为，督促法律职业共同体审视自身行为，时刻保持警惕。① 在人才的储备及培养方面，应综合考虑全球化背景下经济文化及法律规范，培养面向世界的反腐信息化复合型人才。

（六）加强国际合作

国际的反腐大数据合作，对打击腐败起着至关重要的作用。通过数

① 参见郭哲：《“德法兼修”下法律职业伦理之构建》，载《南京社会科学》2019 年第 6 期，第 89 页。

据的共享或者交换，侦查人员可以及时精准地掌握潜逃的腐败犯罪嫌疑人的行踪资料，以便快速追查涉案人员，侦破腐败案件。

1. 建立腐败资产跨国转移的数据共享机制

中央纪委监察委建立了“党和国家工作人员外逃信息管理系统”，主要目的是摸清外逃人员的信息并及时更新。中央机关、各省、直辖市均可在该系统中全天24小时及时报告外逃人员信息。通过国际反腐合作，该信息可与境外国际刑警共享，以最快的速度捕捉腐败案件嫌疑人的行踪。对各国海关出入境、各国人流较多的地方（如机场、地铁、商场等）加大监控力度，用数据库进行嫌疑人的信息比对，监控犯罪嫌疑人的银行账户资金流动及通讯数据，在多方分析评估后，制订抓捕计划及引渡计划等。同时，建立腐败资产跨国转移的预防机制。首先，建立以货币为核心的大数据平台。通过对银行账户资金的动态监测，不仅可以及时阻止交易，而且也可以为之后的追逃工作提供方向。[①] 另外，我国应当充分利用国际资源。例如，我国在开展境外追逃工作时，可以利用国际刑警组织的数据库，相关部门可以借助其情报进行大数据分析，并通过分析的结果进行有针对性的侦查。此外，我国在利用国际数据资源的同时，也可以与国际刑警组织进行信息的互通共享，从而构成一个具有反馈环节的动态数据回路。[②] 其次，建立全球化的数据信息共享网络平台。可借鉴《北京反腐败宣言》中执法合作网络平台建设的相关规定，目的在于打破因国家界限而导致的数据壁垒，建立和发展覆盖面更广泛的数据信息共享网络平台。各国定期对入境人员的相关信息与该平台上的数据进行比对，及时通报并进行监测、跟踪，加大国际追逃追赃工作的针对性和有效性。在平台中可以设置讨论专栏，各国的工作人员可以将其作为一个互相学习、借鉴的平台，进行良性互动。最后，对国际腐败的事前预防已成

① 参见赵宇、张凯晨：《大数据在境外追逃中的应用》，载《中国人民公安大学学报（自然科学版）》2015年第2期，第169～171页。

② 参见王文华：《境外追逃追赃与国际刑事司法合作的法治化》，载《深圳大学学报（人文社会科学版）》2016年第6期，第36页。

为工作的关键,建立大数据分析平台有利于节省司法资源和成本。大数据追逃追赃过程中,如资金的异常变动、社会交往情况的异常变化等信息都可以为有效逮捕在逃人员提供方向。第一,将大数据技术深度运用于我国的反洗钱监测追踪系统。建立以中国人民银行为主,证监会、原银保监会为辅的反洗钱监管网络系统,并鼓励将房地产商等非金融机构纳入反洗钱义务人的范围。通过对金融数据的横向与纵向比对、挖掘分析,得出有价值的信息。[①] 第二,针对公职人员报告的重大事项和财产申报情况,建立专门的通道进行动态监测。同时,进一步完善与房产、银行等部门的数据信息互通、比对,实时监测资金变动情况。在大数据时代的背景下,情报数据信息建设有利于促进各国之间的情报交流,从而收集到更多的可疑线索。[②]

2. 加强各国刑警间的国际合作

随着我国"天网行动"的实施以及《联合国反腐败公约》的实行,越来越多的国家对我国的反腐工作给予了支持和帮助。通过国际的数据共享与交流,充分发挥国际刑警的作用,加强与联合国各成员方的合作,为大数据反腐工作提供帮助,极大地推动了境外追逃工作的开展。在境外追逃中,可以利用跨境数据规划追逃路线,对逃犯进行精确定位。同时可以运用收集的数据信息不断丰富境外在逃嫌疑人信息数据库,为今后大数据分析技术的运用提供数据支撑。[③]

2013 年,国家主席习近平提出了共建"一带一路"倡议,该倡议涉及沿线 64 个国家,建设完成后可惠及全球 150 多个国家和地区。在这一背景下,构建国际的反腐工作迎来新的机制,在跨国的反腐、刑事、司法合作

---

① 参见彭新林:《我国反腐败国际追逃追赃面临的挑战与对策》,载《江西社会科学》2019 年第 9 期,第 34 页。

② 参见门植渊:《中国与美国反腐败追逃追赃合作机制研究》,载《中国检察官》2017 年第 7 期,第 30 页。

③ 参见杨钰恬、鲍梦若等:《大数据时代反腐败研究——以我国的"天网行动"为例》,载《领导科学》2016 年第 26 期,第 53 ~ 55 页。

的前提下,仍存在诸如调查取证、引渡、赃款追回等难题。从外部环境来看,应当建立健全大数据反腐合作机制,加强各国之间的数据交流,完善各项权力运行和监督机制,利用“一带一路”的倡议优势,为国际刑警组织开展安全合作行动,保障边境贸易的顺利进行提供平台。在此基础上,联合沿线国家,加强区域多边安全合作,逐步建立一个具有共同利益观的区域性安全组织,在谋求自身发展的同时,兼顾他国的利益和关注热点。随着“一带一路”倡议的部署,我国与其他国家的交流更为密切的同时,也存在一定的隐患,如恐怖主义融资的威胁。对此,需要加强侦查队伍建设,优化侦查队伍结构,定期考核培训,提升侦查人员的专业素质和破案能力;优化情报信息搜集平台,完善其运行方式,丰富内容;制定相应的法律法规,确保一切行动有法可依。

国际刑警组织在经过多年的发展后已经基本覆盖了全球所有国家,在打击跨国犯罪与国际警务合作等方面发挥着举足轻重的作用。在全球化的新场景下,如何破除国别隔阂,深化国家及国际组织之间的合作,对于提高跨境数据流动侦防案件具有不可替代的作用。在合作过程中,要注意以下两个方面:一方面,简化内部程序。跨境案件的协作办理并非轻易就能够启动,获得国际刑警的帮助之前,原则上需要经过严格的报批程序,将犯罪分子的相关信息、案件基本情况等上报至最高人民检察院,由其审核完毕并通过后,与国际刑警商议对策,展开合作。鉴于跨境腐败案件的信息交流以及抓捕行动的开展耗时较长,如果能够简化国内的报批审核程序,将会提升抓捕行动的成功率,为侦查部门争取更多的时间。另一方面,健全与国际刑警组织的合作机制。国际刑警组织能够为国内提供的帮助主要有两种——直接协助和间接协助,前者是指国际刑警并不参与具体工作的沟通,而是由请求国与被请求国直接商议协作行动的内容;间接协助中,国际刑警组织作为联系请求国与被请求国的媒介,负责转述和传递信息,确保两国之间能够顺利开展协作行动。国际刑警组织组织亚洲各国政府创建信息技术犯罪工作组,中国应积极参与其中,在当前合作机制下,开展更广泛和深入的犯罪调查与侦办方面的信息与技术交流和互动。

3. 完善国际追逃追赃法律体系衔接

第一,制定保障算法伦理的国际公约。从大数据国际追逃追赃的算法技术而言,国际法上有必要制定“大数据追逃追赃中人权保障国际公约”。算法技术本身是以程序指令集合为支撑的,因此不存在偏见与歧视的可能。但是,如果设计者将某种偏好与意图植入设计与研发,那么算法技术一经问世便存在典型的价值预设与利益倾向。在该算法投入使用后所得到的结果一定会带有偏见和歧视色彩,如地域歧视、民族偏见等。随着算法技术的持续应用,新算法指令将会自主生成,而原有的算法偏见与歧视将持续强化。为攻克此类问题,国际法应当加快健全算法伦理,将其应用到算法设计与运行的方方面面,进而有效遏制或者降低算法偏见与歧视出现的概率。目前,立足算法伦理编制并初显成效的代表性国家有美国、欧洲等。以美国为例,2017 年 1 月,当地计算机协会正式发布算法伦理原则,具体涉及下述 7 个方面的内容:其一,利益关联者责任;其二,实时检查责任;其三,算法使用机构责任;其四,数据治理;其五,救济机制;其六,鼓励可解释算法研发;其七,算法审查要求。① 在规制与治理算法应用方面,应当从技术层面着手,本着有效平衡的原则;同时作为从国家层面组建的人工智能伦理委员会,②在制定实施有关标准规范时应更加细化,注重程序的规定和可操作性,通过发挥约束和规范作用有效预防算法偏见与歧视的发生。面对大数据时代的算法,个体在行使自身数据

① 参见王天恩:《人工智能算法的伦理维度》,载《武汉科技大学学报(社会科学版)》2020 年第 6 期,第 645 ~653 页。

② 2019 年 7 月,《国家科技伦理委员会组建方案》获得审议通过,开启了我国科技伦理治理制度化的新进程。这一政策文件指出,科技伦理是科技活动必须遵守的价值准则;组建国家科技伦理委员会,推动构建覆盖全面、导向明确、规范有序、协调一致的科技伦理治理体系。2019 年 6 月,国家新一代人工智能治理专业委员会发布《新一代人工智能治理原则——发展负责任的人工智能》,提出了人工智能治理框架和行动指南;突出发展负责任的人工智能这一主题,强调和谐友好、公平公正、包容共享、尊重隐私、安全可控、共担责任、开放协作、敏捷治理 8 条原则。参见刘露、杨晓雷、高文:《我国人工智能伦理监管需求分析及对策研究》,载《中国工程科学》2021 年第 3 期,第 109 页。

权利时往往遇有障碍，面对这一现状，法律应对数据控制方和处理方苛以更严格的义务和治理责任，将责任贯彻于数据采集、运行和处理的各个阶段，赋权个人实现算法的正向治理。

第二，继续加强双边条约的缔结。部分国家规定了引渡条约前置规则，若要加强与引渡国之间的司法合作，我国应更加积极地参与国际引渡条约以及国际公约的签署和制定中去。① 根据“政治犯不引渡”规则，我国缔结或修改相关引渡条约时，应更加清晰地界定政治犯的含义。目前，我国的相关法律规定仍不够细致和明确。故我国在与批准或缔结的国际公约或条约进行衔接时，一方面在国内法中完善引渡条款，另一方面也应考虑我国的具体情况。② 此外，对于“死刑犯不引渡”规则，可以进一步探索死刑改革与量刑承诺以缓解国与国间引渡合作中的分歧。③ 引渡在国际上是运用最为广泛的法律手段，其依托于他国的配合、同时又受“被请求国也认为是犯罪”等适用条件的限制。过去十几年的司法实践表明，劝返较之引渡表现出实行难度低、经济效益高、占据司法主动权等优势。但是，由于劝返措施运用得不够普遍，与之配套的法律制度仍待完善；此外，为发挥劝返措施的优势，应当将劝返、引渡、遣返三者间的关系及其与国内有关制度程序的衔接问题予以明确。在目前的国际形势下，劝返措施最大程度地尊重了请求国和被请求国双方的国家主权，减少了国家间争端的产生。

第三，落实国际追逃追赃视野下我国的缺席审判制度。缺席审判制度的立法初衷在于顺利实现对潜逃境外分子的依法审判。因此，为发挥该项制度的实践价值，需要处理好如下 4 对关系：首先是缺席审判程序和

---

① 参见杨丽美、郝洁：《〈中华人民共和国海警法〉视野下中国海警局法律制度释评》，载《中国海商法研究》2021 年第 4 期，第 71 ~ 79 页。

② 参见赵宇、李建：《大数据技术与国际警务合作》，载《中国人民公安大学学报（自然科学版）》2014 年第 3 期，第 30 ~ 35 页。

③ 参见王志英、李采薇：《法治模式下的反腐败追逃追赃国际合作》，载《人民法院报》2020 年 11 月 19 日，第 6 版。

没收违法所得程序之间的关系。在程序的设计上,可以参照广东省和港澳之间设立的"个案协查机制"——以缺席审判程序为主,没收违法所得程序辅之。其次是打击腐败犯罪和保障被告人诉讼权利的关系。基于缺席审判程序的特殊性,在落实程序的过程中更要注重对被告人诉讼权利的保护,尤其是域外送达的问题。再次是缺席审判程序中判决前和判决后程序之间的关系。特别是对于缺席判决后,外逃人员被捉拿归案或是投案自首,权利该如何救济、判前程序和判后程序如何衔接的问题。最后是我国国内法和国际法之间的关系。基于目前我国的缺席审判程序和国外还存在较大的差异,可以考虑搭建相应的合作平台和共享数据库,锁定境外潜逃官员的外逃去向,实现缺席审判程序和劝返措施的融合运用。①

第四,推动我国境外追赃资产分享的国内立法。为确保境外追赃工作的顺利展开、规范国际资产分享行为,我国应当在订立的相关法律法规和签署的多边或双边条约中,认可"分享"的规定,对腐败资产追缴国给予"适当的补偿",以此鼓励赃款流入国积极配合我国的境外追缴工作。抑或与请求国就个案订立"共享协议",采用书面协议的形式明确分享的具体手段和数额比例,使之更加切合实际,真正实现海外资产"最大限度追回"的目标。此外,我国《刑法》第 64 条中有关犯罪分子违法所得的财产的处理措施规定得较为片面,建议对除被害人合法财产外部分违法所得一律上缴国库的单一处理方式进行修改,增设违法所得分享的规定。在涉案资产查封、扣押、没收、返还等方面进行实体法和程序法的统一规范,借助法律手段完善境外赃款追缴分享适用条件的规定,加快境外赃款追缴分享制度的构建。

---

① 参见彭新林:《我国反腐败国际追逃追赃面临的挑战与对策》,载《江西社会科学》2019 年第 9 期,第 151 ~ 160 页。

本章小结

大数据时代我国查办腐败案件侦查模式是一个庞大的系统工程。在法律上要完善实体法与程序法的相关规定,实现大数据的合法化使用,建立使用原则,限制其使用范围。通过确立具有现实可操作性的规章制度和法律条文,保证大数据反腐工作始终在合法的框架内开展,针对运用大数据查办腐败案件存在的法律问题,有必要出台相应的法律规范对大数据证据采集的内容和标准、数据使用原则等问题进行规制,实现数据共享与个人隐私保护的双赢局面。在程序法方面,应当对大数据背景下网络侦查的概念、侦查程序、取证方式和标准等内容进行规制和界定。规范权力行使主体的权与责,并对大数据运用的范围和标准问题进行明确。侦查机关不得滥用侦查权收集和使用与案件无关的个人信息,对不当使用行为进行追责。立法、司法也应采取相应的行动,以便有效地推动大数据反腐工作深入开展。在大数据查办腐败案件侦查模式体系塑型中,需要从工作机制到队伍建设,从国内到国际进行体系化建构。首先要提高电子证据的取证和运用能力,其次大力加强查办腐败案件信息平台建设,同时完善大数据查办腐败案件的工作机制,加强网络犯罪电子取证专业人员的队伍建设及加强国际合作,在运用大数据高科技手段的同时,对传统的反腐败侦查思维进行严谨完整的逻辑推演,提高腐败案件的侦查质效。跨境反腐作为我国反腐工作的重点内容之一,对于进一步巩固我国反腐工作有着十分重要的意义。在大数据时代的背景下,借助大数据进行国际追逃追赃,这是时代的选择,法治效能的必然。大数据在国际追逃追赃中面临数据获得限制和障碍、个人隐私极易被侵犯、各国法律存在差异等诸多瓶颈。为了更好地消除国际反腐工作中遇到的障碍,可以采取国内—国际数据共享机制、制定大数据国际追逃追赃的国际公约和技术指引保障相关人员人权、完善国内—国际追逃追赃制度衔接、侧重腐败资产跨国转移的预防机制建构等多种综合方式推进大数据追逃追赃的国际合作。

结　论

党的二十大强调坚决打赢反腐败斗争攻坚战持久战，深化反腐败国际合作，一体构建追逃防逃追赃机制。大数据时代的到来在给人们的生活和工作带来深刻影响的同时，也为反腐败插上了科技的翅膀。大数据查办腐败案件，就是要将"互联网+"运用到反腐侦查之中，利用强大的数据信息源和先进的技术手段，发挥"互联网+纪检监察"功能。信息时代，数据作为信息化的重要战略资源，大数据管理已经上升为国家战略，大数据应以更加积极的姿态应用于公共管理和政府治理中，利用大数据查办腐败案件是近几年来基于数据分析、数据挖掘等技术发展起来的科技反腐败新途径。大数据分析反腐败技术另辟蹊径从腐败数据本身进行挖掘来查办腐败、防治腐败，以理性建构反腐败分析模型，相对于普通腐败惩防形式是一种富有时代性的创新模式。运用大数据技术查办腐败独特的数理结构使其不再局限于因果的关联，转而探索腐败数据之间的相关性。笔者运用跨学科交叉研究方法、比较分析方法及实证研究方法对大数据时代查办腐败案件侦查模式进行了系统研究。

本书在传统侦查概念及现有研究的基础上，从广义和狭义两个角度界定“大数据侦查”的概念。从广义角度来看,大数据侦查包括大数据调查理念、大数据调查模式、大数据调查方法等完整的体系。以大数据为主线,串联起整个大数据调查的框架,探讨大数据技术对职务犯罪调查理念、模式、方法等方面带来的一系列影响与变革,构成一幅完整的大数据调查图景。从狭义角度来看,大数据侦查着重强调调查中对大数据技术的运用,是指法定调查机关针对已发生或尚未发生的职务犯罪行为,为了查明犯罪事实、预测犯罪等,所采取的一切以大数据为核心的相关调查行为。大数据时代查办腐败案件的特点体现在调查空间的数据化、调查技术的智能化、调查思维的相关性方面。大数据侦查展开在一个平行数据空间,调查人员根据现实空间的人和事找到其对应的数据形式,再从数据空间返回到现实空间。通过现实空间与数据空间的交叉,通过数据挖掘和数据之间进行碰撞,显现出很多与犯罪行为相关的信息、线索。面对显现的海量的数据集,调查人员运用专业的大数据技术,包括分类分析、关联性分析、偏差检测等,可以提高调查工作的准确性,加快案件侦破的进度。

大数据侦查模式需要依托海量且准确齐全的信息,只有建立内容全面、集成高效、高度共享的数据信息库,重视硬件的配备,才能发挥大数据侦查的最大效益。构建职务犯罪专属数据库要突破传统侦查的基础信息数据库、政府信息资料库、社会信息数据的禁锢,建立适合职务犯罪侦查的综合数据体系,涵盖基础信息、案例信息、线索信息等与职务犯罪有关的各类数据。大数据查办腐败案件要建构三种子数据库:一是基础数据库。侦查机关进行初查,需要搜集大量的基础信息,利用互联网技术把这些信息建设为若干基础数据库,以高新技术手段进行检索就能快速调取目标信息,从而节省初查中不必要的侦查资源。二是即时数据库。即时数据库中的数据是在职务犯罪案件发生后,经过调查,收集得来的实际数据。三是业务数据库。业务数据库包括线索数据库、涉案动态数据库、典型职务犯罪案件数据库。以上数据库的构建必须遵循检索规则、关联规则、符合法律规则、及时入库规则和专人负责规则。

与传统的小数据思维相比,大数据的第一个思维转变就是在研究分析过程中,大数据关注所有数据,而不是小数据时代依靠少量的数据样本,大数据遵循"样本=总体"的全数据思维模式。第二个思维转变就是从过去依赖小数据的精确性,转变到"允许不精确""接受混杂"。在混杂的数据世界里,小数据思维往往会因为"精确"思维的指导而错过重要的信息,而大数据因为强调数据规模的完整性和混杂性及关联性,有助于进一步接近事实真相。第三个思维转变是"关系"思维的转变。在大数据时代,数据量非常庞大,计算能力有了非常大的提高,新的分析工具和思路提供了新的视野,大数据相关分析更准确、更快速、更有效,且不易受偏见影响,相关关系思维的转变能帮助我们更好地侦破案件。

大数据时代以数据主导侦查理念、全景式侦查理念、预测性侦查理念构建数据应用的基本框架,包括相关数据的收集处理、数据挖掘、数据分析、数据预测及数据认知全过程。"让数据说话"使得职务犯罪侦查形成了一种新的系统工程模式,即"数据的收集和预判—犯罪初查—立案—数据的收集和研判—终结"。这个新的侦查思维系统工程模式中与案件相关的数据成为破案的关键。在大数据时代,侦查过程就是数据储存、提取和分析过程,数据贯穿于侦查的各个环节,"让数据说话"成为侦查的基本思维。大数据侦查确立以客观性证据为中心的取证模式。这种"由证到供"的主动侦查模式,具有查办案件准确、快捷、高效、证据固定、挖掘更多信息等优势,已成为职务犯罪侦查模式的必然趋势。运用大数据查办腐败案件不因依赖技术而放弃传统。侦查工作的开展,较大程度是基于对已掌握的客观现实进行逻辑思维的逆推而形成对案件事实的认识活动。侦查思维通过整理线索、提出假说、验证假说、推证案情等形式,为侦查破案提供有力的智力支持。新技术的出现为侦查工作提高工作效率及准确性提供了技术加持,也为侦查机关提高侦查效益提供了现实可能。

同时,大数据查办腐败案件面临诸多现实困境:一是大数据本身在部门之间数据的建立上存在"数字鸿沟",采集的相关数据信息失真,可信度低,腐败相关数据壁垒导致数据孤岛;二是国家安全受到威胁;三是大数据查办腐败案件存在法律问题,主要体现在大数据侦查的法律属性界定、数据收集的合法性问题,大数据反腐极易侵犯公民的隐私权、信息权、财产权以及大数据侦查中的程序问题等;四是掌握大数据的技术人才难以满足反腐需要。面对以上困境,可以借助高新技术手段和设备完成对现有取证技术的创新性拓展,诸如引进国外先进的电子取证分析软件,深入研究分布式取证系统,跟进苹果系统取证软件,重点关注国内外手机取证工具的研发。随着电子取证技术被广泛地运用于腐败案件查处的各阶段,在云计算环境下,反腐败侦查机关应及时更新互联网侦查取证技术并不断改进反侦查取证技术,加强侦查情报收集系统建设与完善侦查情报检索系统。实践操作中,可以在系统中对被讯问对象的"微表情"数据进行分析。在犯罪嫌疑人进入审讯室接受讯问后,审讯室内的高清、高运转监控设备会从各个方位捕捉犯罪嫌疑人的细微动作、身体姿态、微表情等数据,依据一定的算法规则,将个体的各项特征转变为可视化的数据并显示在大屏幕上,进而揭示犯罪嫌疑人真实的内心状态,制定针对性的审讯方案,击破犯罪嫌疑人的心理防线,侦破腐败案件。

实现大数据的合法化使用,必须通过法律途径限制其使用范围,保证大数据反腐工作始终在合法的框架内开展。在实体法方面,有必要对大数据证据采集的内容和标准、数据使用原则等问题进行立法规制,实现数据共享与个人隐私保护的双赢局面。在程序法方面,应当对大数据背景下网络侦查的概念、侦查程序、取证方式和标准等内容进行规制和界定。侦查机关不得滥用侦查权收集和使用与案件无关的个人信息,为了保护涉案人员的隐私权,防止其个人信息泄露,必须在立法层面与之同步,明晰使用主体及其权力范围,并对不当使用行为进行追责。在大数据查办腐败案件侦查模式体系塑型中,需要从工作机制到队伍建设,从国内到国际进行体系化建构。

本书除了以上观点与视野的创新外,在研究方法上采取了跨学科交叉研究方法。因为大数据时代查办腐败案件是一项实务性很强的法律实践行为,涉及刑法学、刑事诉讼法学、刑事侦查学等方面的内容,加上大数据背景,与软件工程、统计学、管理学等学科都有密切的联系。本书同时运用实证研究、案例分析、比较研究及历史考察等传统法学研究方法对大数据时代查办腐败案件侦查模式进行了较为系统化的研究。但仍存在以下不足,需进一步完善。

第一,由于在研究中正逢国家监察委改革,原检察院“两反”和预防腐败部门整体转隶到监察委,笔者在2014年挂职湖南省检察院所积累的资源有较大变动,预期拟进行的对各级反贪局、反渎局与预防犯罪局的深度访谈被搁浅。加上三年疫情的影响,本书在克服重重困难下采集了大量数据,对大样本进行了系统研究,并通过点面结合,仅对样本中的小部分可公开案例进行了深入分析。

第二,囿于本人专业局限,交叉研究中有关算法的技术分析不够深入。对腐败案件侦查中的数据分析工具SPSS Analytic Catalyst和IBM SPSS Modeler两个软件中不同的数学算法,还有PYTHON等软件从数理领域模型衍生出的数据算法的研究不够深入全面。

第三,由于新冠疫情的影响,预期准备进行的研讨会和团队调研无法现场进行,通过线上交流和邮箱沟通的形式难免不够具体和深入。很多交叉研究无法到大数据运用成熟的地域进行交流研讨,如中科院方金云老师团队与地方纪委合作打造的大数据反腐系统,贵阳市研发的“数据铁笼”和麻阳县探索的“互联网+监督”平台,北京的华宇公司和安徽的富驰公司分别推出“检立方”和“数魔方”两款职务犯罪侦查数据库,原计划与以上机构联系进行实地调研,但因新冠疫情反复,实地调研和考察都无法如期进行,实属遗憾。

“得数据者得天下”,未来,大数据将在查办腐败案件过程中发挥不可替代的作用。

参考文献

一、中文文献

1. 著作类

[1][英]维克托·迈尔-舍恩伯格、肯尼思·库克耶:《大数据时代:生活、工作与思维的大变革》,盛杨燕、周涛译,浙江人民出版社2013年版。

[2]涂子沛:《数据之巅:大数据革命,历史、现实与未来》,中信出版集团2014年版。

[3]涂子沛:《大数据》,广西师范大学出版社2013年版。

[4]陈波:《职务犯罪信息化侦查实战操作》,中国检察出版社2011年版。

[5]王燃:《大数据侦查》,清华大学出版社2017年版。

[6][英]杰瑞·莱特克里菲:《情报主导警务》,崔嵩译,中国人民公安大学出版社2010年版。

[7]吴克利:《贪污贿赂犯罪侦查谋略与技巧》(修订版),中国检察出版社2013年版。

[8]李双其等:《大数据侦查实践》,知识产权出版社2019年版。

[9]王晓霞:《职务犯罪侦查制度比较研究——以侦查权的优化配置为视角》,中国检察出版社2008年版。

[10]宋寒松主编:《大数据与职务犯罪侦查》,中国检察出版社2017年版。

[11]郑毅:《证析——大数据与基于证据的决策》,华夏出版社2012年版。

[12]杨耀杰:《反贪审讯秘笈》,华中科技大学出版社2015年版。

[13]陈卫东主编:《腐败控制论》,中国方正出版社2000年版。

[14]张文显:《二十世纪西方法哲学思潮研究》,法律出版社1996年版。

[15]万毅:《程序正义的重心:底限正义视野下的侦查程序》,中国检察出版社2006年版。

[16]董礼胜、刘作奎等:《发达国家电子治理》,社会科学文献出版社2012年版。

[17][美]伊恩·艾瑞斯:《大数据思维与决策》,宫相真译,人民邮电出版社2014年版。

[18]杜治洲等:《走出反腐败困境》,新华出版社2014年版。

[19]大数据战略重点实验室:《中国数谷》,机械工业出版社2018年版。

[20]斯阳:《反腐倡廉新思考:制度 科技 文化》,法律出版社2014年版。

[21][美]比尔·弗兰克斯:《驾驭大数据》,黄海、车皓阳、王悦等译,人民邮电出版社2013年版。

[22]吕晓玲、宋捷主编:《大数据挖掘与统计机器学习》,中国人民大学出版社2016年版。

[23][美]内森·伊格尔、凯特·格林:《现实挖掘》,吕荟等译,中信出版集团2016年版。

[24]闫国利、白学军:《眼动研究心理学导论——揭开心灵之窗奥秘

的神奇科学》,科学出版社 2012 年版。

[25]纪宇:《微表情与身体语言:人人学得会的读心术》,机械工业出版社 2013 年版。

[26][英]亚伦・皮斯等:《身体语言密码》,王甜甜等译,中国城市出版社 2007 年版。

[27][美]乔・纳瓦罗、马文・卡尔林斯:《FBI 教你破解身体语言》,王丽译,吉林文史出版社 2009 年版。

[28]李双其、曹文安、黄云峰:《法治视野下的信息化侦查》,中国检察出版社 2011 年版。

[29][美]埃里克・西格尔:《大数据预测:告诉你谁会点击、购买、撒谎或死去》,周昕译,中信出版集团 2014 年版。

[30]李建利、李宇尘:《大数据在刑事侦查中的应用研究》,吉林大学出版社 2017 年版。

[31]马谦:《智慧地图:Google earth、maps、KMI 核心开发技术揭秘》,电子工业出版社 2010 年版。

[32]柴学友、朱武:《职务犯罪侦查逻辑》,中国检察出版社 2009 年版。

[33][美]道格拉斯・W. 哈伯德:《数据化决策》,邓洪涛译,世界图书出版公司 2013 年版。

[34]孟宪文:《公安信息学》,中国人民公安大学出版社 2006 年版。

[35]尹立栋:《职务犯罪初查标准化体系》,中国检察出版社 2014 年版。

[36]詹复亮:《职务犯罪侦查热点问题研究》,中国检察出版社 2005 年版。

[37]于志刚、郭旨龙:《信息时代犯罪定量标准的体系化构建》,中国法制出版社 2013 年版。

[38]樊重俊、刘臣、杨坚争主编:《数据库基础及应用》,立信会计出版社 2015 年版。

[39]冯忠庆:《刑侦科学方法论》,北京警官教育出版社 1994 年版。

[40]马长山:《迈向数字社会的法律》,法律出版社 2021 年版。

[41]李军:《大数据——从海量到精准》,清华大学出版社 2014 年版。

[42]段廷杰主编:《大数据时代标准化和智慧化警务工作实践与创新》,法律出版社 2018 年版。

[43]徐继华、冯启娜、陈贞汝:《智慧政府——大数据治国时代的来临》,中信出版集团 2014 年版。

[44]孙晓东主编:《网络犯罪侦查》,清华大学出版社 2014 年版。

2. 论文类

[1]何家弘:《职务犯罪侦查也要实现“四化”》,载《河南社会科学》2011 年第 4 期。

[2]何家弘:《职务犯罪侦查的信息化》,载《人民检察》2011 年第 5 期。

[3]陈卫东:《完善职务犯罪侦查体制的两个维度》,载《法学论坛》2008 年第 4 期。

[4]杨耀杰、何利:《贿赂案件侦查谋略研究》,载《中国检察官》2012 年第 1 期。

[5]马忠红:《刑事案件侦查中的轨迹分析法》,载《中国刑事法杂志》2012 年第 8 期。

[6]程雷:《大数据侦查的法律控制》,载《中国社会科学》2018 年第 11 期。

[7]王莉:《数据时代侦查模式的嬗变与融合》,载《中国刑警学院学报》2017 年第 4 期。

[8]董邦俊、黄珊珊:《大数据在侦查应用中的问题及对策研究》,载《中国刑警学院学报》2016 年第 2 期。

[9]王彬:《犯罪侦查中大数据运用的困境与破解》,载《铁道警察学院学报》2017 年第 4 期。

[10]赵健杉、徐猛:《大数据时代下的侦查审讯》,载《云南社会科学》2017 年第 4 期。

[11]方斌:《大数据时代侦查思维变革》,载《中国人民公安大学学报(社会科学版)》2017 年第 3 期。

[12]杨婷:《论大数据时代我国刑事侦查模式的转型》,载《法商研究》2018 年第 2 期。

[13]闫铁鑫:《大数据背景下预测型警务的构建》,载《犯罪研究》2018 年第 2 期。

[14]李建军:《大数据背景下地铁暴恐犯罪的侦防对策》,载《铁道警察学院学报》2017 年第 6 期。

[15]杨郁娟:《大数据侦查的证成:从信息化到大数据》,载《铁道警察学院学报》2017 年第 3 期。

[16]陈重喜、肖力:《职务犯罪侦查信息化与侦查模式转变研究》,载《法学评论》2014 年第 6 期。

[17]翟海、江平:《大数据时代的智慧侦查:维度分析及实现路径》,载《中国刑警学院学报》2018 年第 3 期。

[18]胡铭、张传玺:《大数据时代侦查权的扩张与规制》,载《法学论坛》2021 年第 3 期。

[19]徐明:《大数据时代的隐私危机及其侵权法应对》,载《中国法学》2017 年第 1 期。

[20]袁泉、王思庆:《个人信息分类保护制度及其体系研究》,载《江西社会科学》2020 年第 7 期。

[21]程啸:《论大数据时代的个人数据权利》,载《中国社会科学》2018 年第 3 期。

[22]姬蕾蕾:《大数据时代个人信息财产权保护研究》,载《河南社会科学》2020 年第 11 期。

[23]程宏:《大数据背景下反贪侦查模式的转型》,载《中国检察官》2015 年第 3 期。

[24]张锋学:《论大数据侦查的变革》,载《社会科学家》2019 年第 7 期。

[25]彭文龙、李珍珍:《从网络反腐到大数据反腐:基于信息流建构的反腐模式创新》,载《廉政文化研究》2017年第5期。

[26]张新宝:《从隐私到个人信息:利益再衡量的理论与制度安排》,载《中国法学》2015年第3期。

[27]胡铭、龚中航:《大数据侦查的基本定位与法律规制》,载《浙江社会科学》2019年第12期。

[28]伊文:《英国国家犯罪情报局概况》,载《公安研究》2005年第8期。

[29]吴纪树:《德国法治反腐的实践与启示》,载《领导科学》2015年第12期。

[30]王晖:《德国:有成效的公务员反腐败管理》,载《中国监察》2004年第13期。

[31]庞大鹏、金哲:《俄罗斯的"反腐败国家计划"》,载《俄罗斯中亚东欧研究》2009年第3期。

[32]迟连翔、齐晓安:《俄罗斯反腐败措施及其启示》,载《东北亚论坛》2012年第3期。

[33]邱斌:《"9·11"后美国联邦调查局的情报建设介绍》,载《上海公安高等专科学校学报》2014年第1期。

[34]孙长国、金翌昀、陈宝琨:《中外职务犯罪侦查情报信息工作比较》,载《人民检察》2009年第13期。

[35]何家弘:《美国反腐败法律制度》,载《外国法译评》1998年第4期。

[36]张文显:《构建智能社会的法律秩序》,载《东方法学》2020年第5期。

[37]朱宏:《美国国家犯罪信息中心浅析》,载《公安学刊·浙江公安高等专科学校学报》2005年第6期。

[38]张强:《对美国公共管理框架内治安与警务的若干思考》,载《江西公安专科学校学报》2008年第2期。

[39]季卫东:《人工智能时代的法律议论》,载《法学研究》2019 年第 6 期。

[40]陈群民、李显波:《加拿大反腐经验对我国反腐倡廉的启示》,载《探索与争鸣》2011 年第 6 期。

[41]万毅:《特搜部:日本检察体系的反腐利器》,载《中国法治文化》2016 年第 6 期。

[42]刘志勇:《日本财产申报制度及其启示》,载《理论探索》2012 年第 5 期。

[43]孙安权:《大数据背景下贪污贿赂犯罪侦查情报体系的建设构想》,载《南海法学》2018 年第 1 期。

[44]高荐辑:《韩国检察机关及其反贪机构》,载《人民检察》1995 年第 5 期。

[45]韩洋:《新加坡法治反腐的经验及启示》,载《上海党史与党建》2015 年第 8 期。

[46]王小光、谭艺渊:《新加坡贪污调查局调查程序运行及借鉴价值》,载《犯罪研究》2019 年第 6 期。

[47]朱超然、王杰:《对香港特区廉政公署制度设计的思考与借鉴》,载《河南社会科学》2018 年第 3 期。

[48]李后强、李贤彬:《大数据时代腐败防治机制创新研究》,载《社会科学研究》2015 年第 1 期。

[49]杜治洲:《公众参与反腐倡廉的影响因素及其挑战》,载《理论视野》2013 年第 3 期。

[50]张文显:《新时代的人权法理》,载《人权》2019 年第 3 期。

[51]金泽刚、康均心:《论印度反腐败的法制历程及其启迪》,载《国家检察官学院学报》1998 年第 4 期。

[52]王侃:《中国共产党反腐败模式的发展变迁与理论研究》,载《浙江社会科学》2009 年第 8 期。

[53]漆海霞:《大数据与国际关系研究创新》,载《中国社会科学》

2018 年第 6 期。

[54]谭畅、李馥含、桂天舒:《揭秘大数据反腐》,载《东西南北》2019 年第 15 期。

[55]杨钰恬、鲍梦若、尹文婷等:《大数据时代反腐败研究——以我国的"天网行动"为例》,载《领导科学》2016 年第 26 期。

[56]谭海波、蒙登干、王英伟:《基于大数据应用的地方政府权力监督创新——以贵阳市"数据铁笼"为例》,载《中国行政管理》2019 年第 5 期。

[57]陶富林、王敏:《大数据时代基层反腐的治理路径研究——以"互联网 + 监督"为例》,载《河南科技学院学报》2020 年第 3 期。

[58]公婷、吴木銮:《我国 2000—2009 年腐败案例研究报告——基于 2800 余个报道案例的分析》,载《社会学研究》2012 年第 4 期。

[59]刘筱勤:《大数据与廉政制度创新》,载《中国行政管理》2015 年第 12 期。

[60]李国杰、程学旗:《大数据研究:未来科技及经济社会发展的重大战略领域——大数据的研究现状与科学思考》,载《中国科学院院刊》2012 年第 6 期。

[61]欧阳爱辉:《侦查中的大数据挖掘技术法律属性辨析》,载《青岛科技大学学报(社会科学版)》2015 年第 2 期。

[62]刘铭:《大数据反恐应用中的法律问题分析》,载《河北法学》2015 年第 2 期。

[63]张俊、金光明、张颖:《"大数据侦查及相关法律问题"学术研讨会会议综述》,载《四川警察学院学报》2019 年第 1 期。

[64]裴炜:《数据侦查的程序法规制——基于侦查行为相关性的考察》,载《法律科学(西北政法大学学报)》2019 年第 6 期。

[65]裴炜:《论刑事电子取证中的载体扣押》,载《中国刑事法杂志》2020 年第 4 期。

[66]姜磊:《大数据背景下职务犯罪电子证据取证问题研究》,载《内

蒙古农业大学学报(社会科学版)》2021年第6期。

[67]徐荣梅:《大数据反腐的现实困境和路径选择》,载《理论月刊》2017年第8期。

[68]金元浦:《大数据时代个人隐私数据泄露的调研与分析报告》,载《清华大学学报(哲学社会科学版)》2021年第1期。

[69]刘品新:《论大数据证据》,载《环球法律评论》2019年第1期。

[70]谢君泽:《论大数据证明》,载《中国刑事法杂志》2020年第2期。

[71]何家弘等:《大数据侦查给证据法带来的挑战》,载《人民检察》2018年第1期。

[72]胡志风:《大数据在职务犯罪侦查模式转型中的应用》,载《国家检察官学院学报》2016年第4期。

[73]张亚明、苏妍嫄、姜靖等:《大数据:网络反腐新利器》,载《行政管理改革》2014年第8期。

[74]廖晓明、魏永平、罗文剑:《基于大数据的腐败预防:方法、框架与挑战》,第十届中国管理学会2015年年会论文。

[75]孙春权、李禹:《基层检察工作中电子证据取证的问题与对策探析》,载《检察技术与信息化》2014年第5期。

[76]刘东平、曲海舰:《职务犯罪侦查信息化研究》,载《菏泽学院学报》2016年第3期。

[77]李成:《平等权的司法保护——基于116件反歧视诉讼裁判文书的评析与总结》,载《华东政法大学学报》2013年第4期。

[78]杨辉解、刘曦:《论"微表情"理论及其在侦查讯问中的运用》,载《湖南警察学院学报》2016年第5期。

[79]李双其:《论审讯中身体语言的运用与利用》,载《湖北警官学院学报》2017年第3期。

[80]门植渊、齐玉华:《大数据时代背景下职务犯罪国际追逃追赃工作研究》,载《湖南科技学院学报》2016年第11期。

[81]张磊:《腐败犯罪境外追逃追赃的反思与对策》,载《当代法学》2015年第3期。

[82]彭新林:《我国反腐败国际追逃追赃长效机制构建的动因与路径》,载《学术界》2021年第6期。

[83]洪延青:《"法律战"旋涡中的执法跨境调取数据:以美国、欧盟和中国为例》,载《环球法律评论》2021年第1期。

[84]石颖:《歧视的法律判断标准》,载《河南大学学报(社会科学版)》2022年第1期。

[85]窦克林:《从成功案例看反腐败国际追逃追赃新突破》,载《中国纪检监察》2019年第4期。

[86]赵宇、张凯晨:《大数据在境外追逃中的应用》,载《中国人民公安大学学报(自然科学版)》2015年第2期。

[87]彭錞:《论国家机关处理个人信息的合法性基础》,载《比较法研究》2022年第1期。

[88]魏斌:《符号主义与联结主义人工智能的融合路径分析》,载《自然辩证法研究》2022年第2期。

[89]庹继光:《网络信息保护决定中的权利本位冲突及其平衡——以网络反腐信息作为考察对象》,载《南京社会科学》2013年第7期。

[90]张忆然:《大数据时代"个人信息"的权利变迁与刑法保护的教义学限缩——以"数据财产权"与"信息自决权"的二分为视角》,载《政治与法律》2020年第6期。

[91]刘玫、陈雨楠:《从冲突到融入:刑事侦查中公民个人信息保护的规则建构》,载《法治研究》2021年第5期。

[92]陈刚:《解释与规制:程序法定主义下的大数据侦查》,载《法学杂志》2020年第12期。

[93]张可:《大数据侦查措施程控体系建构:前提、核心与保障》,载《东方法学》2019年第6期。

[94]晋荣东:《权衡论证的结构与图解》,载《逻辑学研究》2016年第

3 期。

[95]朱体正:《人工智能辅助刑事裁判的不确定性风险及其防范——美国威斯康星州诉卢米斯案的启示》,载《浙江社会科学》2018 年第 6 期。

[96]闫召华:《口供中心主义评析》,载《证据科学》2013 年第 4 期。

[97]李品、黄河:《公安机关"由供到证"侦查模式的制约》,载《山西省政法管理干部学院学报》2010 年第 2 期。

[98]蒋舸:《作为算法的法律》,载《清华法学》2019 年第 1 期。

[99]马忠红:《信息化时代侦查思维方式之变革》,载《中国人民公安大学学报(社会科学版)》2011 年第 1 期。

[100]高大中、刘荣:《"信息引导侦查"——职务犯罪侦查模式初探》,载《黑龙江省政法管理干部学院学报》2010 年第 10 期。

[101]何军:《大数据与侦查模式变革研究》,载《中国人民公安大学学报(社会科学版)》2015 年第 1 期。

[102]刘智慧、张泉灵:《大数据技术研究综述》,载《浙江大学学报(工学版)》2014 年第 6 期。

[103]董石桃:《技术执行视域中的大数据反腐:情境、结构与绩效》,载《行政论坛》2019 年第 6 期。

[104]李薇薇:《论国际人权法中的平等与不歧视》,载《环球法律评论》2004 年第 2 期。

[105]洪丹娜:《算法歧视的宪法价值调适:基于人的尊严》,载《政治与法律》2020 年第 8 期。

[106]李长国:《浅谈 Google 地图在房屋征收档案管理中的应用》,载《电子技术及软件工程》2013 年第 19 期。

[107]张俊:《大数据时代职务犯罪初查工作转型探索》,载《辽宁警察学院学报》2016 年第 2 期。

[108]谢秦川:《数据挖掘技术在经济犯罪侦查中的研究与应用》,载《信息网络安全》2012 年第 12 期。

[109]王薇、崔勇:《电子数据取证在检察工作中的应用》,载《理论观察》2015 年第 1 期。

[110]丁祖高、赵德传、陆和新:《职务犯罪侦查大数据库内容与构建规则》,载《人民检察》2015 年第 9 期。

[111]张纯兵:《医疗损害司法鉴定质量控制研究》,华东政法大学 2016 年博士学位论文。

[112]付艳茹、马强:《大数据背景下职务犯罪预防途径和方法》,载《中国人民公安大学学报(社会科学版)》2015 年第 6 期。

[113]何家弘:《从犯罪侦查学到物证技术学和证据调查学》,载《法学家》2010 年第 4 期。

[114]欧阳爱辉:《大数据时代的职务犯罪信息情报收集模式》,载《江南论坛》2015 年第 6 期。

[115]刘品新:《论计算机搜查的法律规制》,载《法学家》2008 年第 4 期。

[116]何家弘:《论职务犯罪侦查的专业化》,载《中国法学》2007 年第 5 期。

[117]上官春光:《职务犯罪侦查专业化的表现及途径》,载《法学评论》2009 年第 1 期。

[118]马方、刘峥:《论侦查信息化建设的发展与创新》,载《吉林公安高等专科学校学报》2018 年第 3 期。

[119]李晓冰:《基于 Apriori 算法的诈骗案件关联规制挖掘研究》,载《中国管理信息化》2015 年第 13 期。

[120]白建军:《从中国犯罪率数据看罪因、罪行与刑罚的关系》,载《中国社会科学》2010 年第 2 期。

[121]皮勇:《新刑事诉讼法实施后我国网络犯罪相关刑事程序立法的新发展》,载《法学评论》2012 年第 6 期。

[122]王薇、崔勇:《电子数据取证在检察工作中的应用》,载《理论观察》2015 年第 1 期。

[123]李本:《美国司法实践中的人工智能:问题与挑战》,载《中国法律评论》2018 年第 2 期。

[124]李晓楠:《大数据技术下个人公平征信监管的数据治理维度》,载《大连理工大学学报(社会科学版)》2023 年第 2 期。

[125]韩东成:《职务犯罪侦查模式的转型》,载《上海政法学院学报(法治论丛)》2014 年第 3 期。

[126]黄欣荣:《大数据时代的思维变革》,载《重庆理工大学学报(社会科学版)》2014 年第 5 期。

[127]黄甄铭:《大数据视阈下政府决策机制模型建构》,载《行政与法》2020 年第 8 期。

[128]杜治洲、常金萍:《大数据时代中国反腐败面临的机遇和挑战》,载《北京航空航天大学学报(社会科学版)》2015 年第 4 期。

[129]程莹:《惩治与预防:大数据时代的高校腐败犯罪》,载《社会科学论坛》2015 年第 10 期。

[130]赵淑梅:《"大数据"与提高党的建设科学化水平》,载《江西社会科学》2014 年第 6 期。

[131]黄宝荣:《大数据背景下的廉实力评价》,载《紫光阁》2015 年第 2 期。

[132]李训虎:《刑事司法人工智能的包容性规制》,载《中国社会科学》2021 年第 2 期。

[133]张俊岳:《"大数据"背景下侦查工作的变革》,载《北京警察学院学报》2014 年第 4 期。

[134]江涌:《侦查学研究的哲理性反思》,载《中国人民公安大学学报(社会科学版)》2013 年第 6 期。

[135]马长山:《智慧社会背景下的"第四代人权"及其保障》,载《中国法学》2019 年第 5 期。

[136]董静文:《微信在侦查工作中的应用》,载《山西省政法管理干部学院学报》2015 年第 1 期。

[137]范思力:《大数据时代背景下职务犯罪预防工作发展探讨》,载《贵阳市委党校学报》2014年第6期。

[138]马燕军:《大数据下的公安监督信息化》,载《警察技术》2015年第1期。

[139]庄乾龙:《刑事案件中大数据整合行为定性及其适用规则》,载《法学杂志》2020年第12期。

[140]朱嘉珺:《数字时代刑事侦查与隐私权保护的界限——以美国卡平特案大讨论为切入口》,载《环球法律评论》2020年第3期。

[141]张可:《大数据侦查之程序控制:从行政逻辑迈向司法逻辑》,载《中国刑事法杂志》2019年第2期。

[142]于霄:《算法辅助决策中意思自治的重构》,载《东方法学》2022年第3期。

[143]丁晓东:《基于信任的自动化决策:算法解释权的原理反思与制度重构》,载《中国法学》2022年第1期。

[144]许可:《算法规制体系的中国建构与理论反思》,载《法律科学(西北政法大学学报)》2022年第1期。

[145]苏宇:《优化算法可解释性及透明度义务之诠释与展开》,载《法律科学(西北政法大学学报)》2022年第1期。

[146]张吉豫:《构建多元共治的算法治理体系》,载《法律科学(西北政法大学学报)》2022年第1期。

[147]郑玉双:《计算正义:算法与法律之关系的法理建构》,载《政治与法律》2021年第11期。

[148]潘芳芳:《算法歧视的民事责任形态》,载《华东政法大学学报》2021年第5期。

[149]郭少飞:《算法法人的理论证立及构成要素探析》,载《东方法学》2021年第5期。

[150]曹博:《算法歧视的类型界分与规制范式重构》,载《现代法学》2021年第4期。

[151]张吉豫:《智能时代算法专利适格性的理论证成》,载《当代法学》2021 年第 3 期。

[152]袁康:《可信算法的法律规制》,载《东方法学》2021 年第 3 期。

[153]张凌寒:《网络平台监管的算法问责制构建》,载《东方法学》2021 年第 3 期。

[154]丁晓东:《论算法的法律规制》,载《中国社会科学》2020 年第 12 期。

[155]郑智航:《人工智能算法的伦理危机与法律规制》,载《法律科学(西北政法大学学报)》2021 年第 1 期。

[156]汪庆华:《算法透明的多重维度和算法问责》,载《比较法研究》2020 年第 6 期。

[157]梁志文:《论算法排他权:破除算法偏见的路径选择》,载《政治与法律》2020 年第 8 期。

[158]赵磊:《区块链技术的算法规制》,载《现代法学》2020 年第 2 期。

[159]解正山:《算法决策规制——以算法"解释权"为中心》,载《现代法学》2020 年第 1 期。

[160]张欣:《从算法危机到算法信任:算法治理的多元方案和本土化路径》,载《华东政法大学学报》2019 年第 6 期。

[161]周辉:《算法权力及其规制》,载《法制与社会发展》2019 年第 6 期。

[162]郑智航、徐昭曦:《大数据时代算法歧视的法律规制与司法审查——以美国法律实践为例》,载《比较法研究》2019 年第 4 期。

[163]张凌寒:《算法权力的兴起、异化及法律规制》,载《法商研究》2019 年第 4 期。

[164]张恩典:《大数据时代的算法解释权:背景、逻辑与构造》,载《法学论坛》2019 年第 4 期。

[165]程莹:《元规制模式下的数据保护与算法规制——以欧盟〈通

用数据保护条例〉为研究样本》,载《法律科学(西北政法大学学报)》2019年第4期。

[166]张凌寒:《算法规制的迭代与革新》,载《法学论坛》2019年第2期。

[167]崔靖梓:《算法歧视挑战下平等权保护的危机与应对》,载《法律科学(西北政法大学学报)》2019年第3期。

3. 报刊类

[1]方印、张荣海:《大数据:法学研究的重要维度》,载《中国社会科学报》2016年2月17日,第5版。

[2]劳东燕:《潜在风险与法律保护框架的构建》,载《检察日报》2020年10月12日,第4版。

[3]张然、孙乾:《透视香港及新加坡反腐廉政之路》,载《京华时报》2014年8月28日,第8版。

[4]张厚明、赫荣亮:《借鉴国外经验加强我国大数据反腐败能力建设》,载《中国经济时报》2018年7月9日,第5版。

[5]王利民、杨琳:《信息引导职务犯罪侦查大有可为》,载《检察日报》2012年7月20日,第3版。

[6]陆琦:《让大数据成为反腐利器》,载《中国科学报》2019年1月15日,第4版。

二、外文文献

[1] Giulia Bonelli, Mario Paolucci, Rosaria Conte, *Crime and Corruption Observatory: Big Questions behind Big Data*, ER—CIM—NEWS, 2012.

[2] Thomas J. Gradel, Dick Simpson and Andris Zimelis, *Curing Corruption in Illinois*, Anti -Corruption Report Number 1, February 3, 2009.

[3]Thomas J. Gradel, Dick Simpson and Andris Zimelis, *The Depth of Corruption in Illinois*, Anti - Corruption Report Number 2, May 13, 2009.

[4]Thomas J. Gradel, Dick Simpson and Tom Kelly, *Corruption in Cook County*, Anti - Corruption Report Number 3, February 18, 2010.

[5] Thomas J. Gradel, Dick Simpson, Patronage, *Cronyism and Criminality in Chicago Government Agencies*, Anti - Corruption Report Number 4, February, 2011.

[6] Dick Simpson, James Nowlan, Thomas J. Gradel, Melissa Mouritsen Zmuda, David Sterrett, Douglas Cantor, *Chicago and Illinois, Leading the Pack in Corruption*, Anti - Corruption Report Number 5, February 15, 2012.

[7]David Sterrett, Melissa Mouritsen Zmuda, Thomas J. Gradel, Dick Simpson, *Green Grass and Graft: Corruption in the Suburbs*, Anti-Corruption Report Number 6, June 25, 2012.

[8]Ira S. , Rubinstein, *Voter Privacy Age of Big Data*, Wiscos in Law Review, 2014.

[9]Marilyn Peterson, Intelligence-Led Policing, *The New Intelligence Architecture*, Washington D. C. : Bureau of Justice Assistance, 2005.

[10] Andrew E. Taslitz, *Police Are People Too: Cognitive Obstacles to, and Opportunities for, Police Getting the Indi-vidualized Suspicion Judgment Right*, 8 Ohio St. J. Crim. L. 7, 2010.

[11] Martin Hilbert, *Big Data for Development: From Information to Knowledge Societies*, SSRN, 2013.

[12]Laura Myers, Allen Parrish and Alexis Williams, *Big Data and the Fourth Amendment: Reducing Overreliance on the Objectivity of Predictive Policing*, 8 Fed. Cts. L. Rev. 231, 2015.

[13]Chandler D. , *Digital Governance in the Anthropocene: The Rise*

of the Correlational Machine, in D. Chandler & C. Fuchs(Eds.), Digital Objects, Digital Subjects: Interdisciplinary Perspectives on Capitalism, Labour and Politics in the Age of Big Data(p. 23 – 42), London: University of Westminster Press, 2019.

[14] Mau S., *The Metric Society : On the Quantification of the Social*, Cambridge and Medford: Polity Press, 2019.

[15] McAffee A., & Brynjolfsson E., *Machine, Platform, Crowd: Harnessing Our Digital Future*, New York and London: W. W. Norton,2017.

[16] Susskind J., *Future Politics: Living Together in a World Transformed by Tech*, Oxford and New York: Oxford University Press, 2018.

[17] Chandler D., *A World Without Causation: Big Data and the Coming of Age of Fosthumanism*, Millennium: Journal of International Studies,43(3),833 – 851,2015.

[18] Faraj S.,Pachidi S. & Sayegh K., *Working and Organizing in the Age of the Learning Algorithm*, Information and Organization, 28, 62 – 70,2018.

[19] Frischmamn B., & Selinger E., *Re-Engineering Humanity*, Cambridge and New York: Cambridge University Press,2018.

[20] Greenfield A., *Radical Technologies: Thee Design of Everyday Life*, London and New York: Verso,2018.

[21] Iliadis A., *Algorithms, Ontology, and Social Progress*, Global Media and Communication,14 (2),219 – 230,2018.

[22] May-Schonberger V. & Cukier K., *Big Data: The Essential Guide to Work, Life and Learning in the Age of Insight*, London: John Murray,2017.

[23] McQuillan D., *Algorithmic Paranoia andthe Convivial Alternative*, Big Data Society,https://doi.0rg/10.1177/2053951716671340.

[24] Muller O., et al., *Utilizing Big Data Analytics for Information*

Systems Research: Challenges, Promises and Guidelines, European Journal of Information Systems, 25, 289 – 302, 2016.

[25] Pasquale F., *The Black Box Society: The Secret Algorithms That Control Money and Information*, Cambridge, MAand London: Harvard University Press, 2015.

[26] Sadowski J., *When Data Is Capital: Datafication, Accumulation, and Extraction*, Big Data & Society, https://doi.org10.1177/2053951718820549.

[27] Tucker I., *Digitally Mediated Emotion: Simondon, Affectivity and Individuation*, in T. D. Sampson S. Maddison & D. Ellis (Eds.), Affect and Social Media Emotion, Mediion, Anxiety and Conagion (p. 35 – 41), London and Lanham: Rowman & Littlefield.

[28] Vaidhyanathan S., *Anti-Social Media: How Facebook Disconnects Us and Undermines Democracy*, Oxford and New York: Oxford University Press, 2018.

[29] Alpaydin E., *Machine Learning: The New AI. Cambridge*, MA and London: The MIT Press, 2016.

[30] Andersen J., *Archiving, Ordering, and Searching: Search Engines, Algorithms, Databases, and DeepMediatization*, Media, Culture and Society, https://Mdoiorg10.1177/0163443718754652.

[31] Andrews L., *Public Administration, Public Leadership and the Construction of Public Value in the Age of the Algorithm and Big Data*, *Public Administration*, Published Online Before Print on 6 August 2018, https://doi.org/10.1111/padm,12534.

[32] Annany M., *Toward an Ethics of Algorithms: Convening, Observation, Probability, and Timeness*, Science, Technology and Human Values, 41 (1), 9 – 117, 2016.

[33] Duguay S., *Social Media's Breaking News: The Logic of Automation in Facebook Trending Topics and Twitter Moments*, Media

International Australia,166 (1),20 –33,2018.

[34]Fenwick M. ,Siems M. & Wrbka S. (eds.),*The Shifting Meaning of Legal Certainty in Comparative Transnational Law*, Oxford and Portland, Hart Publishing,2017.

[35] Janssen M. & Kuk G. , *The Challenges and Limits of Big Data Algorithms in Technocratic Governance*, Government Information Quarterly, 33,371 –377,2016.

[36] Just N. & Latzer M. , *Governance by Algorithms: Reality Construction by Algorithmic Selection in the Internet*, Media, Culture and Society,39(2),238 –258,2017.

[37]VKelleher J. D. & Tierney B. , *Data Science*, Cambridge, MA and London: The MIT Press,2018.

[38] Mittelstadt B. D. ,et al. , *The Ethics of Algorithms: Mapping the Debate*, Big Data Society, https://doi. org/10. 11772053951716679679.

[39] Perel M. & Elkin-Koren N. , *Black Box Tinkering: Beyond Disclosure in Algorithmic Enforcement*, Florida Law Review,69(1),181 – 221,2017.

[40]Weber R. H. , *Rose is a Rose is a Rose is a Rose' What About Code and Law?* ,Computer Law and Security Review,34,701 –706,2018.

[41]Brigham T. J. , *Merging Technology and Emotions: Introduction to Affective Computing*, Medical Reference Services Quarterly, 36 (4), 399 –407,2017.

[42]Bucher T. ,*If... Then: Algorithmic Power and Politics*, Oxford and New York: Oxford University Press,2018.

[43]Calo R. , *Digital Market Manipulation*, The George Washington Law Review,82 (4),995 –1051,2014.

[44]Hildebrandt M. ,*Law as Information in the Era of Data-Driven Agency*, The Modern Law Review,79(1),1 –30,2016.

[45]Jolls C. ,Sunstein C. R. & Thaler R. , *A Behavioral Approach to Law and Economics*, Stanford Law Review,50,1471 –1550,1998.

[46]Poria S. , et al. , *A Review of Affective Computing: From Unimodal Analysis to Multimodal Fusion*, Information Fusion,37,98 –125,2017.

[47] Williamson B. , *Moulding Student Emotions Through Computational Psychology: Affective Learning Technologies and Algorithmic Governance*, Education Media International,54(4),267 –288.

[48]Yeung K. ,"*Hyperudge*": *Big Data as a Mode Regulation by Design*, Information,Communication & Society,20(1),118 –136,2017.

[49]Beer D. , *Envisioning the Power of Data Analytics*, Information, Commmicalon & Society,21(3),465 –479,2017.

[50]Beer D. , *The Data Gaze: Capitalis,Power and Perception*, Los Angeles and London: Sage,2019.

[51]Cheney-Lippold J. , *We Are Data :Algorithms and the Making of Our Digital Selves*, New York: New York University,2017.

[52]Hornborg A. ,*Artifacts Have Consequences,Not Agency:Toward a Critical Theory of Global Environmental History*, European Journal of Social Theory,20 (1),95 –110,2017.

[53]Kelleher J. D. & Tierney B. ,*Data Science*,Cambridge,MA and London: The MIT Press,2018.

[54] Klinger U. & Swensson J. , *The End of Media Logics? On Algorithms and Agency*, New Media & Society, http://doi. org10. 1177/1461444818779750.

[55] Klowait N. O. , *Interactionism in the Age of Ubiquitous Telecommunication*, Information,Communication & Society,22,605 –621,2019.

[56] Lally N. , *Crowdsourced Surveillance and Networked Data*, Security Dialogue,48 (1),63 –77,2017.

[57]Tucker I. , *Digitally Mediated Emotion: Simondon,Affectivity and*

Individuation, in T. D. Sampson, S. Maddison & D. Ellis (Eds.), Affect and Social Media: Emotion, Mediation, Anxiety and Contagion (p. 35 - 41), London and Lanham: Rowman & Littlefield.

[58] Zatarain J. M. N., *The Role of Automated Techoy in the Creation of Copyright Works: The Challenges of Artificial Intelligence*, International Review of Law, Computers & Technology, 31(1), 91 - 104, 2017.

[59] Bodo B., et al., *Tackling the Algorithmic Control Crisis: The Ethical, Legal, and Technical Challenges of Research into Algorithmic Agents*, Yale Journal of Law and Technology, 19(1), 133 - 180, 2017.

[60] Iveson K. & Maalsen S., *Social Control in the Networked City: Datafied Individuals, Disciplined Individuals and Powers of Assembly*, EPD: Society and Space, 37 (2), 331 - 349, 2019.

[61] Mantelero A., *AI and Big Data: A Blueprint for a Human Rights, Social and Ethical Impact Assessment*, Computer Law Security Review, 34, 754 - 772, 2018.

后　记

本书是笔者主持的2017年度国家社科基金一般项目“大数据时代查办腐败案件侦查模式研究”(课题批准号:17BFX180,结题验收证书号:20222418)之最终研究成果。笔者对于运用大数据查办腐败案件问题的关注,始于几十年在讲授“法律逻辑学”这门课程中,对职务犯罪案件侦查逻辑的兴趣。后来在2012~2014年挂职湖南省检察院监所处副处长的过程中,深受检察官们在查办职务犯罪案件中尽职尽责精神的感染,多次参与有关职务犯罪侦查的课题研究和研讨会,对运用大数据查办腐败案件侦查模式有了更系统、更全面的思考。本课题于2017年7月得以立项,特别感谢法学院同仁的帮助,在申请书框架结构和文本打磨过程中,湖南大学法学院的屈茂辉教授、黎四奇教授、高中教授、聂资鲁教授、李小明教授以及湖南大学法治与人权研究中心的各位同事在学术上给予了我很多帮助和启发,使得该课题能过五关斩六将得以最后立项,我谨向各位领导和同仁表示深深的谢意。

本课题书稿的完成与课题组其他成员的大量前期研究和实证调查工作分不开:2017级法律硕士王洁参与了课题资料的收集、整理工作;2019级法律硕士郝剑男、赵王珂同学参与课题组在长沙、上海、广州、贵州、深圳等城市的调研工作并进行数据分析;2020 级法律硕士施坤孝、李俊一、李志芬、赵鑫月、刘鼎璐、许泽等同学组成子课题组,对大数据时代查办腐败案件中出现的法律困境及对策进行专题调研和分析,2021 级法律硕士杨正正、邱杨晫;2023 级法学硕士刘丹,法律硕士李甜甜、季姚、陈都对结题书稿中的文献资料进行了校对工作。在此,对他们阶段性的工作成果和辛勤付出表示由衷的感谢。

本书得以出版,感谢湖南大学法学院学术著作出版专项经费的资助。感谢湖南大学法学院学术委员会的教授们的鼓励与帮助,特别是学术委员会主席肖海军教授提出的诸多中肯独到的修改意见。领导班子成员黎四奇院长、易骆之书记、喻玲副院长、罗英副书记、蒋海松副院长、王文胜副院长、湛建云副院长的长期的鼓励与支持,无私的关心与帮助,才使我能够在法学院这个温暖的大家庭中得以不断进取。感谢山东大学讲席教授谢鹏程老师给书稿中诸多不足之处进行指正,并无私为本书作序!

在以教学科研为主的工作中,自己每每会忘记时间和家庭琐事,甚至家务能力日趋下降,先生给予了我最大的宽容和体贴,家和万事兴,谢谢他的理解和支持;本书从初稿到成书六年之久,女儿也从高中生蜕变成了大学生,感谢孩子的自律和自立,在周而复始的书稿修改中谢谢她自我的成长,帮助作为母亲的我完成了“两部作品”。谢谢年事已高的父母,尽管老父亲早已没有以前走路带风的精气神,老母亲也时不时犯迷糊认不出我是谁,但凡我悲观焦虑、疲惫不堪时,他们就成了我精神的“加油站”。回家和老父亲唠唠嗑、窝在老母亲的怀中逗她说说话以获得心灵抚慰！只是世事无常,在本书即将出版之际,老母亲已驾鹤西去,在痛失母亲的时刻,愿该书的出版能慰藉在天堂的母亲……

法律出版社的诸位领导和李军编辑在本书出版、编校过程中提出很多中肯的建议,中央党校同学廖欣博士对书稿的完成给予大力帮助,学院科研干事李晓玲老师在出版服务方面做了不少工作,在此一并表示衷心的感谢!

最后感谢自己,在无比“卷”的年代没有选择躺平,在面对如此多的帮助与鼓励前,心怀感恩,砥砺前行。无以为报的我,唯有时刻严格要求自己,努力在教学科研上不断创新、不断进步,热爱高教事业,扎实工作,为中华民族伟大复兴的法治蓝图贡献自己的一份光和热!

郭　哲

2024 年 3 月 17 日于景秀书屋